GOBOOKS & SITAK GROUP ©

BREAK

to be new and different

打開一本書
打破思考的框架，
打破想像的極限

高寶書版

追緝極惡殺人魔

數百起凶殺案的美國懸案調查員，
三十年緝兇實錄，
追捕金州殺手等惡名昭彰的謀殺懸案真凶

Unmasked : My Life Solving America's Cold Cases

保羅・霍爾斯（Paul Holes）
蘿賓・蓋比・費雪（Robin Gaby Fisher）——著
傅文心——譯

高寶書版集團

獻給受害者及其家屬。

獻給為了正義犧牲奉獻的專業執法人員。

CONTENTS

CONTENTS

序幕

我又點了一杯波本威士忌，不加冰。這樣喝總會陷入爛醉。我根本不知道我怎麼會來到這裡，來到此地，落到這般境地。上一分鐘還在和朋友吃飯喝酒，討論我最近處理的懸案：一名少女離開學校情人節舞會，卻慘遭強暴並勒斃；下一分鐘卻和大家一起擠上Uber前往——哪裡？我毫無頭緒。最近身體怪怪的，酒喝得太多，噩夢裡都是腐爛屍體，驚醒時床單總是濕透。看著女人，我欣賞的不是女性胴體之美，而是將其解剖，一層一層，好似在驗屍臺上。就算是在親密時刻，我腦中也會浮現死掉的女人，接著我就停機了。

大家總是問我怎麼能切割工作帶來的恐懼。我想主要是因為我天生擅長劃分，所以能將各種想法放入心理盒子，只在需要的時候，拿取需要的盒子。剩下的靠經驗和歷練，兩者我都不缺。

死亡變得如此熟悉，熟悉到即便是最可怕的細節，我也能輕易切割。我把血肉模糊的畫面存放在腦內的「科學」分類下。任何事物只要看多了，人人都會變得無感，即便是屍體也一樣，而我從大學就開始看了，花了大把時間研讀病理學課本裡的死亡照片。

不過，現實生活當然不像課本照片那般黑白分明。一方面，我很幸運，天生擅長分析，但另一方面，我總為無辜的受害者深感悲慟。對我而言，解決犯罪十分複雜，不單是追捕得面臨挑戰，也不只是拼起一片片科學拼圖的艱難過程。不知是好是壞，但一想到好人受苦，我就不能自拔。不過，我引以為傲的是，我總能把情緒鎖起來，好好完成工作。

直到最近，我才感到所有壓抑的黑暗開始滲出。水壩出現裂縫，開始迅速崩解。於是我落到這般地步，在好萊塢大道的巨人小丑屋酒吧。你沒看錯，真的有間酒吧叫這名字。滿室的紅色，紅牆壁、紅地板、紅吧檯、紅燈光。我點了另一杯酒，一口喝乾，試圖忘記最近無法擺脫的新案子。

卡菈・沃克（Carla Walker），活力滿滿的青少女，身高一百五十公分，雙眼明亮，未來充滿希望。看著照片，我會猜卡菈只有九歲，而不是十七歲。從犯罪現場照可見，卡菈倒在涵洞裡，四周荒涼，頭朝鏡頭這邊微傾，雙眼閉合，鼻子小巧。看著卡菈的臉龐，完全無法想像她生命最後一刻遭受的暴行。卡菈看起來如此平靜，如同睡著的洋娃娃，身上的藍底白點瑞士舞會小禮服綴著蕾絲花邊，正是那晚她吻別父母後，前往學校情人節舞會時所穿的。只不過，小禮服早已遭人扯下，謹慎地放在赤裸的胸上，下體一覽無遺。兩只藍色髮夾完好無缺，但一頭草莓香檳金色的頭髮則沾滿泥濘，凌亂不堪。她的家人告訴我，她淡淡的藍色眼影是為了搭配洋裝的精心傑作，現在卻糊成一片。精液、脖子上的一圈暗紫色傷痕、臂膀和雙腿上的挫傷，在在訴說著慘死的故事。我檢視傷處，想像事發經過。正值妙齡的卡菈遭人毒打、強暴、勒斃，再被拖行過帶刺鐵絲網，最後像垃圾一樣隨便丟棄，倒在那裡將近四天。

卡菈謀殺案至今未解，就跟一九七四年案發當時一樣。但過了四十五年，附帶損害持續加劇。卡菈的弟弟吉姆．沃克（Jim Walker）案發當年十二歲，現在年紀比我稍長。最近我決定要調查這起懸案，便和吉姆在沃思堡（Fort Worth）碰面。他說，他拿到駕照後，經常偷偷回到犯罪現場，待在涵洞好幾晚，就為了等凶手現身。說不上來是因為什麼，但吉姆令我心碎，我還發現自己強忍著淚水與他說話。過了這麼久，吉姆臉上的痛苦依然鮮明，好似昨天才痛失姊姊。他說父母狀況更糟，直到辭世都默默受苦。媽媽留著卡菈的肖像，每天早上起床都會撫摸，向女兒說聲早安。這便是慘劇帶來的影響。這麼多受害者，這麼多破碎的生命，這麼多家庭遭拆散。心情平復見仁見智，但傷疤不會消失，而且痛苦總是如影隨形。這樣活著太糟糕了。我向卡菈的家人保證，會盡一己之力解開案件。他們唯一能獲得的平靜，便是知道凶手是誰，以及犯罪動機。我前往涵洞時，也向卡菈保證，不抓到凶手，絕不會停止。這是我對卡菈的允諾。大家都覺得我只會分析事物，這也是我所展現的樣貌，但只要在案發現場，我就會變得格外心靈有感。我不只是單純從罪犯或受害者的角度思考，當然這在解決案件的過程中極為重要，我還會與受害者達成協議。

卡菈一案正是如此。

凶手棄置卡菈的涵洞偏僻荒涼，位在德州某條道路下方，離學校和沃克家約十哩遠。站在卡菈的棄屍地點，我好似全程目睹了驚悚攻擊——強暴犯壓上卡菈，雙眼因興奮閃著狂野，扯下內褲，推高內衣，露出胸部，撕破小禮服，舉止狂暴。卡菈瞳孔擴大，心臟狂跳，呼吸加速、變淺，腎上腺素湧入全身，陷入徹底恐懼模式，要嘛戰鬥，要嘛逃跑，再不然就靜止不動。但是卡菈身型嬌小，力量不足，根本敵不過。強暴犯笑得齜牙咧嘴，雙手掐住卡菈的脖子，手越收越緊。卡菈亂抓他的手和臂膀，想讓他放手，卻抓傷自己的肌膚，全然無法阻止那雙帶來死亡的手。想必卡菈知道生命已到盡頭，做什麼都無法拯救自己，生理機能逐漸喪失。外頸靜脈開始塌陷，但心臟還繼續透過頸動脈輸送血液到大腦，導致腦內壓力急遽升高。研究顯示，此時受害者會在六到十秒內失去意識，但根據加害者描述，通常會過更久，要過好幾分鐘，受害者才會死亡。

我幾乎可以感受到卡菈的最後一口呼吸。我跪在地上，碰觸卡菈頭部曾經垂放的地方。我說：「我來幫忙了。雖然不知道案子會不會破，但我保證一定會盡力。」

起碼這個承諾，我可以守住。

巨人小丑屋酒吧越來越熱鬧，音樂震天價響，女人穿著布料極少的比基尼，在舞臺上爬著，有人在鋼管上旋轉，也有人在地板上滑動身軀，誘惑顧客。無論男女都紛紛往臺上擲錢，舞者拾起張張美鈔。我相信顧客是出於好意，但還是覺得不對，太不尊重人了。我甚至不忍直視舞者，思考她們過著什麼樣的生活，擔心她們陷自己於險境。我明白自己不該來這裡，我到底在做什麼？我向其他人示意要離開。穿夾克時，有位舞者和我對上眼，她可能才二十歲，比我大女兒還要年輕。她一路朝我走來，靜靜越過舞臺。我盯著她，想像她全身受傷，四肢攤開，倒在泥濘的水溝裡。我打了個冷顫，抽出一張百元紙鈔，用一元鈔票包著遞給她。她彎下腰來拿錢，我對她說道：「拜託，請多加小心。」她的誘惑表情瞬間盡失，在我眼前的只是一位小女孩。

我離開酒吧，搖搖晃晃走上好萊塢大道，伸手招計程車。

我滑進後座，司機問：「老兄，要去哪？」

瘋了，我想，邊抹去淚水。**他媽的，我要瘋了。**

1. 道路盡頭

二〇一八年三月

前妻老說工作是我的情婦，而情婦比任何人都來得重要。這樣劍拔弩張的對話年代雖久，依然迴響在耳邊。而我站在辦公室裡，整理最後一箱個人物品。「保羅，你迷失方向了……我們需要你……就算你人在這裡，你也不是真的在這裡。」羅麗總是對的。我沒有陪在家人身邊，以前沒有，現在也是，不能如同家人所需那般陪伴，也不能以我想要的方式陪伴。對我而言，工作從來就不只是工作，是使命，是目的，重要程度如同空氣和水。將近三十年，我視案件為生活的一切，總有犯罪現場要前往，總有強暴犯要追緝。最開心的事，便是埋頭調查懸案，挑戰無人能解的難題，這實在讓我難以抗拒。現在，面對職涯的終點，這份職業消耗了我出社會後的整段人生，時間轉瞬即逝。

環顧辦公室，空蕩蕩的書架、空無一物的桌面，我深吸一口氣。我感受到的是什麼呢？不確定感？還是我一直在欺騙自己，告訴自己退休其實沒有那麼糟？告訴自己終於有空學吉他，騎著登山車上越野道路？告訴自己會找到其他重要的事來忙？

我的辦公室位在加州灣區東部馬丁尼茲（Martinez）工業市的郡屬辦公大樓。太陽才剛探出地平線，我走樓梯到三樓刑事司法區，特別提早來就是為了收拾東西，趁同事還沒來之前離開。我多愁善感向來不喜為人知，尤其關於離別和往事。前幾天，我開車前往我擁有的第一間房，停在那條街上。那是我和第一任妻子在一九九二年合買的新屋。在這裡，我學會如何照顧一個家，打造後院木頭露臺，種植樹苗，那些樹現在都已高過屋頂。我坐在車內，甚至能想像自己回到過去，在客廳和大女兒蕊內玩，那時蕊內還太小無法坐直，還沒長牙，我用枕頭撐起她的身體時，她總是笑著，開心地咿咿呀呀。現在蕊內都有自己的小女孩了。

我從來都不是愛哭的人，但最近淚水總是突然落下。那天開離舊家時，我也突然落淚。這是另一個早點收拾的好理由，我要趁同事還沒來之前趕緊離開。我在五十歲變成一位多愁善感的老男人了嗎？我爸爸年紀大時也變得柔和許多，漸漸從我小時候認識的那位冷淡職業軍人變成活潑的祖父，還會對著孫子扮鬼臉。我下定決心，在工作最後一天要堅強，可是這地方曾經是生活的全部。要不是加州年金制度導致延遲退休會造成不負責任的財務負擔，我不確定如果再來一次，我是否還會選擇離職。從二十二歲以來，我每天都在康郡政府的建築內生活與工作，我故事的多數重要章節都在此發生。每次職涯轉變，第一段婚姻的酸甜苦辣，頭兩個小孩的誕生，與第二任妻子雪麗相遇，迎來一男一女，解決數十起殺人案。還有案件懸而未決，但我可不會忘記，案件都存在硬碟裡，現在要和我一起回家。

明天，我的辦公室照傳統會留給受派來協助地方檢察官調查凶殺案的新任職員，空蕩蕩的書架會再次放滿東西，之前擺的是鑑識科學、性侵殺人、連續殺人等藏書，只增不減。電腦螢幕前會再次有人坐著辦公，我特別調過螢幕角度，路過的人才不會看到螢幕上常常出現的驚悚犯罪現場照。說不定新人會花些時間，拭去窗上多年的髒汙，眺望窗外的沙加緬度河三角洲（Sacramento River Delta），河水波光粼粼，催人入眠。但我鮮少欣賞，沒辦法，太專心工作了。

我的轄區涵蓋舊金山灣區好幾百平方哩，人口約一百多萬，有一定比例的犯罪案件，還有四座城市名列ＦＢＩ的加州百大危險區域清單。我辦過數百件凶殺案，但最後幾年關心的幾乎都是懸案調查。每次死亡都造成附帶損害，遺族需要重回生活，即便仍在經歷痛苦的餘波。而我的最佳動力來源，便是想到殺人凶手即使毀了許多人的生活，卻還能逍遙自在過日子。

這個轄區從來不缺壞人，而且不知為何，在當今史上最聳人聽聞的犯罪裡，有好幾起都發生在康郡（Contra Costa County）。二〇〇三年，蕾希．彼得森（Laci Peterson）和肚中兒子康納（Conner Peterson）遭海浪打上轄區沿岸。四個月前，蕾希的先生史考特（Scott Peterson）把妻子的屍體丟進灣區冰冷的海水裡。我在停屍間和母子相遇，即使已經見過數不盡的人心邪惡，但這起案件我一輩子都忘不了。康納不到一個月就要出世，蕾希卻慘遭殺害。究竟是什麼樣的禽獸殺死身懷六甲的妻子後，明知道她和未出世的兒子與水泥塊一同沉在冰冷海底，還能繼續過他的日子？

六年後，潔西．杜加（Jaycee Dugard）被找到了，轟動一時的潔西綁架案發生在一九九一年的南太浩湖市，十一歲的潔西在校車站牌遭人擄走，被找到時，人就在離家一百七十哩處，生活在數頂帳篷和簡陋木屋中，就在歹徒家附圍籬的後院。強暴犯菲利普．加里多（Phillip Garrido）和妻子南西就住在我們的轄區。潔西那時已經二十九歲，生了兩個菲利普的孩子，整整十八年就在我們眼皮底下生活。我的警探好哥們約翰．康納特（John Conaty）和我一同前往現場，潔西母子才剛獲救不久。康納特納悶道：「靠，我們怎麼會沒注意到？」環顧四周糟糕骯髒的環境，潔西被迫在這裡生活十八年。我只能搖頭，無話可說。

多年來，我辦過許多光怪陸離的案件，有時甚至不是我的案件，但如果我覺得能幫得上忙，不論是靠鑑識專業技能，還是堅持不懈的調查意志，我總有辦法插上一腳。我總認為自己說不定能看見上一位負責人錯過的，這不是自大，只是絕不放棄。我的現任太太和前妻常開玩笑說我太有自信，太相信自己的能力，我會回答：「這說得也不算錯。」必要時，我可以演齣好戲，但我生性內向，人際互動是不情願的痛苦活動，要是得在雞尾酒派對和鄰居面對面，我的腸胃會緊張到打結；如果在餐廳和一群人同桌，我會閃避任何談話。我可是壁花保羅。若得在眾人前演講？起初我可會全身麻痺，現在好多了，畢竟我常常談論參與的知名案件。不過我還是需要來杯波本才能上臺。

最令我感到自在的還是偵辦案件，尤其是埋首檔案的時候。我知道自己擅長這份工作，也知道我握有一線機會，可以解決難倒他人的案件。以前還沒有贏得資格時，我從來不相信他人對殺人案的直覺預感，每每懷疑道：「我會再想想。」我的直覺專為這份工作而生，而我總是依循直覺。過了很久，我才發自內心接受別人的想法或突如其來的念頭。我明白可能有人會覺得我目中無人，特別是我初出茅廬時不太討人喜歡，資深刑事偵查員總是直接告訴我這個菜鳥他們覺得我越界了，我常聽到人說：「那不是你的工作。」我會聳聳肩，繼續投身調查。

有這麼多案件，現在都濃縮成檔案，裝在硬碟中，跟香菸盒一樣大。想來總覺得好笑：多年來卓越的執法職涯，最後剩下的，光一只長四十、寬三十、高二十五公分的箱子就能裝完。我把硬碟丟進箱子，還有那本連環殺手的書（二十五年前父母送的生日禮物，那時我才剛開始工作），另外有碗、叉子、湯匙（我在辦公桌吃飯時總會用到），以及深色皮革杯墊，上面印有實驗設備公司的標誌，工作整天得來杯睡前酒時，總是非常方便。

我撕下一段封箱膠帶，準備封起箱子，忽然看到相框玻璃反射的晨光，我的目光移到身旁矮櫃上的幾張家庭照，我老是忘記它們的存在。這些照片是快樂的回憶，但時日久遠，早已退為背景，前方是行政文書和謀殺案資料。我最喜歡的一張是在十年前拍攝，小兒子班還在學步，我和班背對鏡頭，步行離開隆重的閱兵典禮，我穿著郡警局制服，深咖啡寬簷警帽、綠夾克、卡其褲；班穿條紋 Polo 衫、短褲，搖晃著小小的手臂，試圖跟上我。

我盯著照片看，發現照片有點褪色。我的大兒子奈森是我與前妻的孩子，最近剛滿二十三歲，我才剛開始試著了解他。我開始體會到培養關係是多麼不容易，即便對象是自己的孩子，我們每週通話的開頭和結尾都是聊電玩。我怎麼敢期待兒子會想跟我聊重要的事呢？畢竟重要時刻我都缺席。奈森有次告訴我，他根本不記得我曾經住在家裡，因為我離家時他還太小了。班是我第二段婚姻的兒子，但恐怕我對班和女兒茱麗葉，就像我對第一段婚姻的孩子一樣，缺乏父愛。我是否曾因為他們學腳踏車或從噩夢中驚醒時不在他們身邊而感到後悔？上班最後一天，我才開始意識到將工作視為第一優先造成的後果。比起奈森和蕊內長大的時候，我對我與雪麗的孩子有較多瞭解，懂得不同年齡和心智發展會有的狀況，但在很多方面，我其實沒有什麼長進。第二任妻子雪麗有的不滿，第一任妻子羅麗在二十五年前也多少感受過。如同羅麗，雪麗認為我的沉默寡言是漠不關心，但這實在大錯特錯。雪麗說她從來不知道我在想什麼，即使我人在家，心卻不在，老待在自己的腦子裡。為什麼不能花些時間，在晚上和她以及孩子一起玩桌遊？我努力過，但坐沒幾分鐘，便扭來扭去，移動小棋子、擲幾次骰子，心就飄去某個案件，而且藏都藏不住，嘴巴會隨著思緒開合。有一晚，雪麗說：「你又不在了。」她和孩子邊吃晚餐邊聊天，而我假裝有在聽。雪麗說：「你根本沒在聽，看起來就像瘋子一樣，嘴巴不停在動。」

我只會用一種方式來和兒女建立羈絆：帶到戶外傳接球。就像美國民謠歌手哈利．崔平（Harry Chapin）的〈搖籃裡有貓〉（Cat's in the Cradle）一曲，父親忙著自己的事，無暇關心兒子，等到兒子長大，父親退休，打電話給兒子說想見面，兒子答道：「我也想啊，爸爸，如果有時間。」……然後父親明白了：「現在的兒子就像以前的自己。我的兒子只是跟我一樣。」每次聽我都會哽咽，糟糕的情況太過類似。最近我和大女兒蕊內一起健行，她想了解羅麗與我的婚姻，問道：「為什麼你離我們而去？哪裡出錯了？」我試著讓她安心，告訴她我一直愛著羅麗，我們只是太早結婚，最終變得疏遠，這絕不是她或奈森的問題，我只希望他們知道我有多愛他們。她說：「但是爸，你從來都不在。」

我把班和我的照片塞進箱子側邊，再望向辦公室最後一眼，壓抑每一次走到結尾時會有的情緒，我關上燈，帶上門，離開了這裡。這曾經是我的一生，我一邊想，一邊把箱子夾在手臂下，悲從中來。我穿越走廊，走上樓梯，來到本市行政區內的沃德街（Ward Street）。現在，這只是過去的一部分。我在郡警局起步，在鑑識學圖書館的地板上睡覺，前一天研究犯罪現場到深夜，或者讀案件資料直到凌晨，在法院出席作證無數次，在監獄的午餐時間練重訓，在地方檢察官辦公室服務最後幾年。我待過的每個職位都位在加州馬丁尼茲，在地英雄洋基快艇迪馬喬（Joe DiMaggio）的出生地，這地方雖然有些小缺點，還得日夜從郊區瓦卡維爾（Vacaville）通勤，但這裡就是我的家。

明天我得填寫一堆文件，聽ＦＢＩ交代成為一般市民的我該遵守哪些規範。「不得洩漏極機密資訊，務必確保消息來源安全。」我會交出配槍、配車，正式從執法單位退休。接著，就有時間來思考人生的下一章，但我還有件事非做不可，才能結束這一章。

2. 最後一搏

快要正午時，我才終於悄悄離開馬丁尼茲，那只裝了我整段職涯的箱子就放在副駕駛座。一層煙霧使午後豔陽變得模糊，就像一九九〇年春大一樣，那時，大學畢業的我來這裡參加第一次工作面試。我記得我開過一哩的桁架橋，橫越沙加緬度河三角洲閃閃發亮的波浪，接著下橋進入工業區，沿著煉油廠、吐著煙的大煙囪，一路前往市中心，然後心想，我肯定是來到了地獄。從那時起，風景就沒有太大的改變。

我順著彎曲道路經過殼牌煉油廠，開上貝尼夏大橋（Benicia bridge），一路向北開往八十號州際公路。運氣好的話，交通在中午過後不會太繁忙，但是加州堵塞的高速公路不會有運氣好的時候，而我得開好長一段高速公路才會抵達目的地。廣播新聞臺嘰哩呱啦播報斯托米．丹尼爾斯（Stormy Daniels）的新聞[1]和美國人越來越胖的研究，我不太喜歡談話廣播，也可以說我可能是所謂的政治冷感，因此我不能沒有 iPod 播放清單。音樂是我的良

1 美國女性色情演員、脫衣舞孃、編劇以及電影導演。

藥，會依心情而定，生氣時，不論是因為家庭紛爭或工作吵架，我都會播放重金屬。上週是金屬製品（Metallica）的歌，那時有一位冷血殺人案的目擊證人因我登門叨擾而大發雷霆。我不太擅長處理衝突。我生長在軍人家庭，還是嚴格的天主教家庭，我學會把情緒鎖起來（我後來明白這不利於維持關係），因此常常到健身房發洩情緒，或是像遇到那樣憤怒的目擊證人後，我就會大聲播放重金屬音樂，手指一邊敲打方向盤。然而，在大多數日子裡，我會聽七〇年代抒情歌，像是比利．喬（Billy Joel）、吉姆．克羅斯（Jim Croce）、尼爾．戴門（Neil Diamond）等人。我不喜歡失控的感覺，而我的人生一直都在轉進未知的方向。我在瓦卡維爾的房子已經進入房市，等到房子一賣掉，我們全家就會搬到科羅拉多州，享受群山。我還不太確定到那時我會做什麼工作。我想過創業，開一間保羅．霍爾斯偵查公司，而且我因知名案件常在媒體曝光，電視節目製作人曾經找上門，詢問我能否當犯罪或新聞頻道的顧問。不過，一切都還未定，不確定性讓我緊張。我一直深受恐慌症所苦，從小就如此，而音樂能減緩我的焦慮。

車子在高速公路上緩緩前行，我的左腳重踏車內地板，試著聽艾爾頓．強（Elton John）的〈小小舞者〉（Tiny Dancer）來放鬆，這首是我的最愛。「美麗的眼睛、海盜般的笑容……你一定見過她在沙中跳舞。現在她與我……小小舞者在我掌中。」我將音量調高，跟著一起唱，我總在獨自一人、煩躁不安時這麼做。我重複播了四五遍，塞在高速公路上一陣子，焦慮開始減緩。

如同許多安靜時刻，我的思緒無可避免地飄向金州殺手（Golden State Killer），這位蒙面的瘋子在金州四處強暴殺人，卻一直逍遙法外。

懸案是我的熱情所在，金州殺手則是執念。金州殺手一案難倒眾警，相信我，至少有數百位警察調查過。四十年來，投注到本案調查凶手的資源，比起加州史上任一案件都還要多，但案子至今懸而未決。我反覆偵查多次，自一九九四年我還是菜鳥刑事偵查員，意外在鑑識學圖書館裡無人理會的資料櫃發現此案起。還有其他案件無法解開，我重視每一起案件，但金州一案無法相比，很可能是因為這名罪犯比起最傑出的幾名偵查員都還要聰明。我相信他依然逍遙法外。在七、八〇年代的十年間，他讓全州人民心生恐懼，精心計劃攻擊：半夜闖入民宅，綁起驚嚇的受害者，凶狠攻擊男男女女，偶爾會在小孩面前攻擊父母，最終走上凶殺一路，他殺人偏好使用鈍器重擊。這傢伙是心理虐待狂。他曾經跟其中一位受害者說：「如果你敢作怪，我會把小孩剁碎，把他們的耳朵拿來給你。」接著把受害者的太太帶到另一個房間，不停強暴。一九八六年，攻擊突然停止，在此之前，他至少殺了一打人，殘忍地強暴五十多名女性。

有些人認為他死了，但我可不。我大概可以想像他在中產階級郊區過生活，那裡沒有人會懷疑左鄰右舍是連環殺手，他要嘛天生走運，要嘛狡黠如狐，很可能兩者兼具。多數人都有迷思，認為連環殺手無法停止，但他們其實可以停止，實際上也會。有些殺手沉寂好長一段時間，有些則忽然停止，通常是因為快被抓到了，也可能因爲有其他事可以取代殺人習慣，例如嗜好、新婚、有了家庭，有時就只是太老了。聽起來很瘋，對吧？我一直覺得很煩心，金州殺手可能正在某處過著他的日子，開著車、到五金行採買、享受家庭晚餐，即使他毀了那麼多人的生活。他很可能還在嘲笑我們抓不到他。

金州殺手的名稱出自二〇一三年蜜雪兒．麥納瑪拉（Michelle McNamara）的雜誌報導，麥納瑪拉日後成為我的摯友。在此之前有人叫他元祖暗夜尾隨者（Original Nightstalker），在此之前人稱東區強暴魔（East Area Rapist，簡稱EAR）。雜誌報導隨著他的罪行開展，從入室行竊的怪癖，到半夜凶殘地強暴，最後走向殺人。他還開始用這些綽號來嘲笑我們。記得有次我們拿到老舊的電話錄音檔，在EAR時期，有人自稱是EAR本人，打給沙加緬度調度中心說道：「我是東區強暴魔，你們這群白痴，今晚我會再強暴人，小心了。」

語氣充滿威脅、自大、嘲諷、張狂無禮。

我反覆播了好幾次。

我問肯．克拉克（Ken Clark）：「你知道這個錄音嗎？」克拉克是沙加緬度郡警局凶案組的警探，投注大量時間調查金州殺手。

克拉克答道：「噢，知道呀。」

「你覺得是他嗎？」
「很可能。」
我說：「這真的讓我很不爽。」
克拉克道：「當然啦，這就是他想要的。」
那通電話過後兩年，一九七七年，貓捉老鼠遊戲升級為凶殺。

長達二十多年間，我調查這起懸案，親眼目睹了受害者的父母、兒女、兄弟姐妹承受的痛苦。我研究他施虐狂作為的案發現場照片；我花上好幾個鐘頭，傾聽男男女女的故事，這些男女因上帝的憐憫或自身的勇氣，即便歷經殘酷無情的攻擊，依然存活下來，但數十年後還是籠罩在金州殺手惡行的陰影下。

就在最近，我的手機響起，電話另一頭女人聽起來好似快要崩潰，說道：「我知道他就要回來找我了，我要搬到墨西哥。」自那人半夜闖入這名女子家，恐嚇她全家人以來，都已經過了三十年。這群人的存在不斷驅使我偵查此案，而這群人也一直指望我逮到凶手。「我們知道你就是那位可以抓到他的人。」這句話我聽了太多次。

我討厭讓她失望，討厭讓他們所有人失望。以前我都會在其他待辦案件之間抽出時間調查此案，常是私人時間。但在職涯的最後幾年，我把金州殺手（Golden State Killer，簡稱GSK）一案列為優先事項，檢視上千份警察文件和目擊證詞，訪問每一位我還能聯絡上且與此案有關的人，這份執著延伸到週末，即使在除草或和小孩玩，就連聖誕節全家人在拆禮物時，盤據我腦中的都是金州殺手。我徹夜工作好幾晚，搜尋電腦資料找線索，製作犯罪地緣剖繪，試圖定出根據地，這起案件像是我腦海中無限放映的電影，受害者盤踞夢中，揮之不去。

剛升上八年級的瑪莉（Mary）是其中最年輕的一名受害者，金州殺手強行闖入了這些受害者的人生。那時是一九七九年，瑪莉即將滿十三歲，她家後方還有遊戲小屋，她的興趣是玩跳房子。那年夏天，金州殺手闖入瑪莉位在加州核桃溪（Walnut Creek）的家，凌晨四點，他從落地玻璃窗進入，瑪莉的父親和姊姊睡在相鄰的房間，金州殺手溜進她的房間。瑪莉驚醒，發現金州殺手跨坐在她身上，用刀抵著她的喉嚨，語氣陰險，低聲道：「我希望你很不錯。」瑪莉那時不知道這是什麼意思。金州殺手掀開棉被，蠻橫地強暴。漂亮的粉紅色房間內，牆上繪有獨角獸。瑪莉等了將近一個小時，才敢解開綁著雙腿的結。金州殺手威脅瑪莉，如果她敢告訴任何人，就要殺了她全家，所以瑪莉一直等到他真的走了，雙手還綁著繩子，才跑去叫醒父親。過了這麼多年，瑪莉耳邊一直迴響著父親對姊姊大吼的聲音：「拆開她身上那些東西！」之後，瑪莉問某位朋友的姊姊：「我還是處女嗎？」

事發三年，瑪莉發現父親死在床上，她確信父親死於心碎。我毫不懷疑，我也有兩個女兒，我自己都不太確定，如果歷經無力保護孩子的哀傷與後悔，我是否還能活下去。瑪莉被迫失去純真和內心的平靜，終其一生都得擔心受怕，懷疑金州殺手仍在某處監看著她。

這禽獸奪走如此多人的生活，一定會遭受懲罰。我只擔心退休後，沒有人會接手偵查，案件會再次被拋到一旁的檔案櫃（如同當初我找到它時），不再有人記得，而指望我破案的人永遠不會原諒我。他們還會遇到什麼事呢？他們的人生被摧毀了。他們要如何才能得到真相，獲得一絲絲平靜？

這些年來，有好多次我以為快要破案，卻屢屢落空，當DNA鑑定遭到駁回，我感到痛苦又失望。上一次就在幾週前，想來令人肝腸寸斷。最近我們發現遺傳系譜學有DNA片段三角檢測法，可以判斷是否有生物相關性，只要結合DNA鑑定（我們有金州殺手的DNA）與系譜研究（需付費的私人家族系譜網站）即可。當初引起我注意的是，聽說此法成功鑑定某位的女性身分。

該名女性在小時候被遺棄，我們不知道這位小女孩是誰，也不知道她來自何方，而且她實在太小了，記得的不多，實在無法幫上忙。好幾年來，我們試著想鑑定她的身分，使用傳統方法，卻一直失敗。然後，在某次電話會議裡，大家討論另一起案子時，我聽到她的身分終於獲得鑑定，便是拜DNA片段三角檢測法所賜。我不禁開始設想，說不定這套方法可以鑑定出金州殺手的身分？

我加入一個專案小組，和調查員、犯罪分析師以及同一位厲害的系譜學家（協助另一案的調查）合作好幾個月。我們比對DNA，仔細分析家族樹，獲得少少幾條有關金州殺手的線索。我們淘汰了幾名人士，縮減名單，剩下一小群男人，年紀與我們推測的相差不遠，而且案發時都住在加州；接著再縮小範圍，參考受害者描述的體型外貌。

我集中火力，鎖定其中一位最有嫌疑的人，在退休前幾週調查他。這名科羅拉多州建築工人不論是個人側寫還是地緣剖繪，都與金州殺手極為相似。我告訴好夥伴FBI探員史提夫·克瑞莫（Steve Kramer）：「我覺得找到人了，他的混帳叔叔是個強暴犯。看來這是家族毛病。」我是如此確信找到真凶，都準備好要了結此案，並為職涯劃下完美句點，直到克瑞莫打來告知建築工人妹妹的DNA檢測結果——她不是金州殺手的妹妹，因此工人也不是嫌疑犯。我掛上電話，一頭栽在桌上，心灰意冷。就在此刻，我向現實低頭，承認最後的奮力一搏實屬失敗。

不過，還有另一名男人。他的名字在這四十年間從未出現在調查雷達上，一次都沒有。這次他的名字會出現，是因為兩位隔代堂表親的DNA定序經過三角檢測法，在家族樹中回推到他，就像科羅拉多州那傢伙一樣。這兩位親戚註冊該私人家族系譜網站，完全不知道自己的ＤＮＡ會被用來追蹤聲名狼藉的連環殺手。歷經上回的沮喪，這次我做了些初步調查，這名嫌犯符合某些特徵，身高一百八十公分，在推算範圍內；年紀七十二歲，比預想的還大，但不影響他可能有嫌疑；住家位在沙加緬度（Sacramento County）郊區，剛好在我推估殺手會住的區域內；名字是喬瑟夫．迪安傑羅（Joseph DeAngelo）。另外還有一點頗有趣：他以前是個條子。然而，我沒有抱太大的期望。面對之前的嫌犯，我有更多間接證據指出該好好調查，卻全因ＤＮＡ鑑定而一掃罪嫌。難道這傢伙會不一樣？依照我的金州殺手理論，科羅拉多州那名嫌犯還更有可能是凶手。

時間是下午兩點半，我正要轉離八十號公路，開上安特洛普路（Antelope Road）。這條主要幹道連接商場、連鎖餐廳、鄰近區域，橫跨柑橘高地市區（Citrus Heights）。我望了後照鏡一眼，家已經在一小時車程外。我幾乎出於慣性地經過往家的出口，連減速都沒有。我知道我還得多加調查喬瑟夫．迪安傑羅，但今天是最後一天，我告訴自己要運用這段時間停留一下。我面對所有案件都是如此，我會去查看嫌犯的住家和工作場所，想多少了解他們是什麼樣的人。

柑橘高地占位在沙加緬度郡郊區，占地十四平方哩，是個宜居的好地方，市容整潔，環境安全，有公園和球場，還有多間零售店、連鎖餐廳提供繁榮房市所需，但依然保留小鎮傳統，例如每週六晚間的免費電影。迪安傑羅擁有一間房子，位在七〇年代重劃區，四周環繞著更多重劃區，多數以誤導大眾的「莊園」命名。這區的房子都是同個樣子，擠在一起，房子之間以木頭柵欄提供微乎其微的分隔。我轉出安特洛普路，駛進錯綜復雜的街道，到處都是死巷、水泥人行道，以及提醒駕駛「當心兒童」的黃色警告標誌。我終於看到峽谷橡樹大道（Canyon Oak Drive），一路倒數至八三一六號，沿著人行道路邊停車。對面就是那幢房子，一棟毫不稀奇的獨棟別墅，車庫門關著，車道上停著一臺VOLVO轎車，拖車上有一艘漁船。他的院子引起了我的注意，即便這區十分整潔，他的院子依然突出，滿溢著擁有房子的自豪，草地完美無瑕，一路延伸到房子邊緣，沒有一根草亂了秩序。不知為何，他刻意擺了三顆大石頭，看似隨意散落在草地前側，我猜是裝飾。我往後倒退一些，希望能看到後院，接著又往前開一些，打到P檔，關掉引擎。他的窗簾是拉上的，但我知道他在家。多年來監視過那麼多嫌犯住家，你就是會知道，並且學會信任這種感覺。

走到門前的衝動難以遏止。我應該直接過去自我介紹！我的思緒高速運轉，焦慮再次升高，我坐在車上，想像各種情境。

情境一，我走上前敲門。喬應門。

我開口自我介紹：「嗨，我是保羅．霍爾斯，康郡懸案調查員。我一直在調查這一連串未解的案子，然後……」

喬有點好奇，但沒有懷疑。出於警察同袍之情，我們迅速建立起融洽的關係。喬邀請我進屋，問道：「你要喝咖啡嗎？」

「沒關係，我不喝咖啡。」

「啤酒呢？」

我啜飲幾口啤酒，閒聊警察工作和喬仍是警察時有何不同，我提到他的名字在調查中出現。喬感到困惑，但沒有顧慮。

我說：「我猜今天是你的幸運日。你的某位遠親把DNA上傳到系譜網站，而他的DNA和我要找的人有關聯。你很可能也與我的凶嫌有那麼一點關聯。」

喬點點頭道：「啊，我能幫上什麼忙？」

「噢，只需要DNA樣本。」要另一位條子提供證據，證明他不是心狠手辣的連環強暴犯，真的有點奇怪。不過，有了樣本，就可以正式排除嫌疑，喬再也不用被打擾。

喬說：「嘿，我懂的，當然可以。」

我們一起笑這荒唐的情況。我拿到樣本，告訴他很抱歉來此打擾，接著轉身離開。

這會是我的最後行動。

不過，還有另一種可能，如果迪安傑羅就是金州殺手，那麼我早已犯下愚蠢的錯誤。我在他家前面待了好幾分鐘，就坐在警用配車內。只要是警察或曾經當過警察，都會認出這臺無標示警車。如果喬就是殺手，我知道他能做到哪些事，但無法知道他如果走投無路會做出什麼事。他當然知道我在這裡，他可是狡猾的連環強暴犯。他早知道受害者平常看什麼電視節目，在哪裡上班、上學，有人先生出遠門，有人父母晚上不在家，以及大家睡覺的時間。

情境二，毫無疑問，喬早就隔著窗簾注意到停在外頭的車。我走向房子時，喬會認出我是在電視上接受訪問，談論過去幾年來本案進展的那個人。等到我抵達前門，喬已經備好武器，可能會開門射擊，我根本來不及開口。又或者他會邀請我進門，讓我難以逃跑，接著藉故離開，再從背後偷襲，痛打我的頭。

沒有人會知道。沒有人知道我在這裡，我沒有用無線電通報，沒有打電話回家。我就這樣離開辦公室，然後死在這裡。

我大口深呼吸，讓腦袋清醒。我到底在幹嘛？竟然想接近這傢伙？如果喬是金州殺手，會開始注意到我們在追查，這不利調查。如果喬感到陷入絕境，他會殺了我。

開走就好，我對自己說，快打檔開車。還太早，我可不想壞了大事。我還不夠瞭解迪安傑羅這傢伙。

我發動車子，集中意志打檔，還沒過一個街區，便開始懷疑自己的決定。我可能已經壞了大事。我應該要拿到DNA，最起碼要拿到另一個系譜資料點，給小組成員參考。而且，要是迪安傑羅就是殺手呢？我人就在那裡。我為什麼沒有登門？

開回瓦卡維爾家的路程好像永無止盡，我的心中滿是後悔。就在剛剛，我失敗了，沒能掌握最後一位嫌犯。這案子都困擾我多久了。如果金州殺手一案有水落石出的一天，我肯定沒有任何貢獻。我好挫敗，生還者指望我為他們尋回正義，只剩下我了，我卻要讓他們失望了。我的職涯會以有汙點的注腳作結。

感覺就像我在路跑的開頭跑得相當不錯，最後卻虎頭蛇尾。

3. 開端

一九六八年－一九八九年

大家都叫我孤獨一匹狼。很少有人能與解決案件的人親近到足以看透他。我絕不是不想透露自己，也並非不願意讓他人看看我的內心，只是很難敞開心胸。我似乎不知道該如何不內向，這是小時候發展出的特質，不要和人太親近或太自在，因為一旦如此，就會被迫放下一切、從頭來過。我父親在空軍服務，因此我們從未在同一處待太久。自一九六八年於佛州坦帕（Tampa）的麥克迪爾空軍基地（MacDill Air Force Base）出生，至一九八六年從加州費爾菲爾德（Fairfield）范登堡高中（Vanden High School）畢業為止，我們至少搬了十幾次家。我零碎的童年回憶常常是向老師、朋友道別的片段，而我根本還沒有機會認識大家。在我七年級時，老爸得再次輪調，從聖安東尼奧（San Antonio）到加州特拉維斯空軍基地（Travis Air Force Base），我必須與第一位摯友道別，感到悲痛欲絕，從此我便開始建立保護殼。

同年，空閒時我都待在家，還難以適應新環境，也因此看到電視劇《神勇法醫》（Quincy）。傑克・克盧格曼（Jack Klugman）飾演主角，一位脾氣糟糕的洛杉磯法醫，因為太愛插手凶殺調查老是製造麻煩，不過最終總能破案。記得第一次看的時候，我做完功課，坐在客廳地板，切換電視頻道，那是家中第一臺彩色電視，另外還有一臺RCA遊戲機。電視螢幕出現一位表情嚴肅的男人，身著醫生袍，俯身看著一名小女生的遺體。女孩遭人謀殺，丟棄在垃圾子母車裡。我目不轉睛，瞪大雙眼，看著法醫昆西從停屍間前往實驗室，再到謀殺現場，不時和負責偵辦的警探吵架，又能發現警察錯過的證據。一小時過去，這位昆西法醫隻手拼起線索，逮捕殺手，拯救已故女孩妹妹的性命。從此，我每週三一定會提早寫完功課。我對科學很拿手，所以覺得自己也做得到，希望將來能去念醫學院，成為真正的昆西。

我越來越寂寞，便開始試著融入學校生活，將自己塑造成我以為別人想要的樣子。我可以迅速估量人，立刻調整行為，和不同的人混熟，不論是受歡迎的女生、聰明的那群人、運動健將、書呆子，還是吸大麻的同學，但這些關係沒有任何深度或意義，只是和大家打混。這是生存機制，但我也失去了認識自己的機會，只感到混亂、焦慮，導致第一次恐慌發作。那時我十五歲，人在基地的軍官俱樂部泳池畔，兩位女生朝我走來，毫無徵兆地，一股熱氣竄過我的全身，我無法呼吸，一切發生得太快，我的臉色漲紅，皮膚出汗，世界變得模糊。女生路過時，我摔向地面，心跳敲著耳膜，我蜷縮成一球。歷經相當長的幾分鐘，症狀緩解了，但我全身無力又害怕。我怎麼了？

起初，我沒有告訴任何人，我不想讓媽媽擔心或讓爸爸失望。等到我終於開口，爸媽帶我去看心理師，我學會用深呼吸緩解壓力。在一九八〇年代早期，廣泛性焦慮症還屬新穎的醫學診斷。後來我才知道，我們家幾乎都有心理疾病，媽媽長年與神經性厭食症對抗，弟弟為強迫症所苦，而我最常感到社交焦慮。我從來沒有在社交場合中感到自在過，我的大腦將其視為威脅，會觸發深層恐懼，例如丟臉或被拒。我一輩子都是如此，現在我可以預期某些時刻會誘發恐懼（和陌生人閒聊絕對會），得在發作前告訴自己盡快平靜，我需要片刻時光讓自己做好準備。我了解自己的狀況，但每每耗費大量精力與時間。這是我應對的方式。要是我能早點學會這一切，說不定就能避免許多心痛。我沒辦法成為無憂無慮的孩子，老是擔心下一次恐慌發作。

我試著獨自面對恐懼，但隨著時光流逝，情況超出控制。在一九八三年，我的中學時期，我開始和啦啦隊長金（Kim）約會，金比我大兩歲，那是我第一段認真的關係，我陷得很深。金說得很明白，她希望男朋友是橄欖球員，於是我加入球隊，即便我對橄欖球一無所知。我喜歡的是游泳，但我想和金在一起，所以調整了一下，重回舊有的應對機制，努力達到金的期望，將自己重塑成金想要的運動員男孩。

金和我完全相反。我來自嚴格的天主教家庭，害羞內向，沒有和女生發生過關係。金擁有自由的靈魂，活潑外向，雙親的管教方式開放，少有規矩，很信任孩子。金會說我們要開車出門享受「親密時光」，她媽媽眼睛連眨都不眨一下。我們倆才十幾歲，我對金深深著迷。但我天生內向，為了一個女生假扮成其他樣子，掩藏那些我覺得會讓我被拒絕的地方。維持表象既艱辛又難受，我的恐慌發作越演越烈，當症狀發生時，我通常根本來不及深呼吸。我越努力藏起自以爲的弱點，身體越不舒服，且越容易引起發作，簡直是惡性循環。

最後，就像大多初戀一般，我和金的關係自然而然變淡。真的結束時，我鬆了一口氣，退出球隊，而金開始和另一位球員約會。隔一陣子，朋友邀請我參加超級盃派對，地點在基地較富有的那區，我們稱作虛榮山丘。我在學校見過主辦派對的女生，但除了她的名字叫羅麗之外，我不知道她是什麼樣的人。羅麗很漂亮，有著圓圓的臉蛋和一頭及腰的亮麗褐髮。第十九屆超級盃是場盛事，「四分衛大戰」邁阿密海豚丹．馬里諾（Dan Marino）對上地主隊舊金山四九人喬．蒙塔納（Joe Montana）。一九八五年同一天，前加州州長雷根宣示就職，連任美國總統。雷根總統為超級盃擲硬幣開賽，由衛星轉播白宮畫面。這是多麼令人興奮的時刻呀，就連我這個放棄橄欖球的人也覺得刺激。

四九人隊擊敗海豚隊，比賽結束，只剩幾個人還留在派對。羅麗開始說她的故事。

過了這些年，故事早就忘了，但我還記得她說故事的樣子，那麼生動、有趣，完全和世界史課堂上那個害羞女生不一樣。故事講到一半，羅麗跳起來（只可惜根本不算跳），我想她離地不過幾吋就落回地面了，接著她爆笑出聲。她似乎不會太嚴肅看待自己，我喜歡這點。就在那時，看著她閃閃發亮的眼睛，我戀愛了。

羅麗很好相處，她的瀟灑自在深深吸引著我。羅麗如此與眾不同，和我一點都不像。我們約完會，坐在車內聊了好幾個小時。羅麗告訴我她的宗教信條，其中之一是不能有婚前性行為，我大大贊同。我告訴羅麗我的焦慮和恐慌，後來我們去遊樂園約會時，她第一次親眼目睹。我們爬進摩天輪的窄小車廂，聽到車門啪的一聲關上，我的腸胃開始發疼，恐慌發作總是這樣開始。很快地，電流竄過全身。摩天輪的座椅旋轉搖晃，羅麗和我倒向彼此，牆好似朝我逼近，我的心跳忽地加速，肺部快要爆炸，我彎身向前，渴求空氣。不知道過了多久，可能只是幾秒鐘，但我確信這段關係已經毀了——直到她的手貼上我的後背，並且對我說，不管剛才發生了什麼，現在都沒事了。

羅麗不像我認識的其他女生，她不是風雲人物，也沒有渴望受歡迎，而且不為男生而活。她似乎較為成熟，天生就受年長的人所吸引，我稱她為老靈魂。比起參加學校社交活動，羅麗更喜歡坐在廚房和我媽聊天。她特別喜愛父母、祖父母那一輩的人，而老年人也立刻愛上她的溫暖和同理心。我喜歡這樣的她，感到特別安全。

我們交往了兩年，不過當她在畢業舞會後和我提分手時，我不太意外。羅麗很務實，我們都要上大學，她想要自由，希望能盡情探索體驗獨立帶來的新生活。我毫無疑問地傷透了心。那年秋天，我們都要去加州大學戴維斯分校（UC Davis），我無法想像能見到羅麗，卻沒有和她在一起。我們決定繼續當朋友，偶爾一起慢跑，有時我會幫她寫化學作業。我希望她能改變心意，發現生命中不能沒有我。當她說迷上了某個男的，我大受打擊。不管如何，我還是黏在她身邊，默默決定友情總比無情好。羅麗和那位男生沒有發展，我們發現彼此又相互吸引，到了大二，我們重拾戀情，延續中學的浪漫。

回頭想想其實很明顯，我們之間沒有所謂的火花，就只是相處很舒服自在。羅麗帶來的安穩是我以前從未體會過的，羅麗關心我的方式像家人關心彼此，我無法想像生命中沒有她。大三學年末，我求婚了。我把在麥當勞打工煎漢堡的薪水存下來，挑了一枚橄欖形鑽戒，問道：「你願意嫁給我嗎？」我緊張到不行。

羅麗猶豫了一下，接著微微笑。

她答道：「我願意。」

大四時，我很快樂。下半輩子按照計劃開展，學生時期結束了，我急著開始下一個篇章。對我而言，就是結婚、工作、獨立生活，終於能自由、自主。

畢業和婚禮在即，我慌忙地找工作。我的主修是生物化學，在一九九〇年，生物科技是充滿前途的領域。加州大學戴維斯分校在五月辦了就業博覽會，我到博覽會瞭解製藥業的業務工作。

我一邊排隊等待生科公司面談，一邊四處亂瞄，有東西閃過我的眼角。在角落攤位的電視螢幕上，一個男人倒在廚房地板上，頭下方有一灘血，瞪著我瞧。大家紛紛轉頭避開噁心場景，只有我目不轉睛，看得出神，想著：「這是什麼鬼？」遲疑要不要離開隊伍，前往那個攤位。攤位上的人自我介紹，說他叫維克多・李維（Victor Reeve），是那間知名的加州犯罪偵查機構的主管，隸屬司法部的訓練研究中心。李維正值中年，髮際線後移，戴著大大的飛官眼鏡，穿著皺皺的棕色西裝，配上不搭調的領帶。他擔任刑事偵查員超過二十載，我那時根本不知道他本領高超，連刑事偵查員是什麼都不知道。李維解釋，刑事偵查員是鑑識科學家，使用科學專業協助辦案。

我說：「那就是我想做的。」

我首次對可能有的職涯感到興奮。我已經很久沒有想起《神勇法醫官》，但看電視劇時的所有熱情一湧而上。我離開攤位，雙眼圓睜，熱切地想開始辦案。隔天早上，我在校園就業中心翻閱活頁夾，查看職缺。康郡警局的鑑識毒物學家，雖然不是刑事偵查職務，但至少可以在刑事鑑識實驗室工作，是個起頭。我決定申請看看，如果錄用，至少能走進刑事鑑識實驗室。我提出申請，接著到馬丁尼茲的政府辦公大樓參加口試。我覺得自己表現很好。一週後，我收到通知信，總共有五十人申請，我排名第四。我終於找到了我認為自己可能很擅長的事情，現在還獲得了機會去驗證。

不過，又隔了幾週，郡警局杳無音訊。原本我是如此確認會被錄用，但希望隨著日子漸消。我把注意力轉移到婚禮上。婚禮按照預定在八月底悶熱的週六舉行，那時我已經改信羅麗的保守宗教。自復合起，我們固定參加教會禮拜，結婚儀式就在基地的新教教會舉行。羅麗身著白紗，美麗動人。我穿著一套晚禮服，看著羅麗步下走道，挽著她父親的臂膀。我感到非常自豪——羅麗即將成為我的太太。我想不到比這更開心的時刻。我們選擇傳統誓言：「我保羅，願意以妳羅麗……」我雙手顫抖著為她戴上戒指。那一吻，甜蜜又貞潔。我回頭望向媽媽，只見她拭去開心的淚水。

我感受到此刻有多麼重要。我一直想結婚，現在結婚了，這是意義重大的人生里程碑。隨後，婚宴在羅麗雙親家後院的白色大帳篷下舉行，是一場優雅又簡單的午後宴會，用香檳祝賀，沒有狂野的跳舞或互砸蛋糕。我們好開心，彼此相愛，為新婚之夜感到些許緊張。那晚，我們在鎮上的假日飯店度過，接著開往北海岸的門多西諾（Mendocino）度蜜月。我買了一臺新相機記錄這趟旅程，拍了日落、棕櫚樹，曬傷的彼此在沙灘上手牽手、笑開懷。等到了家，我才發現相機裡沒有底片。

多虧羅麗雙親幫忙，我們搬到瓦卡維爾的公寓。我還在麥當勞工作，賺的錢根本不夠。即使如此，年輕的我們對這段時光還是感到興奮刺激，我們獨當一面，自立門戶，接下來的人生在前方等著。羅麗和一位室內設計師工作，我在當地倉庫找到比較好的工作，那裡儲藏了許多稻草人，為堅果樹公路餐廳的年度南瓜田活動做準備。工作第六週，我人在倉庫樓層，卻被叫去接電話。我問：「是誰？」我老闆答：「不知。她說康郡什麼的。」我抓起老闆手中的電話，說道：「我是保羅。」刑事鑑識實驗室主管在電話另一頭問道：「還想來工作嗎？」「當然！」她話都還沒說完，我就答應了。我們約好面試時間，我感謝她給我機會，然後掛上電話，扯掉圍裙，大喊：「我辭職了！」我幾乎是跳著舞步出倉庫。

4. 實驗小白鼠

一九九〇年

凱西・荷姆斯（Kathy Holmes）問道：「要看看實驗室嗎？」語氣聽起來似乎有點難為情。凱西是刑事偵查員督導，負責毒品與酒精部門，比我大二十歲左右，從一九七〇年代中起便擔任刑事偵查員。在面試那天，凱西要向我介紹她的世界，一個我小時候看《神勇法醫官》所想像的世界。

我跟著她步出艾斯科巴爾街（Escobar Street）的辦公室，轉個彎，到達一棟看來年久失修的殘破大樓。馬丁尼茲曾經是繁榮的零售中心，但現在是時運不濟的工業城鎮。我們走向褪色的告示，磚牆上漆著「瑪氏金州牌乳製品」，歇業已久。凱西在雨篷下停下來。室外沒有任何標示，只有街道號碼七二六。凱西說：「就是這裡。」語帶歉意。

「實驗室？」

室內也沒什麼可看，凱西一邊說，一邊推開門。事實上，這裡看起來有點可悲。我走進狹長的辦公空間，芥末黃隔板，灰色金屬辦公桌，東西看起來都像從倉庫拖出來的。真正的刑事鑑識實驗室則在最後方，是個擁擠無窗的區域，與浴室為鄰。時值一九九〇年秋，廣播不停播報最近爆發的波斯灣戰爭，我很快就明白，由於一位資深人員的堅持，必須整日播放廣播新聞。這就是卡斯楚街（Castro Street）實驗室，沒一處像電視上昆西忠心耿耿的助手藤山山姆（Sam Fujiyama）檢測犯罪證據的地方，不過，我絲毫不受影響，依然看得入迷。我想像著自己每天來這裡工作，檢測血液、尿液樣本，查看毒品或酒駕案件。一切是如此迷人刺激，顯微鏡、光譜儀、試管盛裝的內容物都能決定人的命運。

我試著表現得不在意，但身處真正的刑事鑑識實驗室是我人生至此最興奮的時刻。凱西與我握手，說：「之後會再和你聯絡。」

接下來二十四小時難熬至極，直到郡鑑識科警長約翰．莫道克（John Murdock）來電：「我們想邀請你加入團隊。」我要成為新進毒品分析員了。當天晚上，我跑去買卡其褲和海軍藍西裝外套。

人生正如計劃般發展，我結了婚，還有體面的工作。打從第一天我就熱愛上班，不僅充滿意義，我還感到十分自豪。我身旁的人都好聰明，有好多東西可以學。我求知若渴，盡力取悅人，總是預想凱西期望我做什麼，不必待她開口。有些同事抱怨凱西偏愛我，聽到時我會生氣地反擊，但私底下我毫不介意。而且假使真如其言，我想確保自己一直受到青睞。

實驗室測試本身千篇一律，但我全心全意學習毒品分析和何謂成癮。我沒有吸過毒，中學和大學都沒有，因此學習興奮劑、抑制劑、迷幻劑的效用特別有趣。

我的職責包含為毒品案作證，到職第六個月，我經法院傳喚，為少年案件提供專家證詞。第一次作證，我做好萬全準備。那是簡單的大麻持有案，一點都不複雜，我也接受了內部訓練，學習出庭作證。我步入法院，自信滿滿，事情肯定順順利利。不過，我的焦慮自有主張。

我坐在法庭外長椅上等待傳喚，又感到熟悉的腹痛，開始心悸，雙手顫抖。我心想：噢不，不要現在。我知道我需要經常出席法庭作證，在社交場合發作是一回事，在法庭上發作則是另一回事，很可能毀掉還沒開始的職涯。我拚了命冷靜，忽然想起中學時心理師教導的呼吸練習：「專注在此刻，不要管以前發生過的或未來可能會發生的。活在當下。然後呼吸。」

「保羅．霍爾斯！」法警招手，要我入庭。我深吸一口氣，緩緩吐氣。活在此刻。呼吸。我走進法庭，站上證人席，持續專注呼吸，無暇注意周遭環境。檢察官走向我，問道：「你怎麼處理收到的證物？」我簽收證物監管鏈表，檢查袋子封條，袋內有少量綠葉，我確認證物未經汙染，秤重，執行標準杜克努瓦－萊文測試（Duquenois-Levine test），使用呈色試劑篩檢大麻。我說道，是的，按測量結果，該證物不是奧勒岡葉，而是大麻。接著輪到辯護律師提問：「你之前有過幾次擔任專家證人的經驗？」我二十二歲，看起來像十二歲，顯然他沒有漏掉這一點。我誠實答道：「一次都沒有。」我很年輕，但我知道自己在做什麼，湧現未曾有過的自信。法官很滿意我的資歷，認可我是一名合格的專家。我通過了第一場測試。

工作一年後，我開始蠢蠢欲動，想往上爬。這情況常見於我生活中的方方面面。我的心靜不下來，一直想追求下一件事。羅麗說了好多次：「你總是在追求別的，追求更多。」話是沒錯，但若沒有持續刺激和向上動力，我的焦慮就會發作。我向來追求挑戰，每一次都化為下一次，因為上一次總是不夠。這就是我。我不確定這是否能讓內心平靜（老實說，我很確定沒有效），但追求更多的強烈需求驅使著我。當時我其實無可避免地肯定會厭倦實驗室研究員的例行工作，開始尋找下一個閃閃發光的目標。

我沒花多少時間就找到目標。我經常從卡斯楚街實驗室開溜，到五個街區外的艾斯科巴爾街上的實驗室，那是刑事偵查員工作的地方。刑事偵查員可以到犯罪現場蒐證，帶回實驗室分析。我想像著那會是什麼樣子——挑戰思考犯罪發生的經過，偵查員訴說的是現實版驚悚故事。只要能開溜，我就會晃進偵查員單位，厚著臉皮偷聽他們比對凶殺案筆記，詳述現場調查的細節。

某日午後，我照例探頭探腦，突然發現一直在眼前的寶物：犯罪圖書館。大小如貨櫃，類似越野卡車後頭的東西，就在實驗室正中央，四面是破舊的裝潢板。頂天立地的黑色金屬書架上擺放著數十年的書籍期刊，涵蓋所有鑑識、調查主題，犯罪現場調查、最新基因科技和連環殺手，許多書看來多年無人翻閱。對我而言，簡直是挖到金礦。

在閃爍的日光燈下，我開始抽出書本、翻閱，摺起想要重看的書頁。沒多久，便發現藍色布面精裝版的《法律醫學觀點探討魯克頓案》（Medico-Legal Aspects of the Ruxton Case），內附插圖，詳盡說明此一英國指標案件。備受尊敬的巴克・魯克斯頓（Buck Ruxton）醫生殺死妻子與保姆，肢解屍體，企圖隱瞞身分，把屍塊丟棄在離家一百哩之外。這起案件吸引我之處不是暴力血腥，而是一群調查員、病理學家、鑑識科學家通力合作，使用嶄新技術解決案件。該案又名「拼圖殺手」，因為大家費盡心力才一片片拼起拼圖（和屍塊），辨識受害者身分。魯克斯頓醫生被判有罪，處以絞刑。這些書開啟了我的新世界。既然嘗到了什麼是可行的，我就不可能繼續卡在分析毒品和酒精濃度之間太久。

一通過試用期，我便開始天天往圖書館跑，想盡己所能吸收學習。不論是科學期刊還是犯罪現場書籍，都立刻埋頭閱讀。我的興趣在闔上書、讀完文章後依然不減，我會一路從晚餐思索到睡著。讀到的內容會在腦中盤旋，直到充分吸收每一個細節。我最開心的時候就是身在那間圖書館時，這大概就是吸毒的歡愉感受吧。只要腦袋沉浸在挑戰之中，我就幾乎感到亢奮。

接下來三年，我吸收所有調查技術、犯罪心理學、連環殺手思維的相關知識，還一併研究了懸案。在我二十五歲生日時，父母送了我兩本書，一本是《犯罪與人性》（Crime & Human Nature），另一本是《異常快樂殺人心理－解讀性犯罪》（Sexual Homicide: Patterns and Motives），由羅伯．雷斯勒（Robert Ressler）、安．布吉斯（Ann Burgess）、約翰．道格拉斯（John Douglas）合著。等到讀完《異常快樂殺人心理－解讀性犯罪》，我終於知道自己想做什麼了。

我要成罪犯剖繪專家。

而羅麗想要有個家庭。

5. 力爭上游

一九九三年秋天，羅麗和我都在美夢成真的路上。我們的女兒蕊內在九月出生，她是個漂亮的寶寶，臉蛋圓圓，雙頰紅潤，就像她的媽媽一樣。羅麗一直在汽車經銷商工作，決定離職在家帶小孩。幾個月後，刑事偵查單位開缺一名偵查員，這是十年來首見。我才二十六歲，資歷尚淺，但我知道憑著旺盛精力和好學不倦，我可以迅速上手。我沒辦法再等下一個十年，等下一個人退休，所以提出了申請，另外還有五十人應徵。首先，我得通過口試，答覆列席專家的問題，腦筋要敏捷，否則就淘汰。

你被指派一件凶殺案，緊急案件，三天內要繳交結果。鑑識估計要花六到八小時，才忙了兩小時，法庭就傳喚你出庭作證，整個下午都待在法院。晚上九點你受派調查另一起凶殺現場，幾乎整晚都待在現場。隔天早上，警探要你立刻開始處理他的案件。告訴我們你會如何安排，確保工作都在時限內完成。

我努力保持冷靜，口試表現亮眼。我長時間蹲圖書館、在房間讀至深夜都值得了，因為即便缺乏經驗，我仍得到了這份工作。我即將成為刑事偵查副警長，一名犯罪現場調查官。我好開心。羅麗也很開心能在家陪伴新生寶寶。事事順利。

接下來五個月，我在警校受訓。從一般市井生活進入嚴格的軍事環境，完全就是文化衝擊。我接受的訓練是新兵訓練營加上課堂學習，事事都耗費心神。每天早上都必須在凌晨零點三十分列隊，制服筆挺，鞋子閃亮，鈕釦和皮帶釦環光可鑑人。同時，家中還有六個月大的寶寶。這代表我早起出門時，大家都還在睡。每天都塞滿精疲力盡的體力和學術挑戰，一邊跳牆、學習射擊、研讀法律，一邊聽教育班長大吼指令。

我的主要教育班長叫巴格韋爾（Bagwell），有一雙凸出的眼睛和濃密的深色鬍子，似乎很享受嚴厲管教我們。訓練前期，另一名指導員說明什麼是酒精中毒，她在課堂上解釋不同種族對酒精的反應也不同。一名學員批評她有負面刻板印象，因為指導員說特定種族容易對酒精反應較迅速且激烈，卻沒有提供任何證據支持。空氣瞬間緊繃。在上一個實驗室的那幾年，我接受多次酒精損害教育訓練，覺得自己可以幫上忙，於是我走向黑板，畫了酒精代謝圖表，指出酒精去氫酶在某些人體內能較快代謝乙醇。我解釋道，問題是代謝產物會累積至中毒程度，引發副作用，如臉紅、糟糕的宿醉。指導員和同學都向我道謝，一回座，班上就有人大喊：「史巴克！」就是《星際爭霸戰》裡那位掃興的科學官。這個綽號在整段警校訓練期間都跟著我。

結束又長又累的一天後，我會直接回家，累到不能動，然後一整晚都在為隔天的折磨與測驗做準備。不用說，我的狀態對於有女兒的生活而言不甚理想，而羅麗肩負家中所有責任。蕊內很難帶，一放下就會哭叫，幾乎不曾睡過夜。看似唯一能平撫蕊內的是坐車兜風，所以我會載著她在附近晃晃，從晚餐結束直到她在座椅上入睡，當然，一帶她回屋內，她就醒了，只能由羅麗接手，因為我得趁晚上拋光鞋面、熨燙制服，一早就要接受視察。羅麗忙到暈頭轉向，我試著幫忙，但依然不夠。

在那五個月裡，警校就是我人生的全部，我的身心都接受操練。我的身體與心靈都長期缺席，婚姻關係變得緊張，其實原本就有裂縫了。記得有一天，羅麗和我在露臺爭執（吵的可能是她壓力很大，因為我一直不在），蕊內從旁爬過去，我們太過沮喪，完全沒看到她爬向露臺邊緣，掉下一階。蕊內大哭，羅麗變得煩躁又焦慮，說道：「都是你的錯。」我們的女兒在一旁尖叫。我不知道要怎麼回應，於是轉身走回屋內。

人生至今，我都是這樣處理壓力，對話一變尖銳就離開現場。大家認為這是冷漠，但不是，這是恐懼。我可以研究最窮凶惡極的殺手一整天，但情緒衝突令我驚慌失措。我害怕拒絕，害怕直接衝突會把心愛的人推開。正因如此，我反向將情緒壓下，希望忽略能讓問題消失。當時我不知道這麼做只是把心愛的人推得更遠，只是更加孤立自己，隔絕在剛砌起的牆內。

6. 東區強暴魔

就在一九九四年十月，我的人生再次轉變。警校結業後，我正式成為犯罪現場調查官，前往犯罪現場分析證物。我與羅麗的關係日漸緊張，當其他同事都回家時，我會繼續待在圖書館，讀連環殺手和凶殺的書籍，有時直到深夜。

顯而易見，我哪天肯定會讀遍所有書籍。某天我翻看書架，想找些新意——一本不小心忽略的書或一個錯過的案件。忽然，我注意到角落有個檔案櫃，典型辦公款式，油灰色，有四、五層抽屜。我之前怎麼從沒注意到？看這上面的灰塵，已經很久沒有開過了。

我拉開上層抽屜，如同預期，裡頭任意擺放著過期的行政文書、老舊的手寫演講筆記、久遠的鑑識會議報告卡帶。不過底層的抽屜最重，我拉開時能感覺到手中的重量。馬尼拉文件夾[2]向前翻動的聲音就像洗牌聲。每個資料夾都用紅色馬克筆標著EAR三個字母。

2 通常由硬紙卡對折而成，一般是淺黃色，也可能有其他顏色，以區分文件。傳統的馬尼拉文件夾使用的紙張是由馬尼拉麻製成。

我抽出第一個文件夾，是一份警察報告副本，左上角標記數字二六一／四五九，加州刑法強制性交和竊盜法條。案發時間早在十六年前，位於康科德（Concord）住宅區，在舊金山、柏克萊和奧克蘭的郊區。日期壓在一九七八年一月七日，報告開頭打道：「被派至上述地點調查一名女性來電，她的情緒有些失控，說她遭人強暴，她和先生都被綁起來了。我抵達現場，發現太太站在家門前，一絲不掛，雙手被綁在背後。她說先生被綁在主臥。」攻擊發生在午夜過後，這對年輕夫妻把一歲女兒哄睡，兩人也回房睡覺，先生先醒來，覺得好像有什麼在腳邊，便張開眼睛，看到一個男人戴著滑雪頭套站在床尾，左手持手電筒，右手持槍，吼道：「給我錢和食物，就這樣。」此時太太醒了。男人大吼：「不聽話就殺了你們，乖乖照做。趴下。」

我繼續讀下去，很快就發現錢根本不是目標，看來歹徒想要的是恐嚇與掌控。他命令夫妻把手放到背後，接著用鞋帶綁住他們的手腕和腳踝，綁得死緊。他把刀架在太太的脖子上，說道：「不乖乖照做，就殺了你。」先生回憶歹徒的聲音：「透過齒縫傳出的氣音。」接下來三十分鐘，陌生男人在夫妻家中遊走，兩人無助地倒在那裡。我只能想像他們當下的驚恐，兩人想著接下來究竟會發生什麼事——寶寶。如果他發現寶寶怎麼辦？他會傷害她嗎？他會殺了我們嗎？夫妻的恐懼躍然紙上。我無法移開目光。

男人最終回到臥房，從廚房拿來盤子，放在夫妻背上，說道：「如果我聽到任何聲響，我會他媽的打爆你的頭。」我想，這男的肯定是虐待狂，造成他人心理恐懼令他興奮異常。我已經開始在腦海勾勒他的心理剖繪。

夫妻又熬了幾分鐘，聽著男人開關抽屜、摔櫥櫃門，繼續在家中四處閒晃。男人回來了，又快又靜。唯一能查覺男人在床邊的線索是他急促、粗氣的呼吸聲，彷彿換氣過度。男人剪斷太太腳上的繩子，命令道：「起來！要是敢看我一眼，我就把你的頭砍掉，幹。」要是她不照做，他就會殺了她、先生和女兒。我也有寶貝女兒，我只能想像那名太太會有多驚慌。自保是天性，但保護孩子的本能更加強烈。太太聽話照做，男人把她推到客廳，蒙住她的雙眼，叫她趴在壁爐前的地毯上，再打開電視，關掉聲音，拿小毯子蓋住螢幕。我想像太太口乾舌燥，心跳撕裂胸膛。她回想男人聞起來像肉桂。

太太聽到刀落在咖啡桌上，噔噔噔的腳步聲，男人踱步回廚房，盤子碰撞。噔。噔。噔。太太豎起耳朵聽每個聲響。男人朝臥室前進，或許放了更多盤子到先生背上。同樣的聲響，男人又回到身邊。「如果不讓我好好爽一下，我就殺了屋子裡所有人，把寶寶的耳朵砍下來給你。」他語帶威脅，邪惡滿溢。太太倒在地上，一動也不動，只聽到布料摩擦，感受到男人一片一片撕扯睡裙，接著在上方自慰。男人性侵前一刻叫了她的名字並道：「我看你好久了。」太太愕然愣住。在哪裡看？她認識這個人嗎？接下來一個小時，他強暴了她。事後，男人蹲在角落哭泣。

案件摘要附檔上，調查員草草記下「東區強暴魔」。EAR。我震驚不已，闔上資料夾，翻開下一份。

十月七日攻擊後六天，在五分鐘車程外，另一個家庭於半夜受到攻擊。二十九歲的女性和她三十歲的男友從睡夢中醒來，聽到臥室門打開，門口站著一名男子，持手電筒照射他們的眼睛。想像一下從沉睡中醒來，就看到手電筒刺眼的光。警校訓練曾教過，用手電筒照射可以令被攻擊者迷失方向，控制住他的臉部。照射眼睛可令人盲目三四秒，夠你掌控局面了。思緒閃過我的心頭：這種控制手段就是執法策略。這名攻擊者囂張自滿。他震懾住這對情侶，立刻開始咆哮下令，咬牙切齒：「別動，不然就轟爆你的頭。」男人命令男友轉身、把雙手放在背後，把鞋帶丟給女人，指示她綁起男友的手。他叫女人拘束男友，他膽怯了嗎？還是換方式脅迫？

現在男友遭綁縛，男人叫女人趴下，綁住她的手腕和腳踝。男人拿起槍指著男友的頭時，女人七歲大的女兒走進臥室。女孩看到他的頭套，驚聲尖叫。男人把她推進浴室，叫她安靜待著。為了防止女孩逃跑，男人在浴室門前堆疊家具，接著回到臥房翻箱倒櫃。

終於迎來一陣寂靜，情侶心想，男人離開了。但沒這麼幸運。男人其實悄然回到男友這側床邊，拿毯子蓋住他的頭，把盤子放在他的背上，警告道：「敢動你試試看，這把刀就會刺進你的背。」接著強迫女人下床去客廳，如同前一次，就在男友能聽到的距離，男人用毛巾蒙住女人雙眼，命令道：「和我的屌玩一下。」隨後反覆強暴。接著就離開了。

在此之前，白天我都在圖書館研讀連環殺手的資料，晚上繼續就著床頭燈閱讀，羅麗和寶寶都在睡。我能夠判斷這名殺手與其他人全然不同。性行為或生理殘害都不能讓他興奮，引起心理恐懼和掌控一切才能饜足其身心需求。

兩案如此雷同，令人震驚。凶手都在大半夜驚醒受害者，用手電筒照射他們的眼睛，綁住他們的手腳，威脅生命，強暴女人，小孩都近在咫尺。都一邊低聲吐出猥褻言詞，一邊施加傷害。都堆疊盤子在男性背上，這成了他的警報系統。「如果盤子發出聲音，我會把她的耳朵割下來給你。」他無所畏懼，令人不寒而慄。一次攻擊兩個人的風險很大，尤其其中一名是男性。強暴女人的懦夫很少會冒這種險，但這傢伙看來專挑一男一女下手。

我翻了更後面的資料，抽出第三份資料夾，讀到停不下來。

自一九七八年秋至一九七九年夏，EAR在康郡犯下八起案件。接著，報告突然就結束了。我把報告放回資料夾，關上櫃子，關燈。開車回家的路上，我腦袋裡都是他，無法不想。就像讀一本驚悚小說，不忍釋手，等不及想知道下一章如何發展。我看了多起連環殺手案件和懸案，但總覺得這一案專屬於我。

當晚，羅麗在準備晚餐，我說：「你一定猜不到我今天發現了什麼，在七〇年代有一位連環強暴犯……」

羅麗喊道：「停！我一點都不想聽。」

我這麼興奮地想分享今日的發現，羅麗卻叫我閉嘴，我不禁感到失望和沮喪。

幾週後，我從奧克蘭飛往洛杉磯，菜鳥犯罪現場調查官得參加由加州刑事學者協會的訓練與資源委員會舉辦的會議。讀著會議資料時，有人坐到我旁邊的位子上，我脫口而出：「約翰．莫道克！」莫道克曾擔任康郡的鑑識警長，是名重要人物，不僅在鑑識領域深耕多年，還備受全國敬重。我受聘時，莫道克是大老闆，還打電話通知我錄取。雖然我前年修過他在普萊森特希爾（Pleasant Hill）的岱柏洛谷學院（Diablo Valley College）開的犯罪現場調查課，但其實我不太認識他。我有點膽怯，起先還有點結巴，不過越聊越輕鬆。聊了一陣，一小時航班約莫過了一半，我提起之前找到的資料。

我問道：「誰是EAR？」

他迅速轉向我，說道：「東區強暴魔！我在當時最早的專案小組裡。」

我問：「有破案嗎？」

他答：「我們盡了全力，但這傢伙就消失了。」

約翰繼續說他負責居中協調，以及評估所有蒐集的證據。接著語出驚人，ＥＡＲ不只在康郡縱慾犯罪，約翰說：「他是從沙加緬度開始的。」

就在那一刻，我才忽然明白自己偶然發現的案件有多麼重大，遠超過從圖書館檔案櫃能獲知的一切。

我問：「還沒破案？」

飛機剛好降落洛杉磯，約翰搖搖頭道：「還沒。沒有抓到人。這案子值得解決。」

ＥＡＲ在一九七九年消失。跨轄區專案小組的十六名成員竭盡全力，但失敗了，無法辨識他的身分。沒人能破的案子對我而言是無法抗拒的挑戰。有人可能會說我狂妄，或許也是，但在職涯初期，我從未想過自己會無法破案，就算這案子數十年來逃過頂尖犯罪心理專家的法眼。我就是知道我可以破案。

7. 犯罪現場調查

我強迫自己把EAR資料夾塞回櫃子，專心工作。一九九〇中期，我升職為刑事偵查副警長，代表得開始到犯罪現場，不是整天待在實驗室。可是，這不是典型調查職位，通常需要蒐證、拍照、向主任調查員匯報，而是混合職務，含有科學部分。我會以鑑識科學家的視線觀察證據，評定、蒐集證據時，主要考量的是帶回血清室檢驗時，越方便越好。DNA檢驗才剛開始應用在刑事案件，我也因此能受相關訓練。沒多久，快克流行入侵我們轄區，就像全國其他城市一樣。幫派凶殺數量飆升，到處都有製毒工廠。突然間，我得一直跑現場，工作量實在太大，幾乎都在路上跑。新的犯罪現場不分晝夜隨時出現，但幾乎都趁夜深人靜。而通常都是我接到呼叫電話，因為資歷最淺。說實在的，我根本沒剩多少時間能給太太與小孩。是段很艱困的時期。

非法藥物之害蔓延到社會每個角落，從都市的貧窮區域，到富裕的郊區，剝奪孩子光明的未來，搶走家長的寶貝兒女，摧毀幸福美滿的家庭。每天我都目睹毒品的損害，卻忽略了每次自己離開對家庭的傷害。

第一次接到電話外出執勤，我擔任主任調查官，現場位於普萊森特希爾市，相鄰馬丁尼茲。我套上工作連身服，是老同事的二手衣（他幾年前過世了），繫好配槍，抓了金屬文件夾板，和夥伴一同離開實驗室，前往現場。那是悶熱的一九九五年八月早晨，現場回報一名男子陳屍在普萊森特希爾郡立圖書館後方。我開到建築物後方，看見屍體，上方壓了一臺腳踏車。圖書館清潔工說他覺得是附近的遊民。等待驗屍官時，我觀察了一下屍體，衣服寬鬆、男子樣式，但襪子是粉紅色。我向一旁的警探說道：「粉紅色襪子？」驗屍官抵達，我把屍體翻身，他的五官陰柔，而且塞進針織帽的頭髮是長髮。我說：「這不是男的。」

受害者是年輕女性，身著男裝，想來是為了避免男人騷擾。她曾經是前途無限的運動員以及初展頭角的音樂家，不知怎的，可能在中學誤入歧途，愛上錯的人，結果安非他命成癮，二十五歲左右就流落街頭。家人都很愛她，盼她有天能戒毒、返家。事與願違，她慘遭人用她的腳踏車重擊而亡。直到一年過後，凶手再也無法承受，最終向警方自首，他只是剛好在圖書館後方碰到該名女生，太想和她做愛了，但她不肯，才把她打死。

我確認了女生名叫朱莉（Julie），便開車離開圖書館，費了好的大勁才把她被砸爛、扎滿松針的臉揮出腦海。光明的前途就這樣毀於一旦。我覺得自己也有責任。我才剛回到實驗室，還來不及換上制服，旋即出發上路。我上級說：「有起重大雙殺，在奧林達

（Orinda）。你得回去。」一位餐廳老闆娘和她的女兒於自宅遭射殺。

該案太重大，非實習調查官能處理，當時我就是，於是被派去支援。奧林達離普萊森特希爾才十分鐘車程，但兩地迥然不同。奧林達是郊區綠洲，昂貴房產，明星學校，加州最宜人居之地。房屋都座落在四處蔓延的住宅區，通常都看不到建築本身。夥伴和我在下午抵達現場。那棟牧場風住宅的半圓車道中央有高大樹木遮蔽視線。我想，真是完美的犯罪地點，沒人會看到。走過前門一臺綠色敞篷福斯，這地方歹徒可以輕易突襲，受害者一踏出車門就能攻擊。

屋內凌亂不堪，舊報紙和雜誌疊在大門通道，旁邊有具女屍，面朝下。女性看起來五十出頭，衣衫完整，雙手綁在背後，用的是從旁邊房間扯下來的檯燈電線。幾呎外，倒著年齡較長的女屍，面朝下，布滿血的臉頰貼在一只老海軍（Old Navy）[3]購物袋上，同樣手腕遭綁，手指抓著捆繩，好像企圖要掙脫。現場很詭譎，一部分是因為週遭環境和犯罪本身的對比。凶殺不該發生在奧林達，在這裡，大家都過著美國夢的生活，因此真發生了凶殺，情況看起來總是特別詭異。社區還沒從十年前的案件平復：一名受歡迎的中學啦啦隊長遭同齡對手刺殺身亡。現在換一對受人敬重、家境富裕的母女？這會讓整座城市震驚不

3 美國跨國公司蓋璞旗下的一間服飾零售商公司，

安。

在此之前，我處理的案件大多是幫派成員搶地盤，在郡的西側，沒什麼媒體關注。本案捲入的是當地熱門餐廳老闆娘和女兒，而且這裡不會發生這種事，因此招來大批記者媒體。這是一則好故事，也是我的第一個高曝光案件，由於社區和受害者的狀態。在我經手過的所有低收入區犯罪現場，我從來沒看過採訪車。可憐的黑人孩子在街頭流血，槍枝暴力的受害者，媽媽悲痛欲絕，放聲大哭，但連一名記者都沒有，沒有人報導他們的故事。在這裡，每次從房屋走到犯罪現場廂型車，攝影機便開始運轉，記者大聲發問。殘酷現實為我上了第一課——媒體會報導些什麼，以及為何報導。

這對母女工作勤奮，生活安康。前一晚離開餐廳之後便遭人攻擊，兩人隔天早上沒有去餐廳工作，隨後親戚發現屍體。怎麼會有人想傷害她們？我納悶，看著沒有生命跡象的身體癱在磁磚上，看起來好嬌小，好無害。母親的衣著就像七十幾歲的人：裙子、罩衫、褲襪、平底鞋。女兒穿牛仔褲、橫紋毛衣、Converse白色帆布鞋。事發前沒幾個鐘頭，兩人都在煮道地墨西哥美食，給老顧客享用。離開餐廳時已經午夜，隨後沒多久，便在自宅遭人綑綁，凶手射擊頭部後方數槍。他們有可能是我的家人，或你的家人。

每次檢查屍體，我都會設身處地，試想殺害的當下。每回在犯罪現場都是如此。我可以看到受害者，他們很可能坐在通道上，而凶手走進每間房，拉開抽屜，打開櫥櫃，翻找貴重物品。母女倆人看得到彼此，但無法拯救對方，因為雙雙遭綁。不知他們坐了多久，動彈不得又驚恐。最終被迫翻身趴下，凶手有告訴他們即將發生的事嗎？他們感到的恐懼讓我不禁起了雞皮疙瘩。沒辦法知道誰先被殺害。我聽到媽媽最後的懇求，女兒可能也聽到了：拜託不要殺我們。東西隨便你拿。我求你了，不要傷害我女兒。我看到女兒落淚，曉得媽媽快要被殺了。又或者，女兒先遭射殺？我感受到媽媽的絕望，努力要掙脫綑綁，卻聽到「砰、砰、砰」。她在地球上最後的思緒是：「我女兒死了。」母女兩人都中數槍，子彈射入後腦勺，穿臉而出。一切看起來都像幫派槍擊。輕柔地，我一一抬起母女的頭，摳起地板中的子彈，蒐集屍體旁散落的彈殼。驗屍官一到，便把母女放入屍袋，移出房子。把屍體推上驗屍官廂型車時，攝影機燈光差點閃瞎我。

屍體一離開現場，我便回頭找尋更多證據。屋內雜亂不堪，不知是囤積症，還是遭洗劫，但都不易搜索。我在現場勘查蒐證至晚上，然而還有好幾天的工作等著要做，因此我們決定先離開，白天再回來。那時我已經工作了七十二小時，幾乎沒闔眼。我想了想，我可承擔不起在高速公路上睡著的後果，家又太遠，到家沒幾個小時又得開回來，因此決定剩下的夜晚都待在實驗室。

深更半夜，我才把廂型車停回辦公室後方。城市燈火反射自海灣滾來的一波波霧氣，投射出鬼魅般的光暈。我從廂型車走向辦公室，似乎聽到癲狂的咯咯大笑聲，立刻抬頭，看見貓頭鷹的輪廓，背後映著遠方煉油廠的明亮火光。有些原住民族視貓頭鷹為死亡象徵，我想著：太離奇了，即便我才剛自駭人凶殺現場回來，這也離奇了。

馬丁尼茲緊鄰海水，即使是八月夜晚，也很寒冷，建築物內又更冷了。我走向犯罪圖書館，尋找睡覺的地方，決定睡在會議桌和牆壁間的一小塊地板上。地毯很薄，老舊、有汙漬，地板冷得像冰塊，我躺下，蓋上蓬鬆的郡警局夾克。漆黑一片，有東西（我不知道是什麼）發出聲響。我躺在那裡，記起維修工說的故事。傳說有位工人某天到建築物下方修理東西，就沒再回來了，據說地下有具骨骸。我閉上眼睛，試著入睡，但心來回狂奔在普萊森特希爾和奧林達之間。各種思緒在腦中打轉，一圈又一圈。我們知道些什麼？明天還需要什麼？我終於睡著，接著天剛亮就醒了，手臂發麻，地板太硬了。我甚至沒有打給羅麗報備我不會回家。我的視野總會變得狹隘，每次開始處理案件都會。我專注過頭，根本不會想到家人。這次只是第一晚，之後還有許多同樣的夜晚。

8. 阿勃納西一家

在能回家的日子裡，我和家人用完晚餐後，通常都把自己關在工作兼儲藏室，繼續處理案件。我開始明白，雖然我精通凶殺科學，但受害者的遭遇才真正吸引著我，因此，案件才成為我的著迷與執念。

在一九九七年寒冷二月的某晚八點左右，我剛坐在電腦前，準備點開案件資料夾，就接到電話呼叫，得回實驗室處理一案一八七（加州刑法凶殺編碼）。一名父親和十二歲的兒子於海克力斯（Hercules）自宅遭射殺，海克力斯比鄰聖帕布羅灣（San Pablo Bay），風光明媚。那天我值班，收收東西便準備返回實驗室，根本不知道這回例行的來電呼叫會成為我第一次真實的凶殺調查。

羅麗坐在客廳地板，觀看喜愛的電視節目，應該是《飛躍情海》（Melrose Place），小孩的照片在身旁排開，她正準備整理新相本。我們已經有兩個孩子了，蕊內四歲，兒子奈森一歲。

那時我們結婚剛滿七年，不是不快樂，但好像缺少了什麼。我覺得我們倆都認為有另一個孩子可以為關係注入新意。我們倒也沒有經常爭吵，只是漸行漸遠。羅麗的世界是孩子和教會，我則是埋頭工作，幾乎沒有任何空間。羅麗試著拉我參加交友圈的活動，但我就是格格不入，我真的試了好幾次。如果我們參加教會集會，我很快就會覺得無聊，不想一直聊小孩活動和當地運動。我沒辦法和大家熱絡，沒人想聽我描述腐爛屍體飄散的酸臭味，或者血液腦漿的狀態能透露哪些凶殺細節。這又能怪誰呢？

我早就停止嘗試和羅麗聊工作的事，我知道這會讓她不開心。她會摀著耳朵說道：「對你而言，只要死了就是科學；但對我來說，他們依舊是人。我一點都不想知道人可以怎麼對待另一個人。這很嚇人。」這讓我知道，是時候逃進工作室了，羅麗稱之為我的「洞穴」。我很沮喪，羅麗不明白這些慘劇對我的影響有多深。工作時，我會收起情緒，鑑識人員必須這麼做才顯得可靠，能處理每天工作看到的場面。我的方法是集中在科學上，把情緒裝箱，放在腦內的安全地帶裡。只有機器人才能看著死嬰卻漠然不動。我不擅長表達情緒，但絕不是機器人。我為受害者傷心難過，但比起崩潰大哭，我專注在那些能討回公道的事物上。

早在羅麗和我明白其實兩人不適合之前，我的雙親就察覺我們婚姻有問題。我爸鼓勵我們做邁爾斯—布里格斯類型指標（ＭＢＴＩ，也稱作十六型人格測驗），檢測心理類型。他自己先做了，覺得很實用，不僅能反觀自身，還能協助辨識與理解彼此的差異。羅麗和我照他的建議做，測驗結果顯示兩人在光譜的兩端。羅麗是那種會共感、同理他人，被心牽著走的類型，而我是稀有類型「內向思維者」，實事求是，雖然有許多感受，卻無法表達情緒溫度，因此可能顯得冷漠。如果你相信人格測驗（我不認為自己相信），那麼羅麗和我就在兩極，天生性格本就不同，理解世界的方式也不同。羅麗相信人性本善，我認為這想法太天真，辯論道大多數人都是好意，但有一小群人只存惡意。我親眼目睹那些現場，怎麼可能不這麼認為？我們對生活的看法有著根本的不同，看來沒有任何折衷之處。

這差異對我而言再明顯不過。就在三個月前，我們到羅麗的教會觀看聖誕節表演。會場座無虛席，戲碼是《伯利恆之夜》（A Night in Bethlehem），大多數的人我都不認識。燈光變暗，布幕升起，蕊內帶著奈森去玩，羅麗看起來毫不在意，但我開始驚慌。

羅麗低聲道：「你是怎麼了？」明顯感到不耐。我一直掃視觀眾席，想找到蕊內和奈森。

我回道：「你就這樣讓小朋友亂跑，我看不到他們在哪。」

羅麗壓低聲音道：「大家都是基督徒，保羅。」

我極其厭煩地說道：「就算是基督徒也會做壞事。」

在那個時間點，我已經體驗過太多人性黑暗面，不管是在犯罪現場，還是解剖室，都看到人類對待他人的能耐。我研究連環殺手，知道即便有宗教信仰，還是能犯下暴行。事實上，幾年前，有名連環殺手，我們只知道他叫BTK，他威脅著堪薩斯州民，但同時扮演著模範市民。沒有虐待受害者的時候，BTK是社區的棟樑、童子軍領袖、禮拜的執會議長、教會信眾口中的好基督徒。被逮捕的前幾天，BTK還在教會晚餐幫忙打義大利麵醬和沙拉，因此我知道精神變態就潛伏在身邊，會以家庭、工作以及——是的，沒錯，甚至會以宗教當作掩飾。這種類型的人就會在我看不到小孩時跑入我的腦海中。我知道得太多，無法不高度警戒。

羅麗幾乎沒有將目光移開手上的拼貼家庭照，我匆匆道了再見，返回實驗室，換開犯罪現場廂型車，朝西邊上四號州道，前往海克力斯——我的下一個執念。根據當地報紙描述，這個房屋地段封街通常是為了街區派對，不是犯罪調查。海克力斯兩年來沒有發生任何凶殺案，更遑論一案兩命。我於晚上十點抵達敦翰街（Dunham Court）的住家，屋內射出明亮的犯罪現場探照燈光，兩組巡邏車隊閃著燈，停在外面。我把廂型車停在路邊，跨過黃色封鎖線，海克力斯警佐比爾・戈斯威克（Bill Goswick）迅速說明概況。受害者是尼爾・阿勃納西（Neal Abernathy）及其子布蘭登（Brendan Abernathy）。發現屍體的是尼爾的太太，也就是布蘭登的媽媽蘇珊・阿勃納西（Susan Abernathy），她下班回家快六點時發現的，他們都還在屋內。

處理犯罪現場的過程辛苦萬分，還必須一絲不苟調查任何可能的證據，一根頭髮或一滴血液都能決定會破案或成為懸案。這不是份愉快的工作，但我很自豪能時時維持警覺。血腥於我如無物，而且我看多了，殘缺不全的屍體、爆掉的腦袋、蛆，我幾乎看遍所有恐怖的死亡場面，也一直都能適應。然而，意圖殺害兒童得另當別論，這也是我第一次遇到。

如同許多凶殺現場，這裡原本也是正常、幸福生活的畫面，直到不再如此。玻璃酒杯擱在咖啡桌上，黑色夾克披在廚房椅子上，一串鑰匙隨手放在廚房餐桌，旁邊是一碗吃到一半的沙拉和幾包麥當勞番茄醬。我進屋和警探蘇・陶德（Sue Todd）碰面，她是個一頭金髮的老煙槍，有著一雙藍眼睛，目光犀利。陶德是好警察，但還不太熟悉凶殺調查。事實上，這是她辦理的第一起凶殺案。陶德看起來很生氣，就像在說：「誰會做這種事？」她深深吸了一口菸，朝客廳點了點頭。受害者倒在地板上，四肢攤開。

我的大腦切換到犯罪現場模式，冷靜，不受影響，只剩下分析。不展露任何脆弱，即使這代表必須假裝。受害的父親面朝下，倒在一灘凝固的血液中，後腦勺破了一個大洞，手腕被緊緊綁在背後，黃色音源線繼續向下延伸，纏著腳踝，嚴重的擦傷顯示他遭到殺害前企圖掙脫。男孩頹倒在父親雙腿上，手臂高舉過頭，好像在睡覺，雙手也綁著同樣的音源線，只是鬆鬆散散，如果有機會的話，他可以輕易抽出手。我思索著凶手為何綁得這麼鬆，難道有情感連結？一段既存關係？又或者殺手顯露了一些憐憫，因為要殺小孩而一陣良心不安？

我開始工作，採集指紋、腳印，剪下地毯上的血跡和腦漿，透過膠帶黏取法蒐集微量跡證，刮下噴濺到牆上的東西，拍下每個房間。夜越來越深，一波憂傷突然襲來，聽來詭異，但待在這房子好幾個小時後，我感覺好像認識了尼爾和布蘭登。屋裡有運動賽事的照片，布蘭登的頭靠在尼爾肩上；兩人共享的電玩；布蘭登的房間，典型、亂糟糟的男生房間；尼爾的刮鬍套組；剛剛才洗好的衣服散發乾淨的味道，整齊地摺疊。剩一半的麥當勞汽水擺在布蘭登的電腦旁，他沒有機會喝完了。我剛進屋時還很冷靜，但隨著每個新發現，我有越來越多情緒依附，越來越難保持距離。平常我看到的是科學性的屍體，現在我看到的是男孩和爸爸，而我無法將兒子奈森倒在地板上的畫面從腦中抹去。

日出時分，驗屍官來了，我們將屍體翻過來，這時我才看到布蘭登和爸爸綁在一起。殺手把爸爸當作錨來固定兒子，防止布蘭登跑走。我怒不可遏。這樣嚇人的細節就像恐怖電影的一幕。男孩當下立刻死亡，一顆子彈穿過頭顱後方，鑽出前方，卡進右手臂。他的五官不尋常地完好無缺，嘴巴微張，露出牙套。牙套和如此惡毒的行為，兩者的對比實在太大。小孩不該死亡，尤其不該是這種死法。我搖搖頭，試著甩掉哀傷。

關鍵的一刻是我發現布蘭登的腦漿和血液痕跡也留在爸爸身下的地毯上，這代表男孩先死亡。尼爾沒有立刻死去，因呼吸而從鼻子和嘴巴流出的血液證明他在槍擊後還繼續呼吸。他不只目睹兒子遭殺害，在致命的子彈卡在腦中之後，還維持著最後一絲氣息不知多久。哪有神會允許這般殘酷發生？這順序顯示凶手異常冷血，故意讓尼爾承受強烈痛苦，再奪其性命。顯然，凶手成功了。

隨機射殺太常起因於幫派暴力。幫派成員經常「罩頂」（dome）受害者，就是指射擊者跨立在受害者上方，把子彈盡數射入受害者頭部，這是蓄意過度殺傷，為了確保離開現場時，受害者真的死透。奧林達餐廳老闆娘和女兒遭遇罩頂確實是幫派搶劫，而我相信阿勃納西一案與奧林達不同。一名或多名凶手進到屋內，目的只有一個：殺死父親和兒子。看來這是場處決，兩名受害者都從頭部一擊斃命。但為什麼呢？

乍看之下，阿勃納西一家就如同周遭鄰居，住在標準的加州重劃區房屋，開著好車。蘇珊是雪佛龍的化學家，尼爾自營修車廠，通常待在家管理公司，才方便帶小孩。布蘭登是聰明的孩子，早熟的十二歲男孩，每天花好幾個小時打電玩。比起同學，他和父母的朋友相處起來更自在。在蘇珊描述的生活中，她和尼爾之間依然浪漫，會一起摘自家花園的黃水仙，泡薰衣草熱水澡「直到皮膚皺起」。他們也有自己的問題，就跟大家一樣。有時候蘇珊覺得尼爾有點懶，而尼爾則受憂鬱症所苦。朋友形容蘇珊是主導的一方，尼爾則太過被動，他幾乎願意做任何事以避免衝突。

依蘇珊所言，案發當天的早上一切照例行事。鬧鐘在早上六點響起，尼爾和布蘭登還在床上，她則準備上班，和先生吻別，離家時是七點十分，開車接同事一起上班。

下午兩點半，尼爾載布蘭登去牙科照X光。三點，父子倆已在回家的路上。兩小時後，蘇珊整理公事包，接同事一起共乘回家。五點半讓同事下車，接著去加油，五點四十七分才開上自家車道。家裡的柯基犬安妮在門口迎接，蘇珊走沒幾步，就看見尼爾和布蘭登面朝下趴在客廳地板上。

起先，蘇珊以為尼爾臉下方的紅漬是果汁。說不定尼爾不舒服，兒子跪在上方想要幫忙？蘇珊走近了幾步，才發現果汁是血，家人都死了。蘇珊想要用廚房電話撥打九一一，但電話沒通，所以跑到隔壁鄰居家求救。艾爾．費納根（Al Flanagan）正在廚房煮義大利麵，蘇珊跑來說道：「我想我先生和兒子死在客廳地板上，快打九一一！」

據艾爾妻子蒂娜（Tina）向調查警探所言，發生騷動時她人在樓上換下工作服，下樓才知道隔壁鄰居出事了，那時艾爾和蘇珊已經從阿勃納西家回來了。蘇珊坐在蒂娜家廚房的餐桌邊，非常冷靜，艾爾則相當狂亂，大喊道：「隔壁有凶殺，死了兩個人！」過了一會兒，蒂娜才明白先生在說什麼，接著開始安慰蘇珊。蘇珊沒有什麼反應，甚至有點冷淡，還說本來要和朋友吃晚餐，現在得打通電話。蒂娜聽到蘇珊冷靜地在答錄機留言道：「嗨，克雷格，我是蘇珊。我得取消今晚的聚餐。尼爾和布蘭登死了。我要去醫院一趟。之後再見，抱歉取消晚餐。」之後蘇．陶德聽了語音留言，形容蘇珊的語氣「輕快活潑」。

警笛大作，紅色警示燈閃爍，湧進敦翰街，驚動了鄰居，大聲宣告慘劇在這條死巷發生。屍體移到停屍間，組員和我繼續勘查房屋蒐證，直到天明。每個物品都各別放在紙袋內，貼標籤，封口，列冊保管（袋子和標籤都要），帶回實驗室再逐項列出並分析。不管是誰殺了尼爾和布蘭登，都十分仔細煙滅跡證，我找到唯一有用的證據是手套指印，可說是毫無用處。

阿勃納西的房子一團亂，抽屜敞開，報紙四散，但我不相信這是竊盜擦槍走火。奧林達案的動機是竊盜，歹徒把房子掀翻了，尋找貴重物品。阿勃納西的屋子雖然凌亂，但貴重物品都在，昂貴的珠寶、電子產品，輕易可見卻留在原地。場景看起來像刻意擺設，我認為動機就是殺了布蘭登和尼爾。

蘇珊返家時剛過正午，有兩位警察陪同她從海克力斯警察局回家。趁蘇珊抵達之前，我確保紙板遮住血跡和屍體所在的地方，生怕造成二次傷害。

我在現場勘查見過許多母親失去孩子，總是令人悲痛。幾個月前，我親眼目睹一位母親來到封鎖線前，她十幾歲的兒子倒在街上，死於幫派暴力，她悲傷哀嚎，幾乎直不起身。

蘇珊的舉止完全不像我看過的任何一位喪子的媽媽。我像隻壁上蠅一樣觀察著，蘇珊走進前門，左右各有一名當地警探。對我而言，蘇珊看起來比較像是買房參觀，不像剛失去整個世界。說不定她只是太過震驚，但我留意到蘇珊看來非常超然，甚至有點飄飄然，輕快地走遍每間房，指出微小的差異。她說尼爾桌上的報紙看來亂了，電話答錄機不見了，布蘭登的背包也找不到，但所有貴重物品都還在。蘇珊站在案發處，停了下來，望一眼遮蓋血跡的紙板，抬手摀住嘴，尖聲道：「哎呀。」

聽起來比較像不小心撞見兒子和女生接吻，或者誤闖有人的公共廁所。這裡是她先生和獨子在生命最後幾分鐘裡驚嚇、受苦的地方，這裡是他們嚥下最後幾口氣的地方，她在這裡看到他們慘不忍睹的屍體，才過了幾個小時而已。哎呀？

若死者家屬情緒不夠激動，調查員通常視為警訊。但我從來不想評判死者家屬的言行舉止，他們的摯愛才剛死於殘暴的罪行，我在這份工作待得夠久，足以明白人回應創傷的方式總是無法預測，我必須提醒自己，詭異的舉止不代表就是凶手，然而蘇珊的行為越來越怪。到了警察總部偵訊室，蘇珊問警探她是否可以「演出」記憶中那晚發現屍體的情況。她離開椅子，開始表演她是如何下車、走到前門，就在此時，蘇．陶德走了進來，蘇珊轉頭看向陶德道：「精彩的正要開始，你差點就錯過了！」接著回頭繼續演。

事後陶德對我說：「絕對沒人編得出這種怪事。」接著吸了一大口菸。

我說：「或許這只是她處理悲傷的方式。」

陶德同意道：「或許，但無法否認她真的很怪。」

我回道：「沒錯，無法否認。」

我在阿勃納西一案的角色應該要跟著現場勘查一同結束，但我多少嘗到了警探工作的滋味，我還滿喜歡的，因此緩緩推進。海克力斯是小警局，資源有限，我主動在能力範圍內提供陶德協助。陶德忙著白天的警探工作，拼起阿勃納西的家庭故事，訪查任何有關聯的人，我用家用電腦挖掘親友資訊，電腦是用從車庫拍賣買回來的零件自行組裝而成（這是我宅男的一面）。

晚上，我就著電腦螢幕亮光，一一查詢陶德提供的名字，我把重點放在阿勃納西家交友圈的言論，許多地方啟人疑竇。在親密的交友圈裡，成員形形色色，相信薩滿、魔咒、鬼怪。大多是蘇珊和尼爾的大學好友，其他是他們參加復古俱樂部（Society for Creative

Anachronism，縮寫SCA）認識的人，該俱樂部再現中世紀生活，打扮成中世紀人，揮舞棍棒與刀劍交戰（阿勃納西夫妻有兩把刀，一把在床下）。我輸入其中兩名摯友的名字，一名是電腦高手，曾借宿阿勃納西家一陣子，有犯罪紀錄，曾幫他們安裝音源線，就是綁住尼爾和布蘭登的那條。警方訊問時，電腦高手向陶德坦承他對蘇珊打過壞主意。九年前（一九八八年一月），加州高速公路巡警隊發現他睡在車上，車停在文圖拉郡的某條偏遠道路上。巡警搜了車，發現一堆武器：數把槍枝、炸彈零件、偷來的刺針飛彈系統零件。他告訴警官他在航太國防公司工作，車上還有防彈背心和《條子殺手》（Cop Killer）影本。他遭逮捕並且被控持有武器。兩個月後，在相似的場景下，他又遭逮捕，再次被控，只是這回是聖伯納迪諾（San Bernardino）郡警。我覺得他形跡可疑。

另一名嫌疑犯是尼爾的大學室友，最近重回阿勃納西家的生活中，也是最後幾位看到尼爾和布蘭登還活著的人。案發當天，他發布貼文哀悼摯友身亡，寫道：「這是計劃好的處決。」他怎麼可能知道？我感到疑惑。難道只是推測？他沒有案發當天的不在場證明，嫌疑名單又多了一人。

隨著相關人士變多，嫌疑名單也持續增加，新理論也更進一步。我們面對的是什麼？依據針對尼爾的受害者學研究（包含：與重罪定讞的人有生意往來，以及不太合常規的生活型態），嫌疑名單範圍很廣。我們刪減到兩名早期的相關人士，都是和尼爾有所謂生意往來的人。

一位姑且稱之為葛瑞特・巴爾（Garrett Barr），是尼爾經營的「精準定調修車廠」的客人。匿名來電者宣稱，案發後不久，巴爾光顧當地的麋鹿木屋酒吧，一直說：「尼爾活該。」兩人曾經有過摩擦，巴爾不滿意修車場的作工，為了六百美金的修車帳單威脅要殺了尼爾。我繼續挖掘巴爾的過往，發現他曾經是另一起凶殺案的嫌疑犯，雖然沒有任何起訴。他的朋友都說他很愛吹噓，大嘴巴，滿口謊言。這條線值得追下去。

第二條線主角是麥可・里科諾修多（Michael Riconosciuto），一名電腦天才，因在華盛頓州營運甲基安非他命製毒廠而坐牢。里科諾修多有家人在海克力斯，透過律師聲稱自己握有阿勃納西案的關鍵，陶德遂和里科諾修多談話。里科諾修多的說法是，自己當過中情局特工，由美國司法部直接委派，任務是建立後門，入侵私人營運的案件管理電腦程式，也就是平常政府檢察官所用、INSLAW公司的PROMIS案件追蹤系統，才能用來執行臥底行動，對抗外國政府。里科諾修多說他服刑前曾交代尼爾藏好機密文件以及價值數百萬美金的貴重物品，但是尼爾用假名在愛莫利維爾（Emeryville）的個人倉庫設施租了個貨櫃，把東西藏在裡面。里科諾修多指認一名有在幫派混的男人，說這名男的要不是親自動手，就是叫人殺了尼爾，因為尼爾知道那個貨櫃的祕密，而布蘭登只是附帶損害。

一有新線索，陶德和我就會來回討論各種理論，但最後我總會回到最初對本案的直覺：答案離家不遠。

案發後某晚，蘇珊和爸媽在費納根家吃晚餐。喝咖啡聊聊時，蒂娜．費納根告訴警察，蘇珊的媽媽說她很驕傲蘇珊如此堅強，之前蘇珊跟媽媽說自己已經準備好繼續過生活，而且還打算結婚。就在那個週末，費納根家的接待日，蘇珊也宣布了這件事。她站起身感謝大家的支持，說她打算好好過新生活，要改回本姓並整修房子，一完工就會搬回來。此時，她的先生和兒子才過世沒幾天。她說自己真正想要的是案子盡快解決，這樣才能搬回來住。

凶殺後三週，三月初，一封匿名信寄到安提阿克警局，寫道：「關於二月阿勃納西射殺案：蘇珊沒有為過世的兒子或先生掉過一滴淚，但大筆保險還有新男人已經就緒——等著看吧。」信件署名「知情人士」。三月底，海克力斯警局歸還阿勃納西家的鑰匙，整修開工。時隔三個月，整修完工，蘇珊搬回重新裝潢的家。七月四日的週末，蘇珊現身街區派對，介紹她稱為「新男友」的人給敦翰街的左鄰右舍。已經有鄰居早在好幾個月前就看過這位新男友。肯特．特拉史考特（Kent Truscott）是尼爾和蘇珊在加州大學戴維斯分校時的老友，未婚無子，這幾年一直都和他們保持聯絡。蘇珊告訴鄰居自己走運了，當時單身的肯特也想要有段關係。

我老說，凶殺調查員總是錯的，直到對了為止。每個案件都會有數不清的嫌疑人，而對於每個嫌犯，你總相信有足夠的證據支持，直到證據不足。經常如此。相信直覺、確信自己知道事發經過，只是還沒能找到證據，這也不算稀奇；但當時我還是辦案新人，第一次調查案件。我很想說這工作就跟電視上演的一樣，大家一湧而入，一小時後，壞人就被扣押。不是的。陶德和我日以繼夜調查阿勃納西一案，發現大量極具說服力的資訊，導向許多不同的方向，但還是無法獲得能結案的解答。誰殺了尼爾和布蘭登？我們答不出來，就是沒有證據。

葛瑞特．巴爾同意接受電腦化聲壓分析儀的測謊，結果不甚明確。巴爾的不在場證明是案發時他在家照顧小孩，但他太太無法確認，也無法否認他的說詞。

麥可．里科諾修多則是說謊慣犯，虛實參半，有些經過證實：INSLAW 電腦公司控告美國政府偷竊、竄改軟體時，法院傳喚里科諾修多，讓他作證他在「客製化」INSLAW 公司 PROMIS 案件追蹤系統的角色。但我們就是無法確認他和尼爾之間有任何關係，也無法確認那些所謂與尼爾的電話和通訊。陶德的案件資料寫道：「除非里科諾修多選擇全盤托出，否則依我所見，繼續調查本案只是徒勞無功。」我認為里科諾修多利用阿勃納西一案，企圖縮減刑期。

蘇珊也接受測謊，否認和凶殺有任何關係。測謊機操作人員判斷蘇珊說了實話，但加州司法廳的測謊師反對該判斷，測謊師認為蘇珊一直在說謊，因此結果變成「無法判定」。

如果行跡可疑是犯罪，那麼整個阿勃納西交友圈都該被拘留。尼爾前室友的測謊結果也是無法判定，室友說案發時他因為人不舒服所以早退，一個人在家。測謊中場休息時，陶德看到室友把手指向門，好像在舉槍瞄準，接著聽到他說：「噩夢才剛開始。」被問到剛剛說的是什麼意思，室友回覆，他只是想到自己才經歷喪妻之痛，現在又得經歷一次失去布蘭登和尼爾的痛苦。

肯特．特拉史考特雇了律師，拒絕接受任何調查。肯特不配合，我們也只能依賴其他線索來源。肯特和蘇珊結了婚，搬進敦翰街的房子，也就是案發地點。

最終，阿勃納西一案被移往懸案室。陶德自海克力斯警察局退休後，我繼續重訪本案，通常是在凶殺週年，二月十九日當天。對於無法偵破人生初次的凶殺調查，我一直無法放下。三年前，我第一次發現東區強暴魔檔案，當時我心想：怎麼有人就放著這些案子不管？怎麼可能沒人能破案？我太天真了。凶殺懸案數量驚人，超過全國案件量的三分之一。如果那麼簡單，早就破案了。現在，還得加上我自己的老懸案，令人厭煩至極。

我無時無刻不想著尼爾和布蘭登，曾在半夜醒來自問：「我哪裡做錯了？我漏了什麼嗎？」當我反覆思索，夜不成眠時，我會安撫自己，想著本案還沒有定論。沒有科學證據，沒有可用的ＤＮＡ，沒有鞋印或指紋。沒有任何體液，除了受害者的之外。沒有目擊證人。只有一枚手套指印，毫無用處。如果本案可破，我確信自己早就破案了。我們有各種理論，只是證據不足，無法證明或反駁任何一種，但這不代表之後不會破案。本案的犯罪分析由加州調查局負責，並在二〇〇四年總結道：「受害者不可能是遭陌生人殺害，我們相信凶手就在受害者的社交圈，或在遺族的親朋好友圈內。」我依然認為這就是答案所在，也會持續再次調查、重新評估。我不認為這是失敗，還沒結束，只要一息尚存，我就會不停重探本案。**或許這次我的運氣會好一點**，我是這麼想的。而且就算不是我，也會有別人。也許凶手一時走運，但總會出現新興先進科技，記憶會浮現，愧疚與良心會回歸。

我提醒自己，永遠還有明天。

9. 串起每一點

一九九〇年代晚期

能負責更多調查令我興奮，但我還是渴望回到圖書館翻閱EAR檔案。唯一可行的方式就是離經叛道。即便是調查一件攻擊停止後依然癱瘓本州多年的案子，處理懸案也不屬於職責範圍。我在累積調查員的經歷，而本州積極活躍的凶殺案件比起可以辦案的刑事偵查員來得多。如果要處理EAR案子，就得利用晚上和週末，趁四下無人抽出檔案夾。雖然很冒險，但我跟自己說只要有結果，用什麼手段都可以。如果可以揭開那頭禽獸的真面目，稍微欺騙隱瞞算什麼？

在那些夜晚和週末裡，我越來越瞭解這名強暴犯。北加州深陷在他帶來的恐懼之中，社區裡人心惶惶，範圍擴及沙加緬度和康郡間南北八十哩長的廊道。令我惱火的是，竟然有人可以犯下暴行，卻還逍遙法外，過著正常的日子。

我花了數月研讀檔案資料，做了能做的調查，但終究意識到我必須回訪現場，去看看我讀到的東西，親臨其境，試著理解他為何選擇這些地方、這些受害者，這是唯一我能進入他腦內的方式。因此，我展開下一階段的調查，多數週末都開車前往沙加緬度，走訪他初期犯案的地址。

我坐在車上，停在費爾奧克斯（Fair Oaks）拉德拉路（Ladera Way）的房子前，彷彿回到一九七六年聖誕節前一週。那天屋子掛滿節慶燈飾，閃閃發亮。屋裡的十五歲女孩感冒了，沒有和雙親外出參加派對，而姊姊外出工作，因此她獨自一人在家。晚餐是披薩，她設好烤箱時間，十分鐘，然後回到客廳邊練琴邊等。沒隔幾分鐘，女孩突然聽到噼啪聲響，嚇住不動，心想，那是什麼？她獨自在家時，總會聽到聲響。忽略就好，反應過度了。但該怎麼說明那些最近常常打來家裡的無聲電話，有時甚至一晚三、四通？女孩感到十分害怕，但她告訴自己別妄下結論，繼續練琴。一個男人說道：「敢動，就死定了。」他把刀架在她的脖子上。

男人推著女孩走出客廳，行經走廊，經過雙親臥室，來到後院的野餐桌旁。男人戴著手套。女孩幾乎喘不過氣。

男人命令：「坐下。」他的聲音粗啞低沉，令人恐懼。他接著說道：「沒事的，我不會傷害你。我要把你綁在柱子上，要是敢看我一眼，你就死定了。」

女孩動彈不得，男人把她壓在野餐桌上，面朝下，綁住她的雙腿，脫下她的拖鞋，往院子一丟。

男人走回屋內，女孩一人在外，手腳遭綁，在寒夜中瑟瑟發抖。她聽到男人重回廚房，打開又關上抽屜和櫥櫃門。男人說道：「噢，媽的。噢，該死。」他在找什麼？烤箱作響，男人關掉計時器，好似那是他家廚房，他的披薩正在加熱，一切都在男人的掌控中。

過了幾分鐘，男人又回到女孩身旁，抓住她，把她拉起身，推進屋內。男人在女孩父母的床上強暴她。

他戲謔道：「真是太美好了，太棒了。是不是很棒？」一把刀架在女孩的喉嚨上，她點點頭。

男人持續這場虐待遊戲，女孩在屋內屋外來來回回，手腳被綁了又鬆開，鬆開了又綁起。男人的殘忍令人髮指。

過了大概一小時又四十分鐘，響起輪胎摩擦地面的聲音，男人離開了。

這起攻擊被登記為第十起，這份名單日後會成為官方EAR犯案清單。

我坐在車上，思索著為什麼是在這裡？為什麼是她？多數EAR的攻擊都集中在同區附近，但有些攻擊卻在地理位置孤立處，就像這次。這次攻擊還有一點不同：案發時間是晚上七點半，而不是大半夜。這是隨機的嗎？亦或是EAR掌握了這個家庭的行蹤？通常不用想也知道EAR會出現在哪裡，他瘋狂地出沒在同一區域，有時卻完全猜不透。

報紙記錄EAR的恐怖行蹤，標題令人發愁：**東區強暴魔攻擊再起**，**呼籲使用安全防狼鎖**。鄰里成立守望相助隊，槍枝銷售量攀升，有人聘用護衛犬。那頭禽獸在四處晃蕩。EAR卻變向提高作案風險，因為《沙加緬度蜜蜂報》在一九七七年三月的報導提及，EAR從未於男性在場時攻擊。不到一個月，EAR闖入屋內，一對伴侶正熟睡。這混帳懷恨在心，顯然是要大家好看。

一個女人和男友在她家中熟睡，房子位在奧蘭治瓦爾（Orangevale），她的孩子睡在另一個房間裡。女人醒來，看到一個男人持手電筒照射她的雙眼。

隔著亮光，男人說道：「別出聲，叫他醒來。」女人想必知道他是誰，北加州人人都擔心遇到EAR。

女人從令，搖醒男友，希望小朋友不會聽到任何聲響。男友起身要下床。

ＥＡＲ說：「停！別動，趴下。」

他丟了條繩子給女人，叫她綁住男友的雙手，同時將槍口抵著男友的頭。

ＥＡＲ說道：「別往上看。要是看到臉，我就得殺了你們兩個。」

現在男友手腕被綁，ＥＡＲ拿出一樣的繩子綁住他的腳，接著把女人的雙手綁在背後。

他對女人說：「我要把你綁在走廊，這樣你們才不會為彼此鬆綁。」他拿刀抵著女人的背，把她帶到客廳，讓她躺在地板上，用毛巾裹住她的頭。接著，他從廚房櫃子拿了茶杯、茶盤，回到臥室，把杯盤擺在男友背上，警告男友，要是他聽到任何哐噹聲響，就會殺了全屋子的人。

ＥＡＲ回到客廳，拎了雙從女人衣櫃拿的高跟鞋，替女人套上，然後反覆強暴她。與此同時，男友倒在隔壁房間裡，無能為力。

完事後，ＥＡＲ說道：「我要來吃點起司。」女人倒地，全身赤裸，手腳被綁，聽著他開冰箱的聲音，然後是咀嚼的聲音。ＥＡＲ就是在折磨人心。

離開之前，ＥＡＲ回到臥室，彎腰貼近男友耳邊，輕聲道：「下個地方，下個城鎮。」

ＥＡＲ完美執行第一次有男性在現場的攻擊，接下來的凶殺，只要有男性在場，都不離此道。去你的《沙加緬度蜜蜂報》。ＥＡＲ勢必思考過該如何控制兩名成人，同時將自身風險降到最低。他先在心裡描繪出行動成功的過程，將在場男性的威脅性縮到最小（用各種方式剝奪其男子氣勢）。這番深謀遠慮，可見EAR聰明又自負。

自此之後，超過二分之三的攻擊現場裡都有男性。EAR刻意闖入有男性的屋內性侵女性，我認為是不太尋常的連環殺手舉動。

EAR兩年在沙加緬度犯下三十起案件，然後在一九七八年十月初移師康郡，在一週內攻擊了兩次。早在十月七日，EAR現身康科德的前一個月，鄰居便回報有人徘徊、狗狗狂吠、大門敞開，他在物色下一個受害者。

有段時間，EAR看來只狩獵年輕女生，其中一名年紀很輕的受害者是由我們負責，十三歲的瑪莉是核桃溪居民，在一九七九年六月二十五日凌晨四點，被蒙面歹徒叫醒。她的爸爸和姊姊就睡在附近，EAR就在充滿少女氣息的房間裡性侵瑪莉，牆上裝飾著彩虹、獨角獸、愛心海報。他說要是沒能滿足，絕對會立刻殺了她。他一上完瑪莉，就把她綁起來，譏笑道：「你要是敢吐出一個字，我就會殺了你。我要來瞧瞧有沒有錢錢。」等到瑪莉可以出聲求救時，EAR早已離去。

瑪莉是第四十七名受害者。那年秋天，她正要上八年級。

雖然EAR作案落在七〇年代晚期，但現在是一九九七年，DNA檢驗改變一切遊戲規則。為了熟悉新科技，大家開始拿無證明力的性侵證據包練習，也就是那些過了法定追訴期，即將遭銷毀的採集包。我詢問上級凱倫．謝爾頓（Karen Sheldon），我感興趣的那件東區強暴魔懸案是否有採集性侵證據，如果有的話（根本機會渺茫），可以拿來練習新的DNA技術嗎？謝爾頓知道我的懸案情迷，同意道：「OK，放手去做。」

我覺得好像獲得自由，終於可以不用隱藏我的EAR調查。

我回到檔案櫃前，細讀每一份EAR案件的警察報告，調查發現三起疑似EAR的案件，有採集性侵證據。如果證據包還在，過了數十年還沒遭到銷毀，肯定是存放在同一條街上的郡警局財物扣押室。一九九〇年代晚期，康郡警局財物扣押室位在加州馬丁尼茲艾斯科巴爾街上，那是一棟老舊的兩層倉庫，當時堆滿了證據，甚至一度受到大陪審團調查，寫了一份嚴謹的報告，詳細點出重大疏漏：管理疏失以及證據受損，可能影響案件調查。警長瓦倫．洛普夫（Warren Rupf）派專職管理員監管並徹底修改，將扣押室移到一棟現代設施內，聘專人負責管理。但這些改善都還在遙遠的未來，我初次去找EAR證據時，扣押室還在舊址。除非有什麼原因，不然大家沒事不會想去扣押室，但我總是很期待每次的造訪，可能有所發現總讓我很開心。

扣押室處理財物的流程分成三大階段：立案、儲存、銷毀。證據經蒐集並提交，會貼上標籤，再放於適當的儲存區域。每天都有上百件新物證來到扣押室，如果每個都留，空間早就不夠用了，因此會定期銷毀不再需要的證據。一九七〇年代加州性侵案的法定追訴期為六到八年，這代表EAR案件的證據可能多年前就已被銷毀。要找到仍登記在案的可用樣本，還要能製造足夠的DNA以建檔，希望實在渺茫，但最好都能達成，以科學證明多年前調查員的假設：這三起案件是由同一人犯案。即使如此渺茫，如果能夠罪證確鑿指出至少有三起傳聞由EAR犯下的性侵案真的互有關聯，還是很令人期待。

我離開實驗室，在艾斯科巴爾街走過幾個街區，前往扣押室，無窗、由煤渣方磚建造的兩層樓建築，前方有鐵絲網柵欄和帶刺鐵絲網。郡警局專員安吉兒（Angel）負責扣押室的工作，開門讓我進去。

安吉兒問：「你要什麼呢，保羅？」

安吉兒在這裡待了一輩子，扣押室由裡到外，他都瞭如指掌。我說出案件編碼，安吉兒起身抽出相關扣押卡，那是一種三乘五吋的索引卡，列有案件編號、犯罪內容，以及相關證據。安吉兒帶回好幾小疊卡片，擺在我前方的櫃檯上。這些卡片上緣都寫著同樣鮮紅的「EAR」。我篩選完，看到每一張都標著「不要銷毀！」。我不敢相信，證據都還在。

這幢建築空了好幾年，直到幾年前郡警局租下來當扣押室，加裝金屬波浪層架，增加樓板面積。早期的強暴案存放在樓上，我跟著安吉兒上樓，喀、喀、喀，踩在金屬樓梯的腳步聲迴盪在整層樓。空氣有點陳舊，灰白色的螢光燈投下消毒般的光線，牆面書架疊得很高，塞滿破爛的信封、起皺的紙袋，都裝著舊證據。二樓正中央是發黃的紙箱，每疊都比我還高，底層紙箱因重量而下陷。多數都有老鼠和其他齧齒動物的咬痕。

安吉兒拉出第一個紙箱，又回頭去拿第二、第三個，同時我開始查看第一個。我希望能找到馬尼拉文件夾，裡面會裝著被密封在試管內的精液採樣 Q-tip 棉棒。我打開紙箱，躺在裡面的是有點毀損的棉棒，但至少真的躺在那裡。我繼續調查，仔細查看安吉兒拿來的每件物品。第二箱保存了另一個檢體，我覺得自己中了頭獎，竟然三個檢體都找到了，有兩支陰道採樣和一支脖子採樣。我差點抑制不住興奮，但又知道挑戰才剛開始，還不知道這些檢體是否有充足可用的DNA，否則無法產出結果。

在DNA技術受訓期間，我學到會讓檢體裂解的事物，時間和熱度的影響名列前茅。擺放二十一年的採樣包，保存區域的溫度在最炎熱的夏季午後會輕易高於攝氏四十八度，但我沒有因此灰心。我帶走三支檢體，向安吉兒道謝，回到實驗室開始分析，那天是一九九七年六月十六日。

七月初，答案揭曉。DNA奇蹟般地尚未徹底裂解，結果毫無疑問，原班調查員的評估無誤，三案都是同一名連環強暴犯。從受害者脖子採集的精液棉棒讓一切易如反掌，不僅檢體最乾淨，還提供最多DNA。

鐵證在手，證明同一人犯下三起案件，這是重大突破。案子已經停滯太久，我很自豪可以發現這個關鍵。但真正的大獎是，有了這三案的檢體，我可以在實驗室建立DNA定序，標記行蹤飄忽的EAR，協助辨識嫌犯。下一步就是蒐集官方嫌犯清單，開始尋找吻合的DNA。

我在研究EAR案件時，常看到警督賴瑞・克朗普頓（Larry Crompton）的名字。克朗普頓是初代康郡EAR專案小組的成員，從紀錄看來，我想他比任何人都更了解EAR案件。希望克朗普頓可以告訴我，我的名單上哪些人是頭號嫌犯，那麼我就會去取得DNA樣本，順利破案。就是這麼簡單。一九九七年七月，我打電話給克朗普頓，當時抄寫的筆記現在都還留著。那時我很年輕，位階很低，而他則是在執法單位的上空平流層。他的位階令我遲疑了一下，但沒有因此心生膽怯，還是試著取得需要的資訊。我很幸運，馬上就知道克朗普頓會是個好盟友。早在二十幾年前，EAR就停止在康郡犯案，克朗普頓參與的調查也旋即結束，但這案子在他心中依然鮮明，他能夠背誦案件編號和日期，彷彿昨天才剛辦案。我詢問他是否願意替我的名單排順序，克朗普頓猶豫道：「我們從來沒有找到真正符合的嫌犯，當然有很多名嫌犯，但我們也排除了最符合的幾位。」我的計畫泡湯了。

不過，他接著說的話令我大吃一驚。

我所知的EAR案件全都發生在北加州，克朗普頓卻說：「我們總覺得他跑到南邊，大開殺戒。」

「南邊？……殺人？」

克朗普頓積極調查EAR案件，還請教過精神科醫生，試圖理解正在追捕的強暴犯。醫生讀了案件後道：「最好能抓到他，否則接下來他會殺人，他想要殺人。」EAR展露了殺人傾向，至少在其中一起強暴案中是如此，在第七起攻擊，EAR拿刀在受害者赤裸的身軀上下遊走；另一份精神分析發現，EAR似乎幻想著劃開受害者，極可能之後會殺人。克朗普頓對我說，他相信EAR確實開始殺人了。一九七九年末，克朗普頓便一直朝這方向調查，起因是一名執法單位弟兄悄聲透露，南加州聖塔巴巴拉（Santa Barbara）的幾起案子符合EAR的犯案手法，其中有件凶殺案。但當克朗普頓想要找出連結，聖塔巴巴拉卻拒他於門外。

在那個年代，即便是現在，轄區間的資訊分享都十分排他，為什麼要讓其他人有機會解決你無法破的案子？都是私心和政治因素，而我確信許多案件沒破，都是由於機構缺乏合作。

克朗普頓告訴我：「我到現在還是不明白為何他們拒絕得那麼快。據說和州長雷根要競選總統有關，沒人想要連環強暴犯這種負面消息出沒。」

結束和克朗普頓的電話後，我打電話到聖塔巴巴拉。

可惜我不記得接電話的警探名字，任憑我抓破頭也想不起來。但我記得很清楚，當時我心想，真是一點都沒變，就如同克朗普頓打的那通電話，對方毫無興趣，完全不想聽我說明緣由。

我說：「案件可能有關聯。」

他回：「沒喔，我們沒有類似的案子。」

他知道ＥＡＲ，也知道以前有來自北加州的詢問，但我僅存一絲重訪案件的希望也沒了，他斷然道：「我們的案件和你們的沒有關聯。」

我不容人拒絕，尤其是對我的案子，但也明白何時沒戲唱。快要結束通話時，可能是因為他的記憶復甦，又或者我實在太難纏，他說道：「橘郡可能有些線索，爾灣（Irvine）那邊在做ＤＮＡ。」

我不知道他在說什麼，他也不想多加解釋，但我決定跟進，至少可以先查清我剛起頭的線索。

我打到爾灣，電話轉來轉去，最後轉到警探賴瑞・蒙哥馬利（Larry Montgomery）。那天肯定有神明保佑，蒙哥馬利知之甚詳且樂於分享。他說爾灣警察局有兩起凶殺案的DNA一致。一件發生在一九八一年，女性受害人遭重擊致死，屍體在家中睡袋裡。另一案是在一九八六年，一個十八歲女孩的死法相同。這兩案和第三起橘郡案件相關，新婚夫妻同樣遭到重擊，死在床上。串起這三案，他們建立了凶手的DNA定序，只是沒有名字，如同我的EAR調查現況。

是橘郡警局刑事鑑識實驗室的洪瑪麗（Mary Hong）建的DNA，蒙哥馬利說道。

下一通電話，打給洪瑪麗。

我跟她說我只是要盡職調查北加州的連環強暴案，想看看她手上的DNA定序是否與我的相同。其實我滿心期望能排除任何連結，才能結束這短暫的南加州小插曲。

一九九七年，DNA技術進入執法單位不到十年，但已經開始有許多轉變。英國遺傳學家亞歷克・傑弗里斯（Alec Jeffreys）運用DNA技術（限制性片段長度多態性，簡稱RFLP），解決一九八八年英國兩名青少女的性侵凶殺案。這項技術源於學術圈，有許多基因工具用來研究人類基因體的不同面向。這些工具就像基因剪刀，把DNA片段剪成不同大小，端視個人基因序列而定。傑弗里斯和合作夥伴驗證，如果製造與測量足夠的片段，就能建立DNA定序，辨識究竟是誰把DNA留在現場，近似於建立DNA「條碼」，每個人的都獨一無二。由於傑弗里斯的檢測，真凶才在英格蘭遭逮捕，而監獄關的是抓錯的人。DNA分型充滿希望，執法和鑑識科學都大力迴響。

全球案件調查都在用傑弗里斯的技術，雖然成功破了許多案，但有個固有的缺點：需要從現場取得非常多DNA才能使用，而且最好可以完好無缺。想像DNA是一長串珠子，會受到環境損傷，例如烈日曝曬、細菌攻擊，這串珠子會斷成越來越小截，直到每截都太短，短到傑弗里斯的技術派不上用場。鑑識用DNA樣本，尤其是好幾十年前的案子，如同EAR一案，DNA經常數量不足或嚴重裂解，因此沒有結果。

好險，另一工具（這回源自生物技術領域）也開始供鑑識科學家使用：聚合酶連鎖反應（簡稱PCR）。不需要像RFLP一樣剪DNA片段，PCR會複製擴增片段，也就是一種分子影印機，可以製造好幾百萬份與鑑識樣本正本相符的副本。不僅能用在少量DNA上，也可以用在裂解的DNA。採納PCR程序是執法單位的一大躍進。

然而，PCR程序沒有像RFLP那樣產出DNA「類型」，只是製造大量DNA。在一九九七年，這項技術還在發展初期，尚未標準化，也因此全國的鑑識實驗室都以PCR程序為基礎，再採用不同方法製造DNA類型。我用在EAR樣本的技術看的是DNA的特定區域DQα。DQα定序開發時採用圓漬點墨法（dot blot），在白色尼龍薄膜上，特定區域會出現藍點，標示樣本的DQα型別。EAR是DQα型別「2, 3」，但很多人都是這個型別。雖然這項技術很振奮人心，但一直沒有很好的鑑定力。

我實驗室做的是DQα檢測，當時還有另一種型別科技正在紮根：短片段重複序列（簡稱STR）。STR利用DNA的重複序列，有短小片段會不停重複，在不同人之間，會有不同的重複次數。STR技術也會全面查看人體基因體的諸多區域，其強大的鑑定力，DQα只能望洋興嘆，現在也成為全球執法實驗室的標準作業程序。然而，在一九九七年，我打給橘郡警局實驗室時，情況還不是如此。

洪瑪麗說她的案件連結是建立在STR技術之上，因此我知道是準確的連結——不用懷疑，三案的凶手就是同一人。但我的實驗室還在採用老舊的PCR技術，幸好洪瑪麗也有做一些舊式PCR的DNA檢驗，顯示凶手和EAR的DQα型別相同。問題是，PCR標記本身鑑定力低，而且只基於一組DQα標記，實在無法總結出她案子的凶手和我的是同一人。

我向洪瑪麗保證，只要康郡的DNA技術趕上橘郡，就會再打電話給她。

我實在沒想到要花四年才能履行承諾。

10. 婚姻盡頭

恐慌發作開始悄悄在半夜找上門。我本來就睡不太好，但現在就連可以入睡的時刻都受到駭人的恐慌干擾。干擾日漸嚴重，我必須開始承認自己有多麼孤獨，就算我和羅麗有一段婚姻。我會在半夜醒來，受恐懼摧殘，沒多久便蜷縮成一球，倒在臥房地板上，盜汗、喘氣，確信自己將死。羅麗總是睡得很好，通常不會察覺我的狀況。症狀一減緩，我會整夜不睡，在室內踱步，害怕我只要一沾枕，另一波又會來襲。

羅麗和我開始諮商，但不見改善。每次療程就像上一次的重播，太太緊張地抖腳，諮商師試圖讓我卸下心房。

我會說：「我愛家人，但不知道自己哪裡做錯了。」也會說：「我不知道要怎麼成為羅麗想要的我。」

醫師會問：「你想要成為什麼樣的人？」

這是什麼問題？「好人，多產的人，人生有目的的人。」

「那你是什麼樣的人？」

我是保羅，他媽的。到底想從我這裡得到什麼？

我努力思考該如何回答問題，就像翻閱著書頁，但不知道怎麼閱讀。我真的無法理解這些要求：「我們要怎麼讓你產生連結呢？你一定知道自己對那件事的感受。再挖深一點。閉上眼睛，想想你害怕的事物。」我很擅長詮釋證據，但解讀自身情緒就像下棋，卻少了幾枚棋子。

諮商期間，有時我們像在揭瘡疤，舊傷口外露，受傷的情緒外溢。

羅麗哭道：「你在辦公室過夜，都不會打回來說一聲晚上你不會回家了。」

我抱怨：「我需要更多關愛。」

她嫌棄：「我沒辦法給，除非你改變。」

我退縮：「這就是我。我假扮成其他樣子是為了追你，然後我再也無法繼續維持假象。」

有天羅麗說道：「你人很好。你真心想要讓人安心，你幫助大家明白摯愛的人遭遇了什麼事。你的心很良善。但是不知道為什麼，那位同理、有愛的人沒辦法回家到我身邊。」

羅麗責怪工作害我變形（這是她的用詞）。她告訴諮商師：「他的專業必須處理非常黑暗邪惡的事，然後他開始用不同的角度看事情。他迷失了。」

我解釋道我的工作不只是工作，是我人生的意義，我的價值，我選擇活在地球上的理由。不知道聽過多少人因為失去目標、重大意義而選擇離開世間。我是很有價值的員工。每次能為受害者帶來心靈平靜時，我都覺得自己的人生有些貢獻。而且我很擅長這份工作。我怎麼可能不再當這樣的人呢？這就是我，我沒有迷失。我就身處該在的地方。唯一讓我感到迷失自我的地方是家。

我說：「我希望太太是我的靈魂伴侶。」

諮商師問：「那什麼是靈魂伴侶？」

我答道：「可以一起做事的人。可以談話的人。」

諮商師親切地看著我。羅麗道：「但你回家的時間不夠多，根本無法做到這些事。而且大家不想聽寶寶被放進滾水的那種故事。」每次都這樣結束。我總感到空虛。羅麗對她所謂的「我的自私」感到沮喪又生氣，我覺得自己娶了一個對我的核心價值（工作）提不起興趣的人。

我們斷斷續續諮商了好幾年，我決定不再回到那間諮商室。如果花了麼多時間還是無法解決，還有什麼神奇的解藥呢？我對犯罪分析的熱忱太大，實在無法經營幸福的婚姻。

好好的兩個人，養育兩個美好的孩子，為什麼卻行不通呢？我的邏輯分析無法計算緣由。但感覺起來，好像再也沒有「我們」了，既然如此，又何必繼續假裝？

可是，我沒辦法跟羅麗這麼說。

最後一次諮商後，我說：「我想要先暫停一下諮商。」

她說：「這樣的話，我應該會自己去。」回家的車上，氣氛緊繃。

羅麗盯著副駕的窗外。

她說：「諮商師說你是她在諮商中見過最複雜的人。」

我問：「你要停車吃些東西再回家嗎？」我看到淚水滑過她的臉頰，不知該如何回應。

接下來幾週，我們完全在沉默中度過。羅麗指控我冷漠無情。有天我回到家，羅麗跟著上樓梯，說道：「如果你沒辦法說事情會改變，那我要離開。」

至少羅麗足夠勇敢，能說出我們兩人腦中想的，但聽了還是好傷人。

我只覺得情緒麻痺。當晚我離開家，住在馬丁尼茲亂糟糟的汽車旅館，轉個彎就是辦公室。家裡有五房三衛，充斥著小孩的聲音，旅館只有一房，牆壁又薄，半日租金低廉。房間也算乾淨了，只是很老舊，地毯薄到幾乎露地，雙人床墊經年累月也變形了。旅館房客很混雜：時運不濟的人、約炮的人、下了四號州道但時間太晚沒辦法找到更好的地方住的旅人。我有次負責的凶殺案現場，就在我房外走廊往下走的另一間房。一樁變調的毒品交易，男子慘遭殺害。

沒待幾天，我就回到父母家住。我三十歲了，育有二子，現在竟然睡在父母家運動房的地板上，我想著：噢天啊，我在做什麼？同時，也知道我需要想清楚，才有可能改變人生方向，不管是婚姻還是其他事情。

離家大約一週，我去找羅麗雙親說明情況，說道：「羅麗和我都在苦苦掙扎。」好險，他們都能理解。岳母說：「我們只希望大家都開開心心。」時間流逝，冷若冰霜的關係也漸漸消融，我搬回家裡和小孩多相處。但現實是，我們只是假面家庭，羅麗住在樓下，我則待在閣樓。離婚對我們而言都不容易。我家是天主教家庭，羅麗的信仰和教養都禁止離婚。

幾個月後，我的父母來吃晚餐。我努力表現得一切都和樂融融，不想他們知道我們其實還在掙扎。我走回辦公書房拿東西，媽媽跟著進來說道：「我們知道你的婚姻有些問題，我只想讓你知道，不管你的決定是什麼，我們都覺得很好。」淚水在我的眼眶打轉，聽到這幾句話，我鬆了一大口氣。我的父母依然愛我，仍會接受我這個兒子，即便羅麗和我走不下去了。

羅麗和我繼續敷衍過日，就這樣過了好幾個月，兩人間的緊張又開始上升。某天，我開進自家車道，結束多天在外辦案，看到羅麗推著那臺新的電動除草機，越過厚厚的草地。我好幾週前就該除草了。羅麗雙頰紅通通，噘起嘴，看得出來她滿腔怒火。我才剛踏出車子，羅麗便轉向我，聲音藏不住氣憤，喊道：「為什麼你要買這臺愚蠢至極的除草機，連前院都不能處理好？」我知道有什麼東西爆發了，再也無法隱忍。我走回我的「洞穴」，她帶著孩子回娘家。

對我們而言，這段時期充滿動盪與騷亂。羅麗說不管我們之間會發生什麼，都得取決於我的決定。她不會主動結束婚姻，這有違她的宗教信仰。我的念頭反反覆覆，今天可能覺得自己渴望來場真正的浪漫愛情，隔天就說服自己心愛的人就是羅麗，需要再更努力維繫家庭。又這樣過了好幾個月。我不知道我還需要什麼，才能抉擇人生方向。

一九九七年五月一日午後，羅麗和我依然停滯不前。我接到匯報，有屍體埋在北藍喬路（North Rancho Road）旁的山坡上，位在埃爾索布蘭特（El Sobrante）一個小型老舊的社區，離舊金山二十哩。一名男性向警探通報好友在酒吧說的瘋狂故事。故事大概是這麼起頭的——

「你猜我的白痴哥哥幹了什麼？」幾杯啤酒下肚，情節變成噁心的凶殺故事。通報的人說，講故事的叫雷．荷姆斯（Ray Holmes）。雷說六個月前，他的哥哥戴爾（Dale Holmes）回到家，整個人驚慌失措地說道：「我有麻煩了。」戴爾和雷差兩歲，分別是三十一和二十九歲，兩人與媽媽一同住在埃爾索布蘭特。戴爾喜歡和舊金山的性工作者「約會」，但很不幸，答應約會的女人要的都不是愛，某次有人冷冷拒絕，不願當他的女朋友，戴爾就拔刀刺死對方。

戴爾說，這個「麻煩」是具屍體，就在貨卡前座，車停在門外車道，現在該怎麼辦呢？雷心不甘情不願幫忙處理屍體。兄弟倆開到屋外街道盡頭，把屍體埋在山坡邊。「然後呢？」通報的人追問，不可置信。雷說生活回歸平常，但半年後，戴爾又帶了同樣的麻煩回來，另一名性工作者又遭戴爾刺死，因為她也拒絕交往，一樣被塞在貨卡裡。雷告訴戴爾：「老兄，這次你得靠自己了。」

戴爾獨自一人開到幾哩之外，把屍體丟在路邊，鋪上碎石子。那已經是兩週前了。雷沒有通報這兩起凶殺，反而上酒吧傾吐，誰知道酒肉朋友竟會通報執法單位。

荷姆斯兄弟進拘留所接受詢問，終於招出藏屍地點。一名聖巴勃羅（San Pablo）警探穿著西裝、打著領帶開挖北藍喬路底的山坡時，郡警局尋屍犬正好抵達。警探不幸地沒能找到第一位受害者，這名年輕女性剛滿二十歲，消失時間就在聖誕節前，可開挖時已入夏。尋屍犬嗅出地點，停在原地，找著露出的腳趾。大家拿起鏟子開挖，沒多久便出土。屍體用塑膠袋包裹，淺淺埋在土裡，四周植被茂密。

我一邊等待驗屍官，一邊看著灌木叢山坡，想著這傢伙殺了兩個女人，說不定還有人被埋在這片山坡。我打算找出真相，越過灌木叢，尋找證據，可惜毫無斬獲。

驗屍官一來，大家便捲起袖子開始勞動。身體一死就會開始分解，這具已經在地下腐敗了六個月，這段時間剛好是雨季。驗屍官和副警長站在墳墓頭，我在墳墓腳，一起抬出遺體放入屍袋。屍體的重量真實可感，這具很沉。土壤潮濕，副警長腳滑，屍體抖了一下。我們站在陡坡上，屍水流出塑膠袋滴到地上，聚成小水窪，屍體的一條腿晃出來，掉進這灘髒臭的液體裡，水花濺到我的臉和出勤皮長靴，惡臭難聞，難以想像。我們把屍體推進廂型車時，在幾哩外找到第二具屍體。這對兄弟遭拘押，被控殺人。我套上黃色連身工作服，開始搜查附近，尋找可能的證據，接著搜查他們家，看看是否有任何有關聯的事物。他們母親飼養聖伯納犬，家中有十七隻狗自由跑動，四處散發狗便臭氣，滿室跳蚤。我可以看到跳蚤在地毯上跳躍。噢，凶殺調查工作真是光鮮亮麗呀，電視上從來不會演出這一面。

那週末，我的皮膚開始發癢。回羅麗娘家時，我發現右手腕有個紅點，**跳蚤咬的吧**，我想。週一醒來，我發現脖子、手臂、雙腿遍布流膿的傷口，那時才明白起因：為了找尋其他屍體而走過的那片植被。我跟羅麗說：「肯定是毒橡樹。」我一直抓癢，一直流膿，酷刑難耐，但還是得上班。唯一的緩解是沖熱水澡，灼熱感比發癢好多了。我擦乾身體，將雙臂纏上紗布，避免膿沾到衣物，再穿上衣服前往實驗室。我一路上不停扭來扭去，努力克制不要抓癢，悲慘無以復加。就這樣過了好幾天，好不容易能進入夢鄉，還是會被癢醒。羅麗總是睡得很好，就算我不停抓癢，也很少驚醒她，而我還深受睡眠痙攣所苦，老是睡不好。週中返家時，我依然絕望得想剝下自己的皮。羅麗人在主臥浴室，正在刷睫毛膏，浴缸正在放水，她說：「媽和我要出門。」她的視線沒離開鏡子。化好妝後，羅麗轉身，匆匆經過我，丟了句：「小孩要洗澡。」就出門了。

我既難過又生氣。除了大受打擊，還擔心毒橡木傷口會感染小孩。我懂，羅麗每天照顧一名幼兒外加一名嬰兒，她需要喘口氣，而我是小孩的爸爸。但羅麗沒有同理我的處境。我除了滿心怨恨，說實話，還覺得自己沒人愛。

很長一段時間裡，我禁止自己思考活著究竟有多麼空虛，還會暗自假定這段婚姻能神奇地自行修復。就算無法，還有明天，我對自己說。現在回想，我知道，會走到這一步，兩人都有責任，我們對彼此面臨的挑戰和挫敗毫無同理，只是那晚，我突然發現愛已不復在。晚上幫孩子洗澡、哄孩子睡覺時，我終於明白自己沒辦法繼續活在否認之中。我不想再假裝了。

那年秋天，我離開了，再也不回家。羅麗坐在前院大門旁，淚流滿面。我遲疑了一下，說道：「我要走了。」她搖頭道：「我不懂你想要我怎麼做。」我不明白她是不想要我走，還是跟我一樣已經放棄。我說：「太遲了。」我開車離去，感到愧疚，卻也鬆了口氣。

11. 安提阿克

一九九八年

我抵達現場時已過午夜，離案發才隔一小時多，一名父親殺了兩個女兒再自殺。那晚我和平常一樣在羅麗家。我已經一個人住了幾週，我的小公寓位在貝尼西亞（Benicia）一座風景如畫的小鎮，距瓦卡維爾約三十哩，但我們同意盡力減輕離異帶給小孩的影響。諷刺的是，自從搬出去，我反而更常參與孩子的生活。當晚稍早，小朋友和我在玩地板體操遊戲，那是我們最愛的飯後例行活動。我躺在地板上，雙腿舉在空中，小朋友繞著我跑，咯咯的笑，輪流朝我俯衝，我會抓住他們小小的手，用雙腿撐起小小的身軀至半空，再往旁邊的沙發一拋。小時候，爸爸都和我們兄弟倆這樣玩。差不多同一時間，我和小朋友在玩，小女孩的爸爸卻把三人關在家中。他向談判專家保證，絕不會傷女兒一根寒毛，還說女兒都在看卡通或聽他唸故事書。

幾小時後，我站在其中一位小女孩的屍體旁，想著她爸爸殺了她再自殺之前，小女孩看了什麼卡通。兔巴哥？史酷比？我瞪著她的鞋子，小小一雙運動鞋，有卡通圖案和魔鬼氈。我可能看得有點久，實驗室新人問：「在看什麼呢？」這位菜鳥科學家叫雪麗（Sherrie），還在學習現場調查訣竅。我沒發現她在看，小聲答道：「我兒子有雙一樣的鞋。」我必須阻止自己繼續想像我的小孩倒在那裡，頭部中槍。**不要再想了**，我這樣告訴自己，但眼前還是有畫面閃過。

這起凶殺是場復仇。先生聽到太太說不想要他再出現在她的生活中，極度焦躁，決定最後要來一場談判。兩個小女孩和媽媽一起住在灣區的安提阿克（Antioch）郊區，房子不大，環境破舊。安提阿克風評不佳，街區犯罪頻仍，街頭幫派猖獗。

這名父親是某起幫派凶殺的逃犯。

七月十一日週五清晨六點十分，九一一接獲通報，母親急道：「普特南（Putnam）一三〇〇號！我的兩個女兒！」

只是那時，小孩命運已定。這名母親竟然能在槍擊開始時爬出前門逃跑，將小孩留在屋內面對發飆的父親及武器。我盡量不把個人評斷帶入工作，仍不由得詫異，誰會把小孩留在如此危險的地方？

羅麗和我費盡苦心，不讓彼此的差異影響我們對小孩的愛。羅麗是用心盡責的媽媽，我試著成為更好的爸爸。為什麼這些小女孩沒有受到呵護，不被父母之間的問題影響呢？

我感到疑惑。女孩在生命的最後一天裡被當成物品，像顆棋子，在權力和控制的致命遊戲之中，沒有人保護她的安全。小孩來到世上會遇到什麼樣的父母、是否受到養育和呵護，真的就只是運氣，不是嗎？

特警隊在幾分鐘內便抵達現場，女孩的父親朝警察開了幾槍，表明自己是來真的，還為此特別著裝，穿上迷彩服，攜帶三把槍。談判專家堅定地讓他持續講話，週五整天一直到週六深夜，父親向談判專家保證有好好照顧女兒，小孩有吃熱狗，也有喝兒童電解質飲料。小女兒起尿布疹，他也幫忙塗了軟膏。女兒都很好。正當談判專家以為有進展，父親卻從相對平靜的狀態，突然變得歇斯底里，還宣布要結束對峙。

「十、九、八、七、六……」

「聽我說，卡洛斯（Carlos），要不和你媽媽說說話吧？」談判專家懇求。

「五、四、三、二……」

「卡洛斯！」

「告訴她，我愛她。」

「卡洛斯，我們可以請媽媽來跟你說話，好嗎？卡洛斯？」

他哭道：「對不起，寶貝，我愛你們。娜娜（NaNa），我愛你。」

父女三人都在主臥，電視開得很大聲，但沒有聲音能大到蓋過室內正在發生的事。女孩哭泣著，看著父親的眼睛。這個男人應該要捍衛他們，犧牲生命也在所不惜，應該如大家所說的深愛她們，現在卻舉槍瞄準她們的頭，手指扣在扳機上。

警察聽到槍擊悶響，再次朝他大喊。

他尖聲大叫，又開槍更多次。「我怎麼了？……幹我是哪裡有問題？」

談判專家試著安撫他：「我們可以渡過的。」

「不，噢天啊，我在做什麼？」

「卡洛斯，和我說話，卡洛斯。」

最後一聲槍響傳出，寂靜隨之而來。

特警隊按兵不動，先朝屋內投擲震撼彈，再衝進去。正好午夜時分，距一開始談判試圖確保小孩性命，已過了四十二小時。父親和小女兒在主臥裡，被宣告死亡，四歲的大女兒還一息尚存，救護員努力維持心跳，但她在往醫院途中嚥下最後一口氣。凶殺案若有年幼受害者確實萬般悲慘，但努力挽救的小孩就這樣死去，這種事我可一點都不想經歷。

到了天明，特警隊早已離開許久，街道上擠滿好奇的鄰居，以及帶著卡式錄音機和麥克風的記者。我和小組成員徹夜處理犯罪現場。屋內一片混亂，這家人可能就是這樣生活，又或者這裡的情況在前兩天才變得一團糟。廚房水槽疊滿碗盤，一年份的郵件四處亂堆。電話留言則用三福牌（Sharpie）萬用麥克筆寫在牆上。我們在混亂中工作，篩選所有東西，蒐集好幾打用完的彈夾和子彈，四周殘留的東西狀況更糟。

兩天後，我把最後的證據袋放到車上，注意到有位女士站在人行道上，在封鎖線另一側，頂著哭腫的臉，我依舊認出她是小女孩的媽媽，因為照片四散在屋子各處。快樂的家庭照掩蓋了難堪的真相，經常都是如此。

她招手要我過去。

她的淚水滑落雙頰，說道：「我必須讓女兒入土為安。小女兒有隻娃娃叫寶貝娃娃，她總是拖著娃娃四處晃，寶貝娃娃就在家裡。拜託，我的寶貝女兒必須和娃娃一起下葬。」

她是名年輕女子，臉上卻刻著深深的皺紋。我懷疑她一夜之間老了一輪。誰不會呢？我對於她拋下女兒隻身逃跑的疑慮立即消除了。我為她感到心痛。我根本無法想像失去孩子，還得不受絕望吞噬。

我的思緒飄到躺在床上的小女孩，她現在有名字了，她叫卡薇（Kavi），她媽媽告訴我。

我保證：「我會找到寶貝娃娃。」

我回到屋內，開始搜尋。如果我能做到這最後一件事，卡薇就可以和寶貝娃娃葬在一起。我翻遍每間房，都沒看到娃娃，又到屋外翻找子母垃圾車，感到沮喪又疲憊，漸漸開始失去希望，直到我心不在焉拿起某位調查員隨手扔在廚房椅子上的運動外套，蓋住的正是寶貝娃娃。我覺得好像又能夠呼吸了。

我精疲力盡，回到公寓，一頭栽在床上，沒多久便進入夢鄉。一陣槍擊打破寧靜，我看到自己在原地繞圈，找尋自己的影子，終於找到影子，愕然發現影子無頭。我把自己的頭轟爆了。

我倏地睜眼，喘息不已，胸膛起伏，好似剛比完賽跑。我起身，床鋪濕透了，都是汗水。我走向廚房，用冷水沖臉，決定為自己倒一杯紅酒。那晚，我沒有再入睡。我看過太多事了，而且常人多半無法想像。有些事深深埋在我的潛意識裡，勢必得埋得夠深才能繼續工作，但無法阻止恐懼入侵夢鄉。

明晚可能還會做同樣的噩夢，也可能是我最害怕卻又反覆出現的夢：我的孩子失蹤。上一次失蹤的是奈森。我瘋狂搜查，只見奈森站在山頂，山丘陡峭。我知道他身處險境，朝他跑去，雙臂張開，呼喊他的名字：奈森！奈森！就差一點點，幾乎快要碰到了，他卻消失在另一側。

他死了。

12. 康納特、賈柯梅利二人組

一九九八年十一月

我第一眼看到的是他穿的鞋，有翼紋裝飾，亮得像黑冰[4]。我趴跪在車庫裡，雙手雙膝著地，檢視一艘快艇，找尋青少女凶殺案的可能證據。我慢慢轉頭往上看，整套布克兄弟（Brooks Brothers）西裝、硬挺的白襯衫、絲綢領帶、加州式的古銅肌、黑色墨鏡、銀灰平頭。

他說：「警司約翰・康納特（John Conaty），匹茲堡（Pittsburg）警察局。」

我知道這個名字，大家都知道。康納特和搭擋瑞伊・賈柯梅利（Ray Giacomelli）是兩人凶殺調查隊，效力匹茲堡警察局，是名聞遐邇的頂尖警探。如果說誰有資格自大，肯定只有他們。兩人小隊不僅破解最刁鑽的案子，還能哄勸最冷酷的殺手自白。他們是狠角

4 是指物品表面的一層薄冰殼，尤其是路面上。冰是透明的，往往可以看到底下的黑色路面。

色，衣著講究，職銜都是警司，該轄區最高階的警探，兩人還是摯友。出乎意料的是，我從未在現場遇過他們。

康納特抬了一下下巴，看來像在打招呼，說道：「我想知道你現在有什麼發現？」聲音威嚴，但我聽出夾著一絲興味。之後我才知道，康納特總是妙語如珠、愛開玩笑，就連在最黑暗的時刻也不失幽默，尤其是在最黑暗的時刻。在凶殺調查裡，適者才能生存，為了保持神智清醒，工作得開開玩笑，不然會精神崩潰。這起案件很棘手，當晚稍早，一具十五歲失蹤女生的屍體在工業區被發現，緊鄰一條匹茲堡安提阿克公路。上週的每一天，直升機都在上空盤旋，搜查小組和警犬步行檢視該區。第八天，搜查終止。一名志工被屍體絆倒，就在園藝公司大門外，員工和客戶每天都從這裡進出。女生的身體趴在地上，抵著前方停車場的外牆，紙箱碎片和塑膠布蓋滿身，還被兩塊木棧板遮住，沒人能看見。她的臉部和上半身沾滿泥塊、碎屑，爬滿蟲子。

這故事會引發每位家長的恐懼：小孩做了愚蠢的決定（這起案件是獨自在黑夜中步行回家），代價是自己的性命。莉莎・諾瑞爾（Lisa Norrell）參加好友的成年舞會[5]彩排，卻提早離開。彩排直到十一點才結束。朋友說莉莎不太喜歡自己配到的舞伴，母親蜜妮

5 原文為Quinceañera，即十五歲生日，源自墨西哥，拉丁美洲少女的十五歲成年禮舞會。

（Minnie）覺得比較像是莉莎沒有記熟舞步，很不好意思。不論原因為何，莉莎沒有等人來接，一位家長以為另一位家長負責載她，沒人注意到她已經離開彩排地點，打算走四哩路回家。等到蜜妮在電視前醒來，已是凌晨三點，她發現莉莎不在房間裡。

兩線道的匹茲堡安提阿克公路可以直接從舞會廳通到莉莎家，但晚上少有人跡。目擊者回報看到符合描述的女生走過一段夜間常見性工作者和嫖客的路，莉莎根本不知道自己走在什麼路上。她沒走多遠，不到一哩，很可能就在陳屍地附近被拐走。

我接到呼叫負責後援，奉派來處理園藝公司後方的車庫，沒人期望會從這裡找到任何證據，但一定得徹底搜查。按照經驗，調查員不太會到犯罪現場查看，尤其是資深調查員，證據都直接送到他們手上，從那裡開始辦案就好。我很快就明白康納特沒有濫用官階，異於其他同等職銜的人。首先，康納特大半夜親自到場，這舉動本身就很少見，而我只是來支援，又在現場邊陲地帶，但他還是花時間來查看我在做什麼，不是來去匆匆，然就回到辦公桌。

我待在車庫好幾個小時，例行檢查走到一半，影像搜查已經完成，拍了幾百張照片，包括四周環境、停在車庫裡的船，但還沒採集指紋和腳印，還沒檢測物品表面是否有生物跡證。假如凶手在這裡或在船附近作案，看來沒有留下明顯證據，我懷疑車庫根本與案情無關，我幾乎帶著愧疚告訴康納特，搜了這麼久什麼都沒有找到。康納特問了許多問題，顯然毫不馬乎。我向他保證如果真的有什麼，我一定能找出來。

康納特說：「謝謝你來，辛苦了！」接著轉身要離開。

他躊躇了一下，回頭看我。這是奇特又關鍵的一刻。康納特將雙手插進口袋，搖了搖頭道：「事情不該這樣，我們絕對要破案！」

這個硬漢有一顆柔軟的心。

幾小時後，我又見到康納特，這回是在停屍間。我被派來進行解剖，直接從現場過來。康納特和搭擋賈柯梅利晚幾分鐘到，兩人就像從好萊塢劇本走出來。賈柯梅利比康納特矮一點，鬍鬚濃密，滿頭黑髮，如同康納特一般結實，衣著時髦，西裝可能比我每個月的房貸還要貴。康納特介紹我們認識。賈柯梅利伸出手說：「很高興認識你。」他的手指很粗，鬍子後藏著微笑。

我們三人隨口亂聊，我邊準備記錄從屍體上採集到的證據，邊等待病理學家抵達。凶殺案驗屍需要調查機關、病理學家和驗屍單位的合作，還有許多需搬動的身體部位，比一般臨床解剖來得複雜。那天早上，屍體放在驗屍官的廂型車裡，運送到停屍間冷藏櫃，就和其他移動解剖臺排在一起。每天的冷藏室都是死亡圖例，年長男子不敵癌症、小女孩溺水而亡、男人舉槍自盡，現在還多了年少的莉莎。

熟悉的自動門聲響起，咻——從冷藏室通往解剖室，標示著屍體的到來。推床推進來時，房內靜了下來，每雙眼睛都盯著受害者，灰色帽T還是往上推，沒能遮住胸部，長褲下拉至大腿，就和發現時一樣。莉莎褐色濃密的頭髮用髮圈綁成一束。康納特和賈柯梅利走到角落坐下，上方白板用黑色麥克筆標示分局的凶殺案件計數，匹茲堡要新增一件了。沒多久，病理學家走了進來，我們開始共舞，我負責蒐集證據，他分析莉莎的死因。

我掃視衣服查看暫時性跡證，例如頭髮、纖維等，可能與凶手有關。我拍攝所有我認為對調查重要的事物，盡可能記錄一切，不碰觸或移動受害者。過程耗時又乏味，有時得花上四個鐘頭，病理學家通常都等得不耐煩了。待我完工，再小心翼翼移除衣服，病理學家開始察看。對大多數人而言，在動刀那一刻，所謂司法解剖才真正開始。首先，病理學家查看並記錄所有可見的傷痕，脖子上的索溝和多重傷痕之間有條界線，代表莉莎遭人勒斃，病理學家大聲說道。看起來有掙扎反抗，可能遭到性侵。我剪斷繩索，小心不動到繩結，裝袋留證。我決定要做「盲採（blind swabbing）」，也就是除了理所當然的部位外，也要採集其他可能沾染到唾液的部位，唾液可能在性侵時分泌，或在掙扎時移轉。DNA採集結束，我檢視皮膚上是否有他人的毛髮、纖維，並拔下受害者體毛帶回實驗室比對。

我剃下並蒐集所有頭髮，可以查看是否藏有生物跡證。這一招是FBI同事採取的作法。一九九三年的波莉．克拉斯（Polly Klaas）綁架案，十二歲的波莉大半夜被擄走，那晚她在加州自宅舉行睡衣派對，卻有名持刀人士闖入。波莉屍骨完好、頭髮無損，發現時已過了兩個月。探員蒐集頭髮，用紫外線燈照射，發現凶手理察．艾倫．戴維斯（Richard Allen Davis）留下的纖維。要不是這筆關鍵證據，該案很可能無人定罪。從此以後，每次搜證，我都會蒐集整頭頭髮。

我還注意到莉莎少了一兩片人工美甲。手和指甲經常保有重要線索，如果有反抗凶手，這兩處很可能留有微量跡證或DNA。我想用指甲剪剪下其餘人工美甲，但美甲太厚，得改用鋼絲鉗。鋼絲鉗貼著拇指上厚實的美甲，我開始用力壓剪，卻發出可怕聲響，真的指甲被剝下。我嚇到了，覺得自己在折磨這位女孩。大家都在看我，不能顯露脆弱，我只能把情緒擺到一邊，好好完成工作。

解剖開始，病理學家的托盤上擺放各式各樣嚇人的切割器材，最恐怖的是骨剪，用來剪開胸廓，取出臟器。我看過強硬的調查員看到法醫要使用骨剪便奪門而出。首席病理學家布萊恩．彼得森（Brian Peterson）聰明絕頂，帶有一點黑色幽默，喜歡開玩笑來消除緊張（有次我聽到他邊說：「反正他也用不到脾臟了。」邊一手拉出拳頭般大小的器官）。解剖時，大家通常都會開許多暗黑玩笑，為死亡去人格化，這實為應對機制。如果老想著解剖臺上的事，沒辦法做這份工作。我聽過許多菜鳥第一次跟解剖就因創傷太大而暈倒，有些人尋求精神協助來控制情況。說實話，這樣建立起來的情誼絕無僅有。賈柯梅利安於坐在後方看我們忙，不過康納特時不時走到解剖臺問問題。我很驚訝，康納特對解剖醫學知之甚詳，後來才知道他熱愛醫學知識，迪恩・埃德爾（Dean Edell）醫生主持的醫學廣播節目，他一集都不漏聽。康納特聰明、會讀書，又有街頭態度，我們四人一拍即合。布萊恩說笑話，康納特和賈柯梅利也大開玩笑，熱絡程度比較像好友敘舊，人手一杯啤酒。這兩人讓我想起《致命武器》的梅爾・吉勃遜和丹尼・葛洛佛（Danny Glover）。康納特喧騰多話，樂意成為目光焦點；賈柯梅利比較寡言，安於老二地位。康納特叫賈柯梅利「超級瑪利歐」，賈柯梅利默默覺得好笑而回嘴。聽他們鬥嘴，我忍不住笑出聲。

他們還分享各種危險故事。他們有次詢問一名男人，他的男友遭人亂刀砍死，凶器是把剁肉刀。康納特說：「他根本不在乎男友被砍成碎肉，從頭到尾說的都是他的貓。他的貓咪在哪裡？可以請人確認貓咪沒有在一團混亂中跑出去嗎？最後我說：『那個，因為我們也很關心你的貓，所以我已經安排好，貓咪會接受保護管束。』他還真的信了！貓咪接受保護管束！他竟然就放鬆下來，告訴我們他是怎麼下手的。」

每則故事，我都聽得入迷。離奇的讀心能力是他們的天賦，我心想。他們走進詢問室，和嫌犯短暫交談，搞清楚對方的弱點，接著便使用他們開發的策略。要怎麼做才能提高嫌犯說話的機會？某些情況下，「好警察壞警察」很有效，但有時候，還就一下也會有成果，就像剁肉刀凶案那回一樣。

莉莎・諾瑞爾的官方死因是徒手繩索勒斃。接著，沒人再開玩笑了，我們離開停屍間病懨懨的環境。氣氛回歸嚴肅，兩位警探要回去調查，而我則要前往實驗室。天真活潑的少女慘遭殺害，青春無法保她不落入險境。

那天之後，康納特和賈柯梅利開始來實驗室找我，請教科學、證據等問題，天馬行空發想諾瑞爾一案的理論。我總是知道他們來了，用不著看，就會聽到康納特有力的聲音從前臺傳來。賈柯梅利每次來都習慣坐下，把腳放在我桌上，翼紋皮鞋和康納特的一樣，如同鏡面般閃亮。總是康納特先起頭：「好的，帥哥。我們是兩個笨笨的凶案仔，你得好好教我們……」過沒多久，我覺得自己成為兩人小組的榮譽會員，他們有多仰賴我的鑑識科學教育，我就有多渴求他們的調查知識。我不擅長交朋友，特別是和男性，但我想要更了解他們。我們的共通點是熱愛難辨的凶殺案，對工作抱有熱忱。康納特有句口頭禪：「凶殺就像海洛因，如果你愛海洛因，伏特加就是不夠。」我也有同感。挑戰破案令人上癮，一旦迷上，就會不停尋找下一件。和我一樣，康納特和賈柯梅利的生活就是工作，儘管大半夜在犯罪現場，也會毫不遲疑直接打到我家詢問：「該怎麼處理這個證據？」或者「你認為這對案件有多重要？」康納特後來說我教了他好多知識，像是線粒體、細胞基因、間葉組織有何差別，比他想知道的還要多。

其中一次半夜來電令我印象深刻，那時我們已經認識很久了，床邊電話在凌晨兩點大響，康納特人在灣區高級郊區家中。他說本來只是一件失蹤案，卻越變越糟。我坐起身，睡眼惺忪，聽他娓娓道來。他說：「這案子很怪。」一對母女從家中消失，已經消失好幾個月。他繼續說：「旁邊有間獨立小車庫，裡面有大水桶，用彈力繩固定在臺車上。我想屍體可能就在桶子裡。」現在我起身了，邊踱步邊說：「把照片傳給我。」螢幕跳出照片，水桶綁著彈力繩。一名女性失蹤？大桶子用彈力繩固定在臺車上藏在自家車庫？我說：「嗯哼，看來你找到桶裝屍體了。」果然不出所料。我來到停屍間，掀開水桶蓋，只見黏糊液體，一具屍體浸泡在氣味香甜的清潔劑中。那味道令人作嘔。我的工作是想辦法把屍體拿出桶子，卻又保存證據。我把細鐵絲網固定在桶子頂端，康納特套上白色全身防護衣，雖然我們一起看過不少噁心至極的現場，但我之前從沒看他穿過。等他穿好，我們傾倒水桶，瀝乾液體，蒐集屍體殘塊，放進屍袋。射殺媽媽的是女兒，屍體放在水桶好幾個月，女兒至今仍在逃。

康納特和賈柯梅利彷彿吸著大麻般沉醉在諾瑞爾案中，同時另外有三名女人遭到殺害，死樣淒慘，地點就在莉莎屍體所在地附近，這幾名女人都受到性虐待攻擊，慘遭殺害，像垃圾一樣被丟在同一條路上。三位都是性工作者，執法單位必須承認，他們通常認為非法活動導致的死亡比較不重要，但對我來說很單純：每個人都是某個人的小孩，每個人都很重要。我不知道是什麼情況導致人們成為性工作者（可能是虐待或毒癮），也輪不到我論斷。他們身處殘酷又暴力的危險世界。

另一組調查員受派來查另外這三起凶殺，由於缺乏經驗，康納特決定稱之為B組。我都會跟進最新調查狀況，並且告訴康納特和賈柯梅利我認為B組調查員犯了什麼錯，又或者錯失了什麼。B組立刻鎖定二十四歲的潔西卡・佛萊迪克（Jessica Frederick）的男友，潔西卡是第一位慘遭殺害的性工作者，屍體被棄置在匹茲堡一處汽車報廢回收廠附近。潔西卡不該遭遇這種事，攻擊太過殘暴，驗屍官一開始還以為是被車輾過。凶手用鋸齒刀展開折磨，她的右側頭髮和右耳被殘忍地割下。凶手把刀插入胃中，力道之強，腸子都掉了出來，潔西卡失血過多。達到目的後，凶手拿了火花塞電纜，在她的脖子上打了一個蝴蝶結。調查員發現男友的被子上有幾滴潔西卡的血，在公寓垃圾裡也發現沾有潔西卡血液的廚房紙巾，廚房水槽的血跡檢測疑似陽性，這樣便足以讓B組確信凶手是誰。男友被控凶殺，但證據沒能說服我。那張廚房紙巾沒有拭去五公升的血液，我這樣說。我要自行調查。

我發現潔西卡的生活逐漸墮落，最終害死自己，墮落的過程都記錄在每張入案照裡。第一張，潔西卡十八、十九歲，是個漂亮女生，臉蛋有些嬰兒肥，長相帶著稚氣。下一張，看起來沒兩樣，除了嗑藥而迷茫的雙眼。接下來三、四年，海洛因促使潔西卡從事性工作，小女生看起來變得強硬、不悅。最後一張，她的雙眼冰冷，視線朝下看著鏡頭，表情模糊不清，看起來人根本不在那裡。兩週後，凶手把潔西卡撕得破爛。

潔西卡的男友用性行為換取毒品，而我也知道他公寓裡的血根本就不是凶殺證據，都是皮下注射針施打海洛因所留下的血痕。潔西卡的傷口潰瘍想必顯而易見，就在手臂上注射的地方，潰瘍可以解釋被子上的血跡。血清學家檢查了廚房紙巾，發現一塊相當大的血跡，紅中帶點綠，還有大量細胞物質，比較符合潔西卡手臂潰瘍感染所流的膿和血，不同於潔西卡解剖報告裡記錄的極端暴力和大量失血。潔西遭受的毆打相當殘暴，可是公寓裡沒有任何血跡噴濺。即便有血跡，也只是因為毒蟲會先把血液與海洛因混合再注射，空氣擠壓出注射器時，血液跟著噴出，而造成血跡，常與重擊之下飛濺的血跡相混淆。

處理現場的刑事偵查員噴灑了無色孔雀綠（簡稱LMG，碰到血液會呈現綠色），廚房水槽四周呈陽性反應，水龍頭和水槽底部染上了一層綠，代表這些地方之前有血。不過，LMG無法分辨人類和動物的血液，牛血、牛肉都會有陽性反應。我每次做LMG，都會在廚房水槽周圍取得陽性反應。正因如此，陽性無法代表男友處理掉潔西卡慘遭殺害而流出的大量血液，很可能只是準備上一餐時留下的血。

男友的刀也被收為證據，上面只有一小點髒汙，病理學家認為是間葉結締組織，因此B組下定論，那一小點來自潔西卡腹部的切口。然而，我安排進一步DNA檢驗，卻沒有測出任何人類DNA。我也檢查男友的生財工具——計程車，乾乾淨淨。車裡沒有任何東西，公寓的證據也不足。*噢天啊*，我想，*沒有證據能把這傢伙定罪*。

我打給助理警長，說道：「我沒辦法說他是否殺了潔西卡，但證據和潔西卡遭受的暴力毫無關聯。」

該案遭駁回，男友反告警察局。如果他有罪，不可能做出這件事。可是本案依舊縈繞在我心頭，如果凶手真的是男友，而他因為我又可以再次自由殺人了呢？

如果這些年我有學到任何事，那就是有太多案件都無解，尤其那時還沒有發展DNA技術。實情是，不論調查員多有技巧，工作團隊多麼投入，有時就是沒有結局。這些懸案會讓好警察半夜睡不著覺，諾瑞爾一案和性工作者凶殺案就屬這一類。我知道康納特和賈柯梅利有多洩氣，每條線索都撞牆，永遠無法給蜜妮．諾瑞爾一個答案，沒辦法回答誰殺了她女兒。但這份工作多數時候都沒有簡單答案，有時候凶手就是能逃過制裁。

匹茲堡案件調查還沒結束，我提出一項理論：或許我們追查的是連環殺手，依據地理學和被害者學，四件凶殺案都是同一位強暴犯下的手。

四位女性在六週內連續遇害，每一具屍體都經過移動再棄屍。我花了好幾個月調查老舊凶殺檔案，逐一查看登記在案的性侵犯，尋找凶嫌。我的研究發現，在一九七〇、八〇年代，康郡是連環殺手的溫床。至少有六名疑似連環殺手的人就在我們的社區工作，十五起女性凶殺案懸而未決。二十年後，其中幾名凶手依然在逃。

我會揪出他們，繩之以法。

13. 巴費什

一九九九年六月最後一天，將近正午時，我們小組剛離開舊金山郊區，前往奧林達丘陵區。天氣酷熱，熱氣逼人，連柏油都會融化，好似開在平靜的自然保留區，但這區是灣區房價最高昂的地帶。

那天坐在廂型車副駕的是前實習員雪麗．波斯特（Sherrie Post），她最近才完成警校訓練，成為局裡最菜的刑事偵查員。最近我們開始約會，雪麗小我三歲，沒結過婚。我喜愛她活力四射、伶牙俐齒又愛笑，我也跟著開懷大笑。雪麗和我一樣對這份工作充滿熱情，我很欣賞她求知若渴的好奇心與態度。我們都喜歡凶殺科學，兩人一拍即合。我是導師，雪麗是聰明積極的學生，對話中從來沒有空白。多虧現場調查車上的無數對談，我們的關係越來越緊密。雪麗懂我在做什麼，也會與我分享生命中的高低起伏。我依然記得我覺得雪麗可能就是「真命天女」的一刻。我們兩人都在毒品實驗室，從屋內拿出化學藥品擺在屋外後方的露臺上。雪麗正在記錄危險化學物品清單，腳上蹬著鮮黃色工作靴，雙手配戴橡膠手套。我橫越露臺，拍攝證據照，朝她瞧了一眼，雪麗全神貫注，不怕弄髒手，實在太專注於手邊的工作，根本沒有發現我偷偷拍了一張照片。我心想：說真的，我們好配，她可能就是我尋尋覓覓的靈魂伴侶。幸運的是，我們彼此相吸，令我最興奮的是同事關係轉變成情侶那一刻。在此之前，羅麗是我生命中唯一讓我感到自在的女性。現在我明白，即使和其他人交往，我也不必害怕下一波恐慌發作。雪麗接受我的一切，不論好壞。這令我自信大增，覺得無所不能。

雪麗早就發現我總是工作優先，她看著我晚上和週末都在處理匹茲堡案件，其他所有事都只是次要，包括新戀情。今天的凶案現場在曼內爾路（Miner Road）六一六號，最初收到的資訊不太清楚。屋主叫艾蒙．巴費什（Emmon Becfish），五十六歲，遺世而居，生於芝加哥顯赫的銀行家族。艾蒙沒有赴精神科醫生之約，醫生聯絡了親戚，親戚在那天早上九點跑到艾蒙家，發現了屍體。第一位員警回報，受害者錢包裡的身分證件顯示這具屍體是巴費什。

曼內爾路是有錢人的世外桃源，蜿蜒路徑，奢華宅邸，橡樹林地成了最好的遮蔽。有位作家曾稱之為「奧林達豪門世家的彎曲小路」。我開車，雪麗閒聊。每當我專心辦案，總是提不起勁聊天，迷失在腦中，默默確認一抵達現場就需要完成的事項，並且分配好誰該做什麼。雪麗說這是我的「現場態度」，我處理現場時都是這個樣子。我會戴上冷靜的面具，關閉其他所有情緒，開啟狹窄的視野模式。

六一六號在距曼內爾路三哩處的山丘上，完全受到森林遮蔽，我們差點就錯過了。宅邸占了好幾英畝林地，只有一條陡峭車道可通，車道尾端有幢搖搖欲墜的牧場風住宅。閃閃發亮的賓利停在車庫裡，預示著這起案件不尋常。我停好車，指派任務給雪麗和現場另外兩位偵查員：「好，這是我們要做的事。」成員分頭工作，有人快速畫下宅邸外觀，有人檢查門窗是否有強行侵入的痕跡，有人準備採集鞋印、指紋，而我則一步步走入職涯最離奇的案件。即便過了二十多年，這案件至今仍會出現在我的噩夢中。

聽完主任警探簡短匯報，我走向敞開的車庫，雖然不太懂豪華名車，但我也知道賓利是少數真正富裕人家才能享有的奢侈品。連接車庫和廚房的門沒關緊，裡面傳來奇怪的嗡嗡聲，我想著很可能是電路問題，一邊推開門，走進乾淨整潔的廚房。斯卡帕（Scapa）蘇格蘭威士忌瓶擺在架上，貼著一張手寫紙條：「德魯伊祭司私人財產，別動手。偷竊神明財物，招致厄運！」好奇怪，我心想。

嗡嗡聲漸大，我走過廚房，進入巨大的中世紀風格客廳，深色木頭飾板，壁爐上有聖餐杯，深紅絲絨窗簾遮住窗戶，吸頂燈散發著昏暗怪誕的光線，有股令人無法招架的惡臭。我立刻認出這是肉體分解的味道，強烈、甜膩，死亡的味道，好幾天後依然會充斥在衣服上、頭髮間、車子內。處理屍體一整天後，我有時候會意識到自己很臭，尤其是在公共場所和人相處時，大家肯定對那味道感到噁心。

右手邊，在平鋪的波斯地毯上，一具屍體仰躺，一群蒼蠅盤旋其上。**啊，是那陣嗡嗡聲。**我揮手趕走蒼蠅，好多隻撞向我的額頭。血跡噴濺在地板和屍體旁的書架上，已經乾掉了。我注意到受害者穿著白色扣領正裝襯衫，紮進褐色燈芯絨褲，繫著一條褐色真皮編織腰帶，配上一雙舊登山皮靴。他的面孔和雙手泛著藍黑色澤，這表示這具屍體已經在這攝氏三、四十度的環境待了好幾天。先假設這名男子就是巴費什先生，他遭受過度重擊，頭部承受的力道過於強大，被打落了幾顆牙齒，掉到襯衫上。

我正要記下觀察結果，卻剛好——**等等！**我跨過屍體，我發誓我看到他的臉抽動了一下，他躺在那裡，一動也不動，但臉頰在動。出於本能，我猛地往後退了幾步。**我的天啊！他不可能還活著！**我停頓了一下，跪下靠近仔細看，那動靜是蛆在大啖他的臉。大型藍蒼蠅正在產卵，就產在頭部的重創裂口裡。這時便是你該告訴自己「捲起袖子，辦該辦的」的時候。根據幼蟲的齡期發展，可以判斷死亡時間，我需要蒐集樣本給昆蟲學家鑑定。我跨在屍體上方，小心翼翼單膝跪下，直到受害者與我臉對著臉。我使用膠帶黏取法，蒐集裸露肌膚上的微量跡證，揀取幾隻幼蟲、活蒼蠅做樣本，分門別類裝進小玻璃罐。

這些噁心的細節從來不會傳進一般大眾的耳裡，這些細節為光鮮亮麗的工作蒙上一層灰。電視從來不會上演LL Cool J[6]或克里斯・歐唐納（Chris O'Donnell）挖取腐屍上的幼蟲。我通常將此視為一場實驗，而不是噁心的場景。不過，我潛意識裡的想法不一樣。直到現在，我還是會一直夢到自己人在巴費什宅邸，我四處張望，掀起地毯，發現一扇暗門，我拉起暗門，探身靠近，想看清楚地下室有什麼。目光還來不及聚焦，只見巴費什血肉模糊、爬滿蟲子的臉，爬上階梯朝我衝過來。我被自己的喘氣聲驚醒。

巴費什凶殺案實在很燒腦，從頭到尾無處不出人意料。我向驗屍單位申請許可，先剪開並剝下衣服，再將屍體移動至停屍間。這種申請很少見，屍體通常會按原樣移動。然而，本案的屍體正在分解，很可能導致所謂「屍袋效應」，我想要防止湯湯水水流進屍袋，汙染衣物上的血液證據。在辛普森一案，妮可・辛普森（Nicole Simpson）洋裝後方的幾滴血液可能來自凶手，卻因屍袋中屍體流血過量而煙滅，浪費了幾滴或許能證明凶手身

6 James Todd Smith，為美國饒舌歌手、演員，LL Cool J是「Ladies Love Cool James」的縮寫，意為女人都愛酷詹姆斯。

分的血液。我可不想重蹈覆徹。

當我開始剪衣物時，小組成員站在一旁，手拿相機，準備記錄證據。剪開衣物的過程中各方面都會運用病理學家解剖屍體的手法：我剪開每條褲腿的正面，向上剪過皮帶，剪開襯衫和內衣，直到可以攤開衣物，就如同病理學家打開皮膚肌肉檢視器官。我往後站一步，查看受害者裸露的軀體，說道：「噢，等等。」

受害者有陰道，還有看起來像縮胸手術或者是兩側乳房切除術的疤痕。

如果受害者不是艾蒙．巴費什，那是誰？

後來我們得知艾蒙是跨性別男性，過著雙重生活，有時是艾蒙，有時則用本名瑪格麗特。我無法想像他的生活有多艱困，他必須扮演雙重角色，全依身處何處、與誰作伴而定。那時是一九九九年，還要過好多年，跨性別者才足夠自在，願意出櫃。奧林達宅邸是艾蒙的避難所，他的主要居所位在西邊車程一小時的米爾谷（Mill Valley），國內數一數二富裕的市鎮。除了家族財富，艾蒙自己經營水池管道事業，也賺了不少錢。雖然他名下有三間房子，但他生活簡樸，偶有奢侈，例如：一九九二年的賓利，當初付現買入新車，要價二十八萬三千美金；那條艾蒙躺在上面失血過多的波斯地毯，要價十萬美金（他的律師發現地毯被剪下許多塊，除了當證據還拿來清理現場後，大發雷霆。聽說律師把地毯拼回原狀，好拿去拍賣）。

奧林達宅邸成為艾蒙最後幾年頻繁造訪的避難所，友人也曾來訪，但逐漸減少，大多因為艾蒙叫他們不要再來。艾蒙的生活中只剩獨子麥克斯．威爾斯。據遠親友人所述，這對父子關係緊繃，麥克斯舉止「特異」，內向、溫和，但一直還沒長大，艾蒙經常責罵麥克斯的富二代心態。麥克斯被寵壞了，懶散又缺乏熱情，艾蒙總是這麼說。麥克斯已經三十三歲，艾蒙還會派家事給他做。麥克斯每週會開一小時的車，從平常居住的地方，也就是艾蒙名下位於索薩利托（Sausalito）的公寓前往奧林達宅邸，咬牙切齒地拔草、洗衣服。**他是什麼時候走偏的？**艾蒙問道。艾蒙在麥克斯這年紀時幹勁十足，積極進取，但麥克斯就坐在那，無所事事。

艾蒙頭部遭受凶殘重擊，臉部、頭顱凹陷，面目全非。噴灑的血跡來自反覆重擊，凶器肯定沾有大量血跡，但不論凶器為何，現在已無處可尋，被人帶離現場了。依據書架上垂直的血跡高度判斷，艾蒙遭受重擊時人坐在椅子上。我們沒有發現任何防禦傷口，這不太尋常，通常，如果發現有人要打自己，直覺反射就是抵禦攻擊。

到了傍晚，我們才包起屍體，裝進屍袋，送至停屍間。正是那時，我把注意力轉移到那臺賓利上，賓利也充滿故事。我拼湊手上的消息得知，艾蒙到奧林達宅邸的日期不是六月二十三日就是二十四日。案發日很可能是六月二十五日，在此之前，艾蒙顯然光顧了乾洗店和雜貨店，衣服掛在衣架上，外面還罩著塑膠防塵套，曬在後座扶手上；一只咖啡色的全食超市紙袋裝了新鮮蔬菜，擱在副駕駛座上。我必須記錄犯罪現場的每件事物，因此得為紙袋裡的所有東西貼標。我逐一拿出萵苣、高麗菜、大頭菜，依序排列，一一拍照，袋子裡還有一本書：《現實的結構：平行宇宙的科學及意涵》（The Fabric of Reality: The Science of Parallel Universes—and Its Implications），看起來應該是讀到一半。我翻閱此書，發現一張摺起的橫線筆記本紙，便打開來，上面寫道：

先去做。運動。清掉蜘蛛網。身體精疲力竭、毫不協調，肌膚在悲鳴、關節疼痛，想死。暴力。站起來，離開座椅。拿起掃把。悲鳴哀求不斷，全身都疼痛。開始掃牆壁、門廊上方和房屋側邊的屋簷。有點成就感。記起我總是想要有個家可以照護和修理。童年的希望與夢想突然湧現。我愛自己的小木屋，愛四周環境優美。我曾經能感到開心（現在身體打斷我的話，挾著雙倍的疼痛、疲憊和悲鳴。踉蹌，膝蓋無力。）忽略就好。拿起馬克杯，喝一口豆漿。右手無力，馬克杯摔落，豆漿灑了一地。現在沒有豆漿了，得開到商店買，還得清理一團混亂。我咒罵右手，強迫右手握緊馬克杯，不理會肌肉痠痛疲乏，長達五分鐘。然後我再次咒罵右手，要求右手加倍努力，用水桶提好幾趟水，刷洗地板二十分鐘。質問右手，開裝病的玩笑很得意嗎？

告訴身體它就是一坨愚蠢的爛貨，早該被打死。……這本書問道，我覺得此刻自己的活力如何？深惡痛絕。我只想要離開。

我把這封信擺在其他物品旁，想著事情絕不是表面看到的那樣。

我不確定如果我沒有在機緣巧合下讀到艾蒙思緒的話，是否會用同樣的方式來認識艾蒙。艾蒙在生活中沉默寡言，卻大量書寫，日記一寫就十七年。那時我住在貝尼夏的一間公寓，很享受獨居的自由自在。晚上，我會花上好幾個鐘頭，坐在床上或地板上，攤開艾蒙的日記閱讀、做筆記。日記描繪了一名矛盾孤獨的男人，渴求愛卻自認從未擁有過。

艾蒙大量描寫參與新異教團體北美改良德魯伊教（Reformed Druids of North America）的過程。德魯伊教的信仰根植於大自然，崇拜凱爾特神明。我閱讀相關資訊發現，德魯伊教融合了神祕主義、魔法和儀式，教徒相信靈魂永生，可以轉生到不同的身體裡，無窮無盡。過世前幾年，艾蒙都還積極參與德魯伊教，主辦聚會，在奧林達宅邸後方林地的石砌祭壇舉行儀式。照片可見艾蒙身穿德魯伊袍服，向大母神達奴（Danu）祈禱。艾蒙越發神經兮兮，深居簡出，就連教友也逐出生活，描寫昔日友人為邋遢、骯髒、虛偽，冷漠低賤的女人和滿口謊言的男人。

有幾年，艾蒙發行報紙《德魯伊彌撒》，並用本名書寫。我從他的文章裡學到很多，艾蒙敏捷聰慧，熟稔德魯伊教史：「故事中的德魯伊祭師常被認為擁有創造魔霧隱藏自身的能力……不同施法方式，隱形層次也相異。第一層：淺顯心理手法，分散注意力，趁機悄悄離開。第二層：演員策略，改變情緒狀態、舉止、步伐，看似變成（或最終成為）某人、某物，而非自身，因此也就『消失』到角色之中。」

艾蒙想要「消失在魔霧之中」嗎？

自父親的屍體被發現以來，麥克斯．威爾斯就消失了，也成為頭號嫌犯。幾天後他突然現身在洛杉磯郡的停屍間。發現屍體當日五點左右，麥克斯的外婆（艾蒙的前岳母）告訴麥克斯艾蒙的死訊。麥克斯本來都待在聖摩尼加的朋友家，但那天騎了腳踏車到當地的旅客之家（Travelodge）飯店，堅持房內要有浴缸。隔天早上，女服務生發現麥克斯浸在放滿水的浴缸裡，用刮鬍刀劃開自己的脖子，也劃開兩隻前臂。

洛郡的驗屍單位在工業區，遠離住宅區。我和警探長麥可・哈伯德（Mike Hubbard）同行，哈伯德主導本次巴費什調查。出來迎接的是洛杉磯警察局（LAPD）警督黛比・皮特森（Debbie Peterson）。我說：「奧林達發生一起奇怪的凶殺案，然後受害人的兒子自殺了，現在兒子在這裡。」

警督說：「我請死因調查員去找屍體了，可能還要再等一下。」她還說這裡有間禮品店，說不定我們可以打發時間？我問：「禮品店？」我從來沒在其他警局看過。洛杉磯警察局的驗屍單位空間很大，一樓禮品店裡滿滿都是死亡紀念品，架上陳列著迷你棺材、骷髏等，T恤印著俗氣金句，其中有件T恤圖案是現場屍體的白線框，印著標語：「你的日子結束，我們正要開始。」蕭伯納說得有理：「人生不因死亡而顯無趣，不因歡笑而顯輕鬆。」

正如警督所言，他們確實花了一段時間才找到麥克斯，我走進停屍間時就明白了。冷藏庫在一條長隧道盡頭，磁磚地板就像電影演的一樣，空間大小等同一間倉庫。康郡一次最多可以冰十具屍體，如果冰滿會很擁擠；在這裡，上百具屍體包在塑膠袋內，尾端用繩子綁住，堆疊在層層架上，我不禁聯想到地毯倉庫。環顧四周，年少觀看《神勇法醫官》的回憶湧現。因為這部劇，我從空軍基地圖書館借了第一本書，作者是湯瑪斯・野口（Thomas Noguchi），洛杉磯知名法醫，人稱「明星的驗屍官」，野口是《神勇法醫官》傑克．克盧格曼一角的靈感來源。書中野口大談在驗屍臺上遇見的名人，瑪麗蓮夢露、娜妲麗．華（Natalie Wood）、約翰．貝魯西（John Belushi）、珍妮絲．賈普林（Janis Joplin）、甘迺迪等等。現在，我就站在小時候讀過的地點，想著那些名人也一樣被包在塑膠袋裡，和其他人堆疊在一起。死亡面前人人平等。

我一邊張望，一邊回想野口書中的場景。調查員推著麥克斯出來，停在檢查區好讓我們查看。我是本案的主要鑑識人員，拿起相機開始檢查，立刻大吃一驚，麥克斯竟然還沒被解剖，這在我們那裡可是例行程序。麥克斯留下三張遺言，顯然對繁忙的洛杉磯警局而言，足以判定為自殺。唯一的調查是從肝臟切片採集毒物樣本，送檢確認體內是否有毒品。如果我要殺人的話，肯定選在洛杉磯下手，弄得像藥物過量，再擺上遺書，輕輕鬆鬆。

離開時，我們收到了一袋麥克斯的個人物品和遺言。飯店房間裡有遺言草稿，顯示麥克斯不想寫錯，離別之詞的對象是親朋好友，在在顯示麥克斯如同其父，飽受長期憂鬱、自殺念頭所苦，但不願於父親在世時離去。

我不同意其他調查員對本案的看法，我不認為麥克斯要為父親之死負責。他們把麥克斯當成頭號線索來調查，但我不相信麥克斯涉案。當然還是有可疑之處，我們在麥克斯家中發現一張紙，上面列出十二名「該死的人」，名單第一位就是他父親。麥克斯沒有六月二十五日的不在場證明，據悉上一次前往奧林達宅邸是六月二十二日，艾蒙身亡三天前。

麥克斯告訴外婆他會直接前往南加州露營度假，朋友可以為他作證六月二十六到三十日的行蹤，也是艾蒙遺體被發現的時間。但他在案發當日唯一的不在場證明是獨自一人在奧林達南方六小時車程處露營。除此之外，沒有其他事證指出麥克斯和案件有任何關聯。

依我觀察，麥克斯敏感脆弱，雖然和父親常鬧不合，彼此依然相愛。我閱讀那份「死亡名單」，認為麥克斯的確想要艾蒙死亡，但絕非不懷好意。詮釋字句可以發現，麥克斯認為死亡是好事，比人生承受苦痛折磨好，而沒有人承受的苦痛比他父親還重。死亡名單上都是麥克斯喜愛的人，寫下這些人「該死」，讀起來像是祝他們無病無痛。他在遺書裡提到自己多年來都想自殺，只是不願傷父親的心。我相信這點，艾蒙一離世，麥克斯就自殺，毫無負擔。即便麥克斯接受父親想死的心願，但要說他因此重擊父親致死，再開六小時車到南加州自殺，完全不合理。何不直接同時殺死兩人呢？

我寧願傾聽艾蒙墳中的呢喃，不因死亡名單而簡單作結。艾蒙詳細記載生活的悲慘，以及多麼想死。日記裡還寫到與另我的戰爭，艾蒙稱之為良心藍魔（Blue Demon Conscience，簡稱藍魔 BIDC），藍魔住在艾蒙困擾重重的精神裡，很早就現身於日記的字裡行間，直到艾蒙死亡為止。艾蒙寫到，他從六歲起便不停與藍魔戰鬥，窮盡一切想逃離藍魔。

讀著讀著，我便明白艾蒙記錄的就是和藍魔的肢體接觸。艾蒙會用不同物件毆打頭部，如木杖、短棍和大石頭。我偶然看見一張艾蒙的照片，他的額頭上方有線狀痕跡，與毆打頭部的論述一致。艾蒙相信只有毆打才能讓藍魔閉上嘴，但藍魔陰魂不散。

一九九一年五月，艾蒙採取截然不同的方式讓藍魔閉嘴。他得出結論，認為自己以前做錯了。他了解到藍魔仰賴他而生，寫道：「這是新的觀點，我才該離開身體，而不是藍魔，不是他該閉嘴、學習，『我』離開，或許把身體留給藍魔，這樣兩者可以一同『腐爛』。能有此洞見／溝通，我很開心。」

一九九五年六月，艾蒙寫下，唯一能逃離的方式，就是死於暴力，出乎意料的死亡，丟下藍魔和身體。

四年後，艾蒙如願死去。

巧合？我可不這麼認為。我的理論是，這淒慘死狀的答案，艾蒙已經親手奉上。艾蒙一手策劃自己的死亡，夥同熱心人士，可能是另一位或多位德魯伊教徒。奇怪的是，奧林達宅邸的牆上有兩張圖畫消失了，主題同樣是日本，同樣裱以黑色畫框。案發房間的圖畫已被人從畫框中取出，看起來有人想將圖畫從木頭背板上撕下來，好像在尋找什麼，但又停下動作。另一幅畫掛在另一間臥房，也不見了。我在艾蒙書架上找到一本書：《憑空消失！創造新身分的方法》（Poof! How to Disappear and Create a New Identity），艾蒙在書頁邊緣寫下要開立日本銀行帳戶，把基金轉到瑞士銀行帳戶。他打算規劃如何藏錢，難道銀行資訊藏在圖畫後方，好讓雇來的殺手辦完事領錢？這就是我的理論。

巴費什案從未正式結案，調查小組暫且歸檔，改日再查。大家都認為艾蒙得償所願死了，主嫌麥克斯也死了，何必再投入資源調查呢？我可不這麼認為。就算艾蒙得其所願，就算日記足以證明艾蒙主導自己的死亡，警方還是得盡力追查真凶。艾蒙需要協助，而不是死亡。本案令人髮指，犯下致命重擊的人應該承擔責任。即使我錯了，麥克斯確有涉案，但證據指出現場有第三人，此人重擊艾蒙，也該繩之以法。

我現在還是會想起巴費什案，艾蒙和兒子如此不開心，認為人間如煉獄，唯有一死才能解脫，我覺得好悲哀。

死亡前夕，艾蒙寫道：「效率超高的噤聲新方法：藍魔一開口，就保持安靜，別說話……走向最近的堅硬物體，拾起，歸來……然後用力擊打藍魔的頭。」

14. 連環殺手

二〇〇一年一月，我晉升為管理職，負責監督郡警局全體刑事偵查單位，新工作各方面都很順手，我也愛思考預算和改善過程。

但我一開始完全不知道之後必須處理衣著違規、辦公室戀情等事，實非志之所向，也難有成就感。某天我處理一項指控——失竊車單位的一名指紋技師在拖吊場和拖車司機調情，接著要去告知一名員工，她的穿著違反本局規定。我從不干涉他人私事，現在卻覺得好像登陸平行宇宙。我不在乎裙擺是否短於膝上三吋，只要完成工作就好。到了三月，焦慮又開始發作，我做著不想做的事，也可能是因為害怕而倍感壓力。我完全無法承受，不是做，就是死。不做其他事的話，我就會死在嶄新的高級辦公桌上。

往好處想，我很快就發現升遷帶來自主，可以隨心所欲處理以前得偷偷來的懸案。可以揀選要做哪項行政工作，還有時間處理凶殺懸案，不用擔心有人會管。雇用專員處理懸案太過奢侈，多數單位都沒有這種預算。懸案單位通常是特例，儘管事實上全國的懸案數量每十年都會急遽增長，最新數據顯示每十件凶殺就有四件成為懸案。

我很沮喪，許多凶殺案實非不能解，只是很費時，與此同時懸案還會繼續累積。匹茲堡案告一段落前，我提出一項理論，我們追查的是連環殺手，而這四件凶殺案（莉莎・諾瑞爾和其他性工作者）都是同一位強暴犯下的手。有利於強暴犯攻擊的情形已經大幅改變，DNA技術、行為科學、跨部門溝通都才剛興起。人們的行為改變了（女性幾乎不搭便車，家家戶戶都會鎖好家門），但強暴與殺人的衝動不變。

數據指出約有兩千名左右的連環殺手正在美國大開殺戒，連環殺手通常不是形單影隻，也不是社會棄兒，他們正常得就像你我身旁友善的鄰居。這些殺手知道自己行為變態，也可以暫停一段時間不犯，只是殺人慾望實在太強，寧願被抓也在所不惜。我計算過，至少有六名連環殺手在七、八〇年代活躍於本郡。

其中一人特別醒目，不光因為他是十幾件懸案的嫌犯，還因為他依然相對年輕，而且即將迎來保釋的機會，他先前殺害三名女性，坐了二十一年牢。小菲利普・約瑟夫・休斯（Phillip Joseph Hughes Jr.）是禽獸中的禽獸。他的個人檔案中有好幾百頁心理報告，記錄其瘋狂行徑，幼稚園時期肢解同學的洋娃娃，八歲意淫屍體，據其描述，「屍體比較像人體模型」。治療隨之而來，但他和雙親都認為只是浪費時間。他從中學開始殺害小動物，高中會在大半夜裸體偷溜出門，闖入鄰居家，偷竊胸罩，帶回家穿上，看著鏡中的自己，用刀刺入罩杯。

這些反常的性癖在二十歲時加劇，他開始玩SM性愛，會掐住第一任妻子蘇珊（Suzanne），直到她失去意識。小菲利普後來說那不是多嚴重的事，「只是弄破血管」。有時他企圖吊死或溺死蘇珊，當然都獲得蘇珊同意。他經常記不清楚性交本身的過程，瀕死場面卻是歷歷在目。

小菲利普二十歲初成為殺人犯，可能更早，第一宗登記在案的是一九七二年的凶殺。小菲利普順道載十九歲的前鄰居莫琳・菲爾德（Maureen Field）一程，從當地的超市Kmart回家，途中刺殺、勒斃莫琳，再和妻子一起棄屍，丟在迪亞布洛山腳（Mount Diablo）。十五歲的失蹤少女柯瑟特・艾里森（Cosette Ellison）也曾被埋在此山腳，兩年前遭人發現。有人看到柯瑟特下了校車和一名男子說話，接著就消失無蹤。警方繪製的嫌犯畫像酷似拍立得照片上的小菲利普（他頭戴心愛的防曬釣魚帽），但沒有確切證據能證明小菲利普殺害柯瑟特。

一九七四年，小菲利普和妻子又綁架了一名十五歲少女莉莎・安・貝瑞（Lisa Ann Beery），他們持刀威脅她，強行擄至兩人幫忙看家的房子。小菲利普刺傷、強暴莉莎，而蘇珊又再一次幫忙埋屍。屍體五年後遭人發現，就淺淺埋在小菲利普家鄉的山坡上。

第三宗是一九七五年的麗緹雅．法戈（Letitia Fagot）凶殺案，麗緹雅是蘇珊在銀行的同事。麗緹雅和先生剛搬到郊區，遠離舊金山攀升的犯罪數量。她跟蘇珊提及先生出差，她第一次單獨待在新家，蘇珊轉身就告知小菲利普。隔天早晨，小菲利普開車到麗緹雅家，先用榔頭攻擊再強暴她，最後將她勒斃。

我想蘇珊也是受害者，小菲利普完全掌控了她，她十分畏懼小菲利普。正如知名鑑識精神科醫生帕克．迪茨（Park Dietz）所寫，我認為蘇珊也是「對性虐待狂唯命是從的受害者」。小菲利普就是個瘋子，是由性幻想驅動的最糟糕殺人犯。我發現一疊原本藏在小菲利普家中的照片，裡面都是不同死狀的女人，有的裸體，有的衣衫不整，有的看似被刺傷，有的遭繩索勒斃或吊死。認真看照片才發現每張都是蘇珊，擺出不同姿勢的蘇珊。

蘇珊終於良心發現，最後離開小菲利普。為了豁免，蘇珊供出三宗凶殺細節，坦承協助兩次棄屍，而會拍那些照片則是因為小菲利普說看了才能遏止想殺人的衝動。她透露麗緹雅一人在家，是因為聽小菲利普說想殺前女友，蘇珊說：「他越來越不開心，但又害怕被抓，因此不能殺前女友，於是他想殺其他人來減輕焦慮，舒緩緊張。」麗緹雅剛好成了獻祭的羔羊。

根據蘇珊的證詞，法院於一九八〇年判小菲利普有罪，犯下三起凶殺，合併判決刑期二十一年至終身監禁。法律規定，一九八六年起可申請假釋，小菲利普已經提出五次，都遭到拒絕。不過小菲利普也才五十三歲，只要好運降臨就能重獲自由。下次聽證日為二〇〇一年七月二十五日，距當時一個月。專家診斷其罹患「戀屍癖、反社會人格障礙、疑似妄想型精神分裂」，但一致同意他神智清醒：「顯而易見地，他明白自己的行為有罪，每殺害一名受害者，都會竭力棄屍，遮掩罪行，還會『安排』受害者，他心知肚明自身意圖不軌……他必須讓他人感到無助，甚至死亡，才能獲得滿足。」

另一名專家總結：「小菲利普嚴重威脅社會秩序。」

小菲利普這類人不會更生，我確信他是瘋子而且依然危險，便向監獄提出申請，獲准參加未決假釋聽證。我想親眼看看小菲利普，感受他的存在有多麼邪惡。聽證會前一晚，我開了兩百五十哩到聖路易斯－奧比斯波（San Luis Obispo），沿著中央海岸開，挑了間汽車旅館過夜，旁邊就是加州男子監獄（California Men's Colony），正是小菲利普服刑的地方。旅館停車場一陣喧鬧，害我無法入眠，整夜翻來覆去。我很期待能親眼見到瘋子，畢竟我聽了好多他的故事。隔天一早，我別上徽章，前往監獄。我對監獄和周圍環境形成的強烈對比感到詫異，帶刺鐵絲網圍著巨大的煤渣方磚建築，突然出現在大自然之中。我想像小菲利普望向牢房窗外，翠綠山丘襯著藍天，鳥兒成群飛過。看著這片風景，我想起了聖昆廷州立監獄（San Quentin）。我一直很疑惑究竟是誰提議在舊金山灣風景如畫的岸邊建造這座龐然巨物。

報到之後，我便被帶到等候室，和受害者家屬以及一名康郡檢察官一起等待。三案中的兩案由該名檢察官起訴。三家人都來了，莫琳・菲爾德的手足、莉莎・貝瑞的姐妹和父親、麗緹雅・法戈的先生。我試著想像受害者家屬的感受，都過了這麼久，還得來到這裡，再次經歷生命中可怕的時刻。我覺得他們不該再次受苦。

家屬誠摯歡迎我，喬・菲爾德（Joe Field）當年才十幾歲，莫琳失蹤已經二十九年了，但喬的記憶依然鮮明，他告訴我，莫琳失蹤後三天，家裡電話響起，父親拿起話筒，在連線雜音中，一個男子說道：「你好，菲爾德先生。你女兒死了，人是我殺的。」喬記得媽媽倒在爸爸懷中大喊：「我的寶貝！我的寶貝！」什麼樣的變態會做出這種事？才剛殺了女孩，就玩弄家屬的情感。小菲利普之後承認他打了那通電話，

小菲利普描述的犯案過程卻跟蘇珊有出入。他說他沒有載莫琳回家，至少他記得如此。記憶中他看到莫琳遭一名男子持刀追殺，他坐在車內看著男子拿刀刺莫琳，把她推倒在地，勒住她的脖子，那時他才追出去。他告訴調查員：「那傢伙逃跑了。我沒追多遠，就跑回女孩身邊。她倒在地上，滿身都是血，求我行行好，殺了她吧。」當然，他得幫這個忙，他說他不想要女孩繼續受苦。據他所說，在莫琳嚥下最後一口氣之前，「她說她原諒我。」莫琳的家人則認為故事中只有這句話可信。認識小菲利普的人都說他撒謊成性，

就如同所有會撒謊的人，捏造時總會編入足夠的事實，讓謊言看起來更可信。莫琳一案，小菲利普讓自己看起來像英雄，試圖拯救少女，而不是禽獸，他沒有恐嚇，也沒有殺人。我想實際情況是，莫琳下班後等爸爸去接她，爸爸遲到了，小菲利普卻出現了，說要載她一程。因為是熟識的鄰居，所以她才搭上車，半路上忽然發現事有蹊蹺，太過害怕，開始逃跑。小菲利普才是追殺她的男人。

兩年後，小菲利普和蘇珊誘拐莉莎・貝瑞，就在奧克蘭貝瑞家附近。我敢拿第一個孩子打賭，這之間肯定還有其他人受害。莉莎身型嬌小，一百五十公分，四十五公斤，是高二學生，參加唱詩班。她媽媽託她去附近的便利商店辦理支票兌現，她打算搭便車，只是地點和時間都不對，這對夫妻出現了，持刀綁架莉莎。假釋聽證開始前，莉莎的姊姊琳達告訴我他們等了五年，莉莎的屍體才被發現，全家人有多麼煎熬。這五年來，他們都在人群中尋找熟悉的臉，每次有人打開家門，都期待是莉莎回來了。琳達說，有次參加戶外活動，她瞥到一名女生長得就像妹妹，跑上前抓住對方的肩膀。女生嚇了一跳，轉身過來，琳達說道：「對不起，我認錯人了。」

聽證開始，所有人都被請到聽證室，假釋委員會由三名委員組成。我不禁想著，這權力真大。我逐一掃過每張臉，希望他們能善用權力。我知道太多凶手從濫好人假釋委員手上獲得自由，出去了也是再次殺人。委員會揮一揮魔杖，小菲利普就能重獲自由，重回老路，對毫不知情的大眾而言，完全就是不公不義。

坐在那裡。我感到自己對小菲利普瞭如指掌，檔案夾裡有滿滿的警察報告、庭審筆錄、精神狀況報告。我讀到他的情緒很平靜，就連描述切割女性或毆打致死的場景時，都毫無情感，態度冷淡，我覺得他真的只是就事論事。訊問時，他通常用問題回覆問題，即使真的回答了，答案也模糊得令人惱火。

「菲利普，這個女生是怎麼被殺死的？」

「我也不太確定，但是有使用刀子。」

「刀子還在你家嗎？」

「我覺得還在。」

「你拿刀砍了女生哪裡？」

「我不知道，但到處都是血。」

「到處都是血？」

「沒錯。」

小菲利普對三起案件的抗辯都是他不記得殺害的過程，只零碎記得相遇的場景，並且聲稱完全不記得是怎麼下手的，也不記得動機。小菲利普斷言這些細節都是蘇珊說的，而他相信蘇珊。小菲利普，不折不扣的馬基維利主義人格[7]。

我好奇他現在的模樣，依然如同他其中一張入案照，帶著一抹得意的笑嗎？還是一臉嚴肅？滿面笑容？死氣沉沉？慾望衝動是一種癮頭，我好奇他如何處理想殺卻不能殺的癮？他會心神不寧嗎？情緒會大起大落嗎？暴躁？焦慮？他現在能好好克制自己嗎？他如何釋放潛藏的憤怒？面對假釋委員會，他會是什麼態度？我很好奇。關了將近二十一年，假釋聽證顯得至關重要，顯然小菲利普認為很快就能出獄。

聽證室的門嘎一聲開啟，所有人回頭，腎上腺素像枝箭般射穿我的身體，頸上寒毛直豎。小菲利普的律師大步走進來，腋下夾著厚厚的資料夾。我感到全室緊繃氣氛的壓力，門在後方碰的關上。我看著每位家屬的臉，知道大家內心都疑惑——人呢？

律師說：「休斯先生放棄出席。」我環顧在場所有人，只見滿室倦容，沮喪和憤怒全寫在家屬臉上。為了這痛苦的一日，可憐的家屬究竟做了多久的準備？他們得鼓起多少勇氣才能再次來到這裡？這是第六次了，家屬堅強地面對凶手，虐殺他們摯愛的殺人凶手。

7 屏棄社會道德、說謊欺騙、冷漠無情，黑暗三人格之一，另外兩項為自戀、心理病態。

許多家屬都還活在恐懼中，但毫不畏縮，參與聽證，只因不願其他家庭經歷同樣的痛。縱使家屬堅強地繼續過日子，從前的悲痛未曾遠離半點，小菲利普未來還能獲得假釋，代表人人自危，無處心安。

我聆聽家屬對談。

「她只是個在唱詩班唱歌的小女孩。」

「大家都好愛她。」

「如果莫琳還在，現在早就結婚生子了。」

「都是因為他，我們沒有孫子可抱。」

「我的妻子麗緹雅過去是那般美麗。」

聽他們娓娓道來，一切才變得真實，不是自己抽空破解懸案的嗜好而已。有人因此得承受終身哀傷，而我在乎他們，這才是我此生的志業。悲傷早已交織於家屬日常生活的紋理，全因一名精神病態者無法饜足的殺欲，可家屬卻和變態一樣，任由無法預測的體系擺布。不同之處在於，家屬什麼都沒做錯。小菲利普甚至沒膽面對，真是懦弱，我心想。和受害者相處轉變了我思考案件的方式，影響深遠。我之前在犯罪現場也會和傷心欲絕的家屬互動，但這回是我第一次面對歷經二十年後依然強烈悲痛的家屬，對他們而言，案件恍如昨日才發生。

假釋遭到駁回。

在四小時的回程路上，我規劃了整體藍圖，發誓盡心盡力協助家屬把小菲利普留在過往。距下一次假釋聽證有五年，還有時間調查其他凶殺案，只要再一件凶殺，就能確保小菲利普終身監禁，不得假釋。我打算找到這件案子。這極為關鍵，因為死刑又重回加州，如果能找到死刑等級的案件，州政府就握有籌碼，可以提出協商，而小菲利普可以用自白交換，免除死刑，認罪協商獲得終身監禁，不得假釋。小菲利普可以繼續望向監牢窗外的鳥兒，不用倒數進入毒氣室的日子；受害者家屬也能朝療癒邁進一步，不需要再參加假釋聽證。那年，同一策略讓惡名昭彰的綠河殺手招供殺了哪些女人，埋在何方。

時間滴答流逝，我開始積極調查小菲利普，最合理的便是回顧懸案，那些執法單位無法證明但先歸罪於小菲利普的案件。我從一九七八年的阿米達・威特西（Armida Wiltsey）一案著手。一九七八年十一月四日早上，四十歲的家庭主婦阿米達在東灣（East Bay）拉法葉水庫（Lafayette Reservoir）附近慢跑，她先生出差不在家，她早上送十歲的兒子去上學，下午卻沒有去接小孩放學，鄰居回報失蹤。搜查隨即展開，尋屍犬找到阿米達的遺體，距熱門慢跑路線僅十八公尺外。

阿米達遭人強暴勒斃，棄屍樹叢，母子天人永隔。小菲利普一直是頭號嫌犯。

我查閱案件資料，發現有理由相信他是凶手。當初偵查員記下阿米達指甲下方有一滴血，阿米達肯定回擊了，她抓傷凶手，一小滴血就留在指甲下，當時偵查員認為血量太少，無法檢測。二十三年後的現在有精密儀器可用，一滴血也可以建立ＤＮＡ定序。我的腎上腺素激增，我相信該筆血證肯定符合小菲利普的ＤＮＡ。這記灌籃正中下懷。

我到扣押室取走沾血的指甲，順便計畫下一步。首先，要讓凶殺組儘快調查本案細節，實驗室分析結果一回來，就能逮捕小菲利普。只要多這一宗凶殺控訴，就能請檢察官提出認罪協商，讓小菲利普供出其他凶殺案。不僅解決威特西案，又能關小菲利普一輩子。

我先申請血跡和毛髮的ＤＮＡ檢測，等待結果時如坐針氈。我指派雪麗負責此事，自己則完全無心工作，只心繫結果。雪麗終於拿著一張紙來到辦公室，我問道：「所以呢？」深信自己已經曉得答案。

她回道：「不是他。」

我的腦袋一片空白，創傷過重，忍不住抹除記憶。我只記得大受打擊，我還不能為阿米達及其家人討回公道，其他受害者家屬也得被迫忍受接連而來的聽證地獄。在這種悲慘時日，唯一的療癒就是開一瓶卡本內蘇維濃。

我不知道該做些什麼，阿米達指甲下的男性DNA十有八九就是凶手，但卻不是小菲利普。接下來呢？我很困惑。我鬱悶難受，轉而尋求朋友兼同事羅克姍・葛倫海（Roxane Gruenheid）的安慰。警探羅克姍任職於郡警局凶殺組，是位強健的女性，有著濃重的布隆克斯口音，同樣熱愛破解懸案。我對她說：「我好沮喪，現在只是把小菲利普從阿米達案移除嫌疑而已。」羅克姍嘆了一口氣道：「讓我瞧瞧案件資料，說不定會想起什麼。」

我們重新檢視之前列出的未決案件清單，小菲利普都有嫌疑，不知是否還留有其他生物跡證。還真的有一件，檔案名稱是「辛西雅・偉克斯曼（Cynthia Waxman）」。

一九七八年四月二十二日，陽光普照，是適合當地高中舉辦球賽的好日子。那天是週六，十一歲的辛西雅、表妹史蒂芬妮（Stephanie）及史蒂芬妮的爸爸史蒂夫（Steve）一起去坎普林多高中操場看籃球賽。當年時代不一樣，世界看起來比較安全，小孩享受更多自由，自己走路上學、去商店，或在外面玩耍，都不會有人擔心。所以史蒂芬妮的爸爸讓兩位女孩獨自去找流浪小貓一點也不奇怪。莫拉加（Moraga）是康郡最安全的城鎮，家長根本不擔心小孩會遭遇壞事。當然，那時社區不知道連環殺手早已潛入其中，小菲利普經常出入莫拉加，最愛去里姆谷保齡球館打轉，距離球場南方只有一個街區。莫拉加是他的狩獵場，還要再一年，他太太才會告發他。

在繁忙的莫拉加路上，女孩走了四百多公尺，朝接往農場的泥土路前進，她聽說朋友就在農場附近看到流浪貓。辛西雅在人行道等待，史蒂芬妮走下泥土路尋找小貓。就在那裡，小黑貓彷彿正等待女孩來臨。史蒂芬妮大喊：「找到了！」她抱起小貓，摟在懷中，辛西雅滿心期待等表妹走回來。史蒂芬妮事後回想，辛西雅喊道：「噢，史蒂，拜託讓我抱小貓。」史蒂芬妮回憶：「然後我拍拍小貓，大概三下，就交給辛西雅。」

女孩們坐在人行道上和小貓玩，辛西雅覺得小貓一定餓了，說道：「史蒂，去跟你爸爸拿錢，我們去買貓飼料。」史蒂芬妮走回球場，大概花了四分鐘，她跑向爸爸說：「爸！找到貓咪了，但牠肚子餓需要吃東西。」史蒂夫給了她一張五美元，女兒拿了就跑回莫拉加路，回到人行道，卻不見辛西雅。

球賽打了好幾個小時，史蒂夫和史蒂芬妮開車回辛西雅家，確認辛西雅是否回家了，辛西雅的父母才剛看完小女兒帕美拉（Pamela）的溜冰演出。「沒有，我們回來到現在都還沒看到辛西雅。」他們答道。辛西雅已經失蹤三小時，警鐘敲響，大家分頭尋找，查看高中、市場（可能去買貓飼料）、史蒂夫的公寓社區、辛西雅家的左鄰右舍、泥土路另一頭的農場。三點十八分，偉克斯曼一家報案女兒失蹤。等待員警期間，辛西雅的媽媽邦尼

（Bonnie）請史蒂芬妮帶她重回最後看到辛西雅的地方。這次，邦尼注意到人行道旁草地有些凹陷，便走入草叢，約三十呎處出現一小塊空地，四周環繞著灌木叢和矮樹，樹叢間伸出一隻腳和一條腿，引領著邦尼到她的孩子身邊。辛西雅仰躺在地，脖子上套著打了死結的繩子，雙手交叉胸前，手腕被綑綁，綠色及膝襪退至腳踝，只剩紅白藍條紋洋裝看似完好無缺。邦尼跑回路上，尖叫道：「快報警！有人殺了我的孩子！」

自此之後，莫拉加居民人心惶惶。

史蒂芬妮極力協助調查，只是警方詢問另有打算，他們的假設成了她的故事。警探當初確信一位當地青少年極可能是凶手，這名青少年告訴警方，他看到一名男子從辛西雅所在的樹叢附近走出來。調查員稱之為聲東擊西，認為少年把錯推到別人身上，就不會有人懷疑他。十歲的史蒂芬妮經過好幾小時的連珠砲問題攻擊，得出同樣的結論：那名少年殺了表姐。受過專業訓練的詢問員才能問出受創孩童的答覆，孩子觀看世界的角度和大人不一樣。對孩子而言，最重要的是「我說了這些話會有後果嗎？爸爸媽媽會因此生氣嗎？」有特殊的方法可以讓小孩說出事實。讀著詢問史蒂芬妮的逐字稿，就像在讀訊息操控的教科書範本。

儘管調查員竭力為該少年安罪名，案件依然不了了之。這種警方作業十分卑劣，最終辛西雅一案還是歸為懸案。家屬永遠不會忘記。

本案交織多重悲劇，先是年幼的辛西雅喪命，接著由媽媽找到屍體？對父母而言，有什麼比這更悲慘？她的爸爸羅林（Lorin）說，失去女兒這幾年，他時常開車行經犯罪現場，每次都得捏舒壓球，大聲播放古典樂，哭喊道：「為什麼？」失去辛西雅的壓力與辛西雅死亡的方式摧毀了她的家人。那麼，史蒂芬妮呢？

懸案的一切都不受時間影響。數十年過了，臉龐老去，記憶漸淡。我從懸案檔案中認識一群人，又在真實世界相會，這種經歷十分奇特。史蒂芬妮前來市區幫忙，分享二十三年前那天的記憶。詢問錄音帶上那位擔驚受怕的女孩用十歲童音囁嚅著答覆詢問員，現在她已是沉著冷靜、三十多歲的女人。我們約在外勤業務辦公大樓的小會議室，應偵查佐史蒂夫・沃恩（Steve Warne）之邀，我也一同出席。沃恩和我總是合作愉快，我與他分享辛西雅一案，他讀了資料，建議再邀請史蒂芬妮一次，同時邀我這位科學家出席證人詢問。其實這不太尋常，凶殺警探與刑事偵查員具備的技能大相徑庭，性格也大不相同，書呆子科學家和務實的調查員少有合拍。當然，我還有一些優勢：我那時已經悄悄參與許多調查，因此警探也會重視我的判斷，視同他們的一份子。

沃恩帶頭詢問，首先請史蒂芬妮回憶案件中幾項不容置喙的事實，棒球賽、小貓咪、向爸爸拿錢買飼料。待史蒂芬妮回述完記憶中辛西雅消失前後的事，沃恩拿出一捲卡帶，放進錄音機，按下播放鍵，說道：「這是之前你接受詢問的錄音。」

史蒂芬妮十歲的聲音軟軟甜甜，帶點恐懼，從錄音機流洩而出。眼前成熟的女人茫然瞪著錄音機，聽著自己的聲音。播到敘事變調，涉及那位青少年之處，史蒂芬妮用力搖頭大喊：「不！不對！他根本不在那裡。」她用雙手摀住嘴巴。淚水凝聚，她開始啜泣。沃恩警探按下停止鍵，等待史蒂芬妮重拾冷靜。她說她從來沒想過要把少年捲進麻煩。數十年後，我們看著這個當年十歲的女孩意識到刻意把無辜少年捲進表姐凶殺案的影響有多巨大，這令人悲憤填膺。

該名少年老早就被視為頭號嫌犯。辛西雅死後兩年，小菲利普被控三起凶殺，連環殺手的身分一曝光，有類似犯案手法的凶殺，小菲利普肯定會名列頭幾號嫌犯。儘管如此，該名少年從未正式獲判無罪。我想著他多年來一直活在凶殺陰影下，究竟作何感受。好不容易，指認他的人終於正式撤回證言，情況更加不利於小菲利普。

我研讀辛西雅案件資料，看出來證物極可能含有凶手的ＤＮＡ。現代ＤＮＡ技術說不定能帶來二十年前錯失的線索，畢竟那時技術還在發展。殺手的指紋可能留在繩子上，那條尼龍繩顯示該起凶殺並非預謀，尼龍繩不是凶手自備的，就只是綁在灌木叢老舊帶刺鐵絲網上，凶手埋伏在樹叢時剛巧發現了，就燒斷兩條，一個女孩一條，我確信他本來打算殺掉兩人。我的理論是，凶手行經莫拉加路，看到辛西雅和史蒂芬妮在和小貓玩，便在附近停車，偷偷從樹叢溜回去，好不容易走出樹叢，卻只剩下辛西雅，於是他誘拐辛西雅入樹叢，用那條繩子綁住她的雙手，強暴她，再用第二條繩子勒斃。第二條本來是為史蒂芬妮準備的繩子。犯罪現場照片和解剖報告顯示，辛西雅承受嚴重的陰道外傷。我想凶手或許有留下精液或口水等證據，我再次走過八個街區，到艾斯科巴爾街的財物扣押室找安吉兒。辛西雅一案的證據放在一只大紙箱裡，所有物件都放在牛皮紙袋中，紙箱上的紙膠帶已經泛黃捲曲，顯然多年來拆開又封回數次，好險箱內證據保存良好。我拿出辛西雅的衣物，那件紅白藍條紋洋裝、那雙綠襪子和藍白條紋網球鞋，再返回辦公室，希望自己沒有搞錯。我將證據送到實驗室，然後等待，深信小菲利普即將獲判第四起凶殺罪，如此一來刑期就是終身監禁，不得假釋。如同計畫，小菲利普再也出不了獄。

DNA分析師檢測辛西雅衣物，發現內衣上有一大片精液，覆蓋好幾吋，是一九七八年那時遺漏的證據。後來我才知道，當初偵查員在那片汙漬檢測酸性磷酸酯酶呈陽性，但認為反應不夠強，無法使用（前青春期少女陰道分泌物常見酸性磷酸酯酶活性），於是沒有繼續追查。我又再一次提醒自己，千萬不能依賴昔日作業，永遠要重新審視證據。新的分析師輕鬆就能用該精液痕跡建立DNA定序，我簡直欣喜若狂，確信就要破案了。該定序上傳至DNA整合索引系統（CODIS），這是由FBI建立的當地政府、州政府、聯邦政府罪犯DNA定序資料庫。CODIS搜查比對需要時間，我忙著其他工作，將辛西雅一案儲存在腦中的獨立區塊。

又隔了幾週，某天我走進實驗室，頂尖分析師戴夫．斯多克威爾（Dave Stockwell）叫我過去。

斯多克威爾說：「嘿，保羅，辛西雅案有線索了。」

你知道大家說的那種心沉到胃裡的感覺嗎？那感覺很糟，好似賀爾蒙急流與神經傳導物質肆虐體內，心跳狂飆，面色漲紅，我問道：「是誰？」斯多克威爾一定很愛看我侷促不安，他離開座位，走到印表機旁，拿了張紙交給我，紙上印著「查爾斯．傑克森（Charles Jackson）」。不是小菲利普？怎麼可能？殺了辛西雅的人怎麼可能不是小菲利普？辛西雅一案就刻著小菲利普的名字，冷酷無情、殘忍無道、在他的地盤上。怎麼可能每位調查員都下了同樣錯誤的結論？怎麼可能這明擺的事實只是錯誤？我怎麼可能錯得這麼離譜？

我還要再來一杯，謝謝。

小查爾斯．傑克森（Charles Junior Jackson），這個名字怎麼這麼耳熟？傑克森又名東灣屠夫，開著又舊又破的卡車四處打零工維生，至今犯罪紀錄包括竊盜、強暴、攻擊、猥褻兒童，才假釋一個月就殺了辛西雅。一九八二年，辛西雅死後四年，傑克森先姦後殺一名康郡女子，被判有罪，終身監禁。本郡在一九七五年至一九八二年間另有七起女性凶殺、一起男性凶殺，自那時起，大家都認為與傑克森有關。真的很離奇，惡名昭彰的連環殺手出沒於辛西雅遇害地的一個街區內，但另一位連環殺手只是路過就下了毒手。辛西雅是傑克森殺害的唯一一名孩童，至少就我們所知是如此。我聽聞關在弗爾森監獄的傑克森最近死於心臟病，感到沮喪不已。辛西雅家人唯一能獲得的正義，只有法院在得知凶手身分後的判決。

我重整情緒，繼續前進。

我手上還在調查其他懸案的線索，幾個月前，羅克姍答應幫忙查看阿米達一案，來電用沙啞的布隆克斯口音說道：「嘿，保羅，我看了一下案子，戴瑞爾·坎普（Darryl Kemp）看起來有點意思。」

我記得坎普，他在案發兩週後接受訊問，逮捕原因是偷窺附近住戶。假釋官告訴調查員這名假釋性侵殺人凶手值得調查，但是坎普女友（監獄筆友）說阿米達受害當日，他們整天都在一起。從報告可以看出調查員相信女友說詞，不再追查，但在此之前，刑事偵查員約翰·帕蒂（John Patty）謹慎行事，蒐集了坎普的頭髮，太有先見之明了。

我再次奔向財物扣押室，翻找所有紙箱，直到看見一箱寫著坎普，幾綹頭髮好好裝在紙袋內。我把頭髮轉交給ＤＮＡ分析師，看看是否能建立基因定序，定序結果符合阿米達指甲下的那滴血。懸案破解。

我等不及告訴羅克姍，她接起電話時，正坐在法庭外走廊，等著為另一起案件作證。我說：「戴瑞爾．坎普的DNA定序符合阿米達指甲下的血跡。」聽到那頭傳來法院的聲音。人在法院都得遵守一些禮儀，但羅克姍卻高聲呼喊：「幹，好爽！」

羅克姍查到坎普在德州某座監獄，因加重強暴罪入獄服刑。坎普曾是加州死囚，他在洛杉磯強暴殺害一名護理師，但因加州最高法院推翻死刑而逃過一死，坐了十八年的牢。他在一九七八年獲得假釋，四個月後，埋伏在慢跑路線，殺害阿米達。坎普隨後搬到德州，在一九八三年，他闖入六名大學生的分租房，強暴並悶死他們。現在坎普六十七歲。從十八歲起，他的人生中只有八年不在監獄裡，那幾年都是法官和假釋委員的仁慈恩典，就在假釋聽證即將到來時，阿米達凶殺案狠狠甩了他一巴掌。

二〇〇三年，坎普被引渡回康郡。法庭開審時坎普都在睡覺，又被判了死刑。在阿米達死亡前一週，加州剛好投票重啟死刑。坎普現年八十五歲，還在聖昆廷州立監獄坐牢，等待死刑執行，但他極可能不會被處決。

小菲利普七十四歲，還在加州男子監獄服刑，每次假釋聽證都遭駁回。小菲利普和筆友結婚，在獄中幫助太太養育兩名孩童。

這趟小菲利普離奇旅程替我上了重要的一課，當初為了要關他一輩子，但卻無心插柳，免除了兩起凶殺嫌疑。教訓：只要有人查，就有機會破案，即便和當初的目標不同。

不能多定一條凶殺罪在小菲利普身上，我很失落，起先我一如既往，得不到預期結果時總會懷疑自己。不過，我開始思考：「等等，難道這一切都是為了抓到壞人？」沒錯，只要抓對人的話。辛西雅一案的結局出乎意料，但戴瑞爾．坎普此生不會再獲得假釋，家屬永遠不用再看見那張臉。而且，那是真相，我做的一切都是為了讓案情真相大白。若是如此，我還能接受。

15. 追查東區強暴魔新進展

那是二〇〇一年，距我建立東區強暴魔DNA定序已時隔四年。我和橘郡刑事偵查員洪瑪麗比對南加州連環殺手筆記，已經過了四年。

我們發現EAR和他們的人有相似之處，那人又叫暗夜尾行者（Original Nightstalker，簡稱ONS）。兩者活躍時間相近，都想強暴女性，都趁男女熟睡時攻擊。不過，我更加看重相異之處：EAR是連環強暴犯，特徵是在受害者背上放碗盤，ONS沒有這麼做；ONS連續犯下多起強暴，也會拿重物打死男女。

那時沒有任何線索能說服我說：「噢！是同一人！」我需要挖得更深入，找到可能的連結，但某些調查ONS的單位常讓我吃閉門羹。洪瑪麗建立的DNA定序用的是橘郡精密設備，和我用基本檢測法建立的定序無法相容。眼前已無路可走，再花時間追一位多年前便停止攻擊的強暴犯，實在說不過去。特別是我從匹茲堡諾瑞爾等性工作者凶殺案推斷，我們要逮捕的是正在四處行凶的連環殺手。如果我對這些案件的推論正確（至少某幾案是同一人下手），凶手威脅了公共安全，必須優先處理。

我向洪瑪麗保證，只要實驗室技術一更新，我就會聯絡她。這一等就是四年，但我們總算能夠做標準化STR DNA檢驗。我們收到聯邦政府刑事司法規劃部門的獎勵金，可以發展DNA定序技術，供FBI的新興CODIS計畫使用（全國罪犯與懸案DNA定序資料庫），獎勵金額雖然不多，但足以拉高預算，可以用在懸案破解，也能更新DNA檢驗程序。

我們一群人站在艾斯科巴爾街實驗室的走廊上腦力激盪，思考能為懸案申請哪些獎勵金。我那陣子沒有關注東區強暴魔，因為案子在一九九七年就進了死胡同，但那天我的腦袋卻突然蹦出一個想法：「噢對了！可以用來檢測EAR嗎？」我們開始討論，EAR案件都不是凶殺案，所有強暴都超過法定追訴期，即便可以指認出EAR，也無法起訴。於是我問道：「真的可以把錢花在沒有出路的案子上嗎？」

性格古怪的DNA分析師斯多克威爾不太支持這個想法，他總是循規蹈矩。他說道：「我不太確定那件案子符合獎勵金的宗旨。」我明白他有所保留，但我老闆謝爾頓反駁道：「不，我們應該做。要是有人有意見，都算我的。」因此我又重回EAR案件了。

我派斯多克威爾重新分析一九九七年我做的三件EAR案DNA定序，現在有新技術，可以建立現代定序。斯多克威爾是名聰慧的鑑識科學家，兩年前從南加州聖伯納迪諾郡警局刑事鑑識實驗室調過來，是我們實驗室轉用最新DNA技術的主要推手。如果詢問他任何問題，他會不停反問，直到你得到答案。

斯多克威爾著手忙碌EAR案件，使用最新的STR檢驗，回報三起案件的STR定序一致。雖然對這個結果早有預期，但又更加肯定了，因為比起我建立的老舊定序，STR的鑑別能力更加精準。基於盡職調查，我要斯多克威爾聯絡洪瑪麗，終於能比較EAR、ONS兩人的DNA，結束這個回合。每次調查都必須採取一些步驟、檢查項目，才能前往下一關，而比較橘郡的DNA定序就是代辦清單上必須劃掉的項目，這是尋找EAR身分的漫漫長路上必須剔除的另一個細節。

斯多克威爾縮回實驗室，聽命行事，我則像平常一樣批閱實驗室報告。當天下午，我從辦公桌抬起頭，斯多克威爾就站在辦公室門內，說道：「我打給洪瑪麗了。」語氣的熱情程度大概就如同告知今日特餐，接著他說：「定序相符。」

我目瞪口呆，不可置信道：「什麼？」

他再說一次：「定序相符，她有四件凶殺案的定序都和我們的EAR一致，百分之百。」

斯多克威爾從不激動，對他而言，這不過是又一起要寫報告的案子，寫完了就開始下一起。對我而言，此刻我終於迎來畢生著迷於連環殺手的高潮，EAR從性侵犯演進成殺人犯簡直是教科書範例。

我又坐在那兒一分鐘，太過震驚而無法移動。好不容易回神後，我抓起電話打給洪瑪麗，劈頭問道：「瑪麗，定序相符？」

洪瑪麗同樣激動，替我轉接橘郡警局主任警探賴瑞．普爾（Larry Pool）。普爾平常和我一樣理性冷靜，但那次可以聽出他的聲音中摻著興奮。普爾簡短說明ONS案件，除了DNA證明的四起凶殺，他也懷疑另外兩起攻擊的凶手是ONS。其中一案的男女逃過一劫，調查員得以詢問攻擊細節，依其所述，簡直寫滿了EAR的名字。

戈利塔（Goleta）社區位在南加州的聖塔巴巴拉郡，完全融入這一區。戈利塔直到一九五〇年代都還覆蓋著農作物，如今已蛻變為航空、國防技術產業中心，帶動房市蓬勃發展，吸引大批青年才俊入住。戈利塔又名良善之地，其來有自。山岳淺淺染上藍色，岩石峭壁野花綻放，加州南太平洋海岸在眼前展開。夏季氣溫宜人，在攝氏二十度左右；冬季迎來帝王斑蝶，飛抵蝴蝶保留區。

一九七九年十月一日，這個天堂被驚動了。一名蒙面男子闖入戈利塔安妮女王巷（Queen Ann Lane）的民宅，站在床腳，床上有一對男女正熟睡著。凌晨兩點，房內一片漆黑，除了一道手電筒光芒刺向他們的眼睛。兩人都是二十三歲，是專業電腦程式設計師，住在這裡兩年，鄰居都是中上階級。截至那晚，社區零犯罪。

男子踢了床，女人先醒來，接著男友張開雙眼，手電筒的燈光閃瞎了他的眼。男子用偽聲說道：「別動，混帳，不然就殺了你。」

「翻身趴下。我要錢。」

兩人照做。

男子命令：「把他綁起來。」並丟了幾條尼龍雙層編織繩給女人。

女人顫抖著手，綁住男友的手腕和腳踝，一開始綁得鬆鬆的。

「綁緊，不然就殺了你！」

女人聽命照做，想必她的人生跑馬燈閃過眼前。

下一個輪到女人，男子把她的雙手綁在背後，再綁住腳踝。固定好女人後，男子在屋內亂逛，翻找衣櫃抽屜。

男子走回臥房咆哮：「錢在哪啊？敢動一下試試看，他媽的。」

女人回答，她和男友的錢包放在廚房的工作臺上。男子將她的雙腳鬆綁，猛然將她拉下床。男子表示，他們要一起去廚房。

男子帶著女人走進客廳，把她推倒在地，離咖啡桌不遠，並重新綁住她的腳踝，說道：「轉身，臉朝上。」我要被強暴了，女人心想。男子又一次離開客廳，在屋內亂逛，回來時，手裡拿著女人的網球短褲，並套在女人頭上。不過女人還是看得很清楚，看到男子用手電筒掃過自己身體，然後跪在她左肩側說：「現在我要殺了你。割斷你的喉嚨。」接著離去。

女人心懷恐懼，聽著男人在廚房翻找，接著在走廊踱步，說著：「我會殺了他們。我會殺了他們。我會殺了他們。」好幾十次。

女人決定逃命，反正都快死了，至少得試著逃跑一次。男子走到附近時，女人擺動雙腳，掙脫束縛，衝出前門，驚聲尖叫。男友依然光著身子，身在臥室床上，被綁了起來。他成功滑下床，跳出玻璃落地門，進入後院。男友看到手電筒光束朝自己的方向照來，便壓低身體，藏在橘子樹後方，一動也不動，直到光線消失。

男子跑到前院，立刻追上正在尖叫的女人。女人的頭被罩住，無法找到路，直接撞上房子側邊，萬分無助。男子推倒女人，令其雙膝落地，拽著她的頭，把拇指塞入她的嘴，拿刀抵著她的喉嚨，咬牙切齒地說道：「就叫你安靜。」便拉著女人回到屋內。

FBI探員史丹．洛斯（Stan Los）和太太被外頭的驚叫聲驚醒。太太坐起身問：「那是什麼聲音？」洛斯無法看到鄰居屋內的動靜，樹叢隔開了兩戶人家，但不論發生了什麼，事態都很嚴重，這點不容置疑。洛斯打給郡警局求助，套上衣服，給太太一把槍，說道：「我離開之後鎖上門。除非我回來，不然別開門。」洛斯探員帶著自己的手槍走出門，看到一名男子騎著腳踏車離開車道。「嘿！」洛斯喊道。男子加速離去，俯身用力踩踏板。等到洛斯發動車子，開始追逐，男子早就騎了好長一段距離，洛斯看到十段速腳踏車的紅色反光片，反射著車頭燈光，男子棄車逃跑，消失在房子之間，無影無蹤。腳踏車是從附近住宅區偷來的，車主是一名假釋官，對此毫不知情。

探員返家的同時，郡警局員警正好抵達。裸身的女人跑上自家車道朝他們而來。女人的雙手還綁在身後，不停尖叫高喊道：「他們殺了他！他們殺了他！」她確信男友已死。洛斯和郡警局員警搜索房子，沿著車道走向木柵門前往後院，洛斯呼喊男人的名字說：「是我，你的鄰居史丹。我和副警長在一起。」他們用手電筒從院子的一端照到另一端。

男友還躲在橘子樹後方，出聲說道：「照一下他的警徽。」

這對情侶幫不上多少忙，他們無法辨識入侵者。屋內一片黑，男子還戴著滑雪頭套，只能看出是名男性，他們說：「應該是白人，一百八十公分左右。」線索不足，但比起未來受害者能提供的，這已經算多了。EAR已經移往南方，但習性和ONS一樣：半夜驚魂、滑雪頭套、粗啞氣音、隔離男女並把男性綁在床上，再在男性背上放置碗盤。戈利塔攻擊可能是演練，或是他嘗試升級，只是還太笨拙，不過EAR已經準備好大開殺戒。兩個月後，距安妮女王巷攻擊不到半哩，連環強暴犯成功蛻變為連環殺手。一九七九年十二月某日清晨，EAR闖入骨外科醫生羅伯特．奧佛曼（Robert Offerman）家，重擊奧佛曼醫生和黛博拉．曼寧（Debra Manning）心理師致死，兩人最近才開始約會，現在卻陳屍在公寓臥房裡。接下來的受害者無一倖免，沒人能述說事發經過。

二〇〇一年，每家報紙頭條都報導「東區強暴魔就是暗夜尾行者」。《沙加緬度蜜蜂報》寫道：「一九七六年至一九七八年間，他挾持了沙加緬度東部：女性害怕夜幕降臨，男性待在家也緊張兮兮……現在，一名康郡刑事偵查員取出架上陳放已久的DNA證據，串起了南加州幾起凶殺——一九七九年至一九八六年，在橘郡、聖塔巴巴拉郡、文圖拉郡（Ventura），分別發生四對情侶、兩名女人的兇殺案。」

禽獸一般的凶手有了新名字「EARONS」，史上犯案最多、心最狠毒的連環殺手。

我收拾所有檔案資料、證據、其他資料，打包運至橘郡給普爾。我告訴普爾我會盡力幫忙，變成從旁協助的角色。現在這是橘郡的球賽了。普爾手頭的凶殺案沒有法定追訴期，但在二〇〇一年三月那天之前，他和其他南加州調查員追的只是鬼影子。受害者全數喪命，唯一的線索就是戈利塔情侶的模糊描述。現在多了北加州的五十起案件，受害者一一提供凶手特徵細節，例如體型、話語、行為、短小的陰莖，還有一份嫌犯名單，多年來EAR專案小組編列了眾多名字。普爾握有一切資訊，可以交叉比對他們自己的凶殺案，或許EAR案件資料中的某個名字會是他嫌犯清單中的一人。

我相信橘郡會抓到人破案。至少我還有所貢獻，我一邊這樣想著，一邊不情不願地把EAR逐出腦海，迎接下一個挑戰。

16. 驗屍

二〇〇三年四月

今天是週二繳稅日[8]，我抬頭看到賈柯梅利站在艾斯科巴爾街實驗室的前臺。只看到半個小隊很奇怪，我總是一次看到兩個人。

我走向前臺，賈柯梅利問：「兄弟，過得好嗎？」他摘下墨鏡，露出微笑。

「很好。兄弟，我能幫什麼忙？」

賈柯梅利告訴我，康納特的媽媽突然過世了，因此那天他只能獨自辦一件大案，來訪是為了請我幫忙調查。四年了，從匹茲堡凶殺案認識康納特和賈柯梅利以來，我有幸能被接納，成為他們的電燈泡。我們是如此不同（含蓄內向的懸案愛好者對上膽大無畏的超級警探），但又存在人與人之間無法言喻的化學作用。他們的調查才幹令我大為折服，而在

8　四月十五日，美國人繳交所得稅的日子。

凶殺鑑識方面，他們都聽從我的意見。「天殺的，霍爾斯。我們只是在街上混的警察。把我們當成幼稚園兒童，再說得更簡單一點。」康納特老是這麼說。

兩位「街頭警察」願意教我如何辦案，我當然要把握機會。他們會帶我到危險區域，讓我目睹調查工作骯髒的一面，每回都像上一堂凶殺調查技巧大師班，同時欣賞一場喜劇相聲。不管三更半夜，只要一有機會，我就會溜出實驗室，坐上他們的車——沒錯，我蹺班。康納特開著一臺黑色轎車，車窗全黑，賈柯梅利坐在副駕。想像《福祿雙霸天》[9]兩兄弟穿著黑西裝坐在前座，而我弓著身在後座，就像他們的小老弟。

他們老愛「惹毛我」，這是康納特的說法。有天，我們重建完凶殺現場，回程路上，康納特講故事講得正起勁，我聽他說到一半，他卻突然回頭，就在繁忙的威柳路（Willow Pass Road）中央來了個瘋狂的急轉彎，朝反方向前進。我坐在後座，像隻搖頭娃娃。康納特右轉進側邊一條街，開到人行道邊上，一名女子倚著電線桿，顯然在等恩客上門。康納特從墨鏡上方看著後照鏡，問道：「認得她嗎？」賈柯梅利點點頭，搖下車窗說：「嘿，亞曼達！我們在找人，有沒有聽過保羅．霍爾斯？」我縮進後座。女人雙眼半開，目光茫然，答道：「呃……沒。」賈柯梅利說：「如果遇到，告訴他，我們在找他。」接著康納

9 The Blues Brothers，美國音樂喜劇片，由約翰．蘭迪斯執導，喜劇演員丹．艾克洛德及約翰．貝魯西等主演。

特開車離去。他們笑得開懷，但我滿腦子都是我的名字在街頭傳開了，匹茲堡警察局正在找這名恩客。我說：「混帳東西，你們幹了什麼好事！」

康納特回道：「抱歉，帥哥。」

我的大部分工作在實驗室或辦公桌前就能完成，但康納特和賈柯梅利必須在外奔走，深入禁忌鄰里，從寬處置以便與危險重罪犯和性工作者交換訊息。這是真實版凶殺組警察執勤巡邏。我像膠水一樣黏著不放，看他們怎麼與人建立關係，民眾又如何回應。兩人技巧嫻熟，輕易贏得信任、獲得訊息，就連從事非法活動、不大適合與警方交談的人也不例外。調查策略很重要，他們親自展示調查員與線民的互動會如何影響案件。與人交談時，必須把對方當作人，而不是動物，收獲自然遠遠高出那些隨處可見的自大員警。必要時，兩人也可以耍狠嚇人，尤其是康納特，不過他們初打照面時，不論對象是性工作者、幫派老大或殺手，都客氣不失禮。

每次和他們外出，都是一趟教育之旅，我從他們多次出生入死的故事中學習，如何處理暴力衝突、棘手難題。即便在最艱難的情境下，他們還是可以照常行事。賈柯梅利天生適合扮演好警察，康納特則擅長扮演壞警察，兩人角色也能隨時互換，他們總能一搭一唱，令人坦白的機率之高，羨煞眾人。我不像他們一樣身處戰壕，但看著他們善用各自性格，我很快發現我的變色龍特質很適合調查懸案。我沒辦法走向真正的黑幫老大，用黑道的方式說幫派語言，但我可以讓戒心最重的受害者敞開心房，告訴我他們至今無法抹除的可怕創傷。這是我的優勢，我可以同理，讓受害者自在訴說故事，這些故事驅使我探查每件案子的蛛絲馬跡。

賈柯梅利來訪的那個週二，我知道他們剛接手爛攤子，正在收拾一起巡邏遇上的混亂事件。康納特先打給我簡短說明，接著就被叫走了。他說，一週前，日班接到來電報警，匹茲堡亞柏特大道（Abbott Avenue）一處民宅有一名男子重傷。巡邏員警抵達現場，發現二十一歲男性艾瑞克・路易斯・霍夫曼（Eric Louis Huffman）頭部大量出血，意識模糊。依照他妹妹的說法，艾瑞克來到她家門前就已經滿頭是血，不知道艾瑞克是怎麼來的，可能用走的，也可能遭丟包。艾瑞克說他在安提阿克附近被打，便跟著妹妹進屋，隨即倒在沙發上。

康納特和賈柯梅利收到呼叫，因為毆打重傷案就快變成凶殺案了。一天快要結束時，兩人正準備去健身房，警督走進辦公室說：「需要你們去一下這裡。有人報案，毆打傷害，但現在看來受害者快撐不下去了。」他們一到現場，就看到大門內站著一名巡邏員警，轉述妹妹講的故事。不必是福爾摩斯也知道故事不合邏輯，康納特說道。據說受害者步行到門口，頭部流血，可門外不見一滴血，康納特說：「沒有人可以走到前門，卻不滴下任何血。」但屋內客廳的沙發附近看起來像有人宰了一頭牛，不論發生什麼事，肯定是在房子裡。

重傷男子一息尚存時，醫院拍了頭顱X光片，認為頭部的傷不是毆打造成，而是有人射擊男子的眼睛。光這微小細節，便足以揭穿妹妹的故事。妹妹成為頭號嫌犯，或至少是幫凶。康納特和賈柯梅利帶她回市區詢問，希望激起她對哥哥的情感，但她根本沒有。她冷酷無情，還身懷六甲。「要嘛是你做的，要嘛你知道凶手是誰。」賈柯梅利說。她說哥哥說的就是她知道的一切，語帶嘲諷。發現警探不買帳，她就抱著肚子宣稱要生了。真聰明。詢問就這樣結束。康納特打到前臺說：「叫救護車。」證據不足，無法申請逮捕令。

康納特認為，若要證明凶殺發生在屋內，唯一的方法便是重建犯罪現場，於是來問我是否能做。重建目的是為了顯示前門缺少血跡，我提供專業意見：哥哥是在沙發附近遭到殺害。如此一來大大縮小嫌犯範圍，調查員有相當理由可以逮捕妹妹，促使她據實以告。

隔天早上，兩人小組在匹茲堡辦公室規劃接下來的步驟時，康納特爸爸來電。

他爸爸說：「媽媽過世了。」康納特當場陷入混亂，他媽媽病了好一陣子，但死亡猝然而來。

賈柯梅利問道：「怎麼了？」

康納特喃喃：「我媽。」他忍住淚水，不可置信地說道：「她走了。」

康納特生長在緊密、親近的義大利家庭，他是媽媽自豪的兒子與開心果，每天都會回家看媽媽，但最近工作太忙，昨天沒能回家一趟。現在媽媽走了，康納特悲慟難耐。而賈柯梅利就像派翠夏・康納特（Patricia Conaty）的兒了，每次相見都給予派翠夏滿滿的關注，也會在康納特家族聚會時與派翠夏共舞。

賈柯梅利對搭檔下令：「快去！去做你該做的事。」

賈柯梅利來的時候，腋下夾著一疊犯罪現場照，一字擺開在我面前的櫃檯上。他已經和屋主談好，要重返現場再次調查，也安排刑事偵查員帶著精密設備蒐證，畢竟第一次蒐證或有缺漏。第一次搜查過後，房子已經洗刷乾淨，沒有任何血跡，現場原狀只剩照片，但不夠清晰，無法分辨血跡是否為槍擊導致的反向噴濺。已經消失的事物要怎麼重建？賈柯梅利接著問：「可以用發光胺（Luminol）嗎？」發光胺可用來檢測犯罪現場看不見的血跡，會顯示殘留的血紅素，即使洗刷過後許久。

我說：「可以，但我要先徹底做一次影像搜查，再來決定是否噴灑發光胺。我們需要好好拍下所有可見的血痕。」

賈柯梅利點點頭，說他接下來要去那間房子，和匹茲堡犯罪現場調查員碰頭。地方單位的調查員通常只負責技術挑戰不高的案子。

我說：「到了跟我說一聲，我們可以想想下一步。」

賈柯梅利把照片塞好，伸出大大的手掌與我相握。

我說：「加油！」

賈柯梅利做了招牌的點頭，微笑，戴上墨鏡，然後離去。

「有名弟兄殉職了。」中午時，我的老闆打來說有名員警遭射殺，現場需要一名刑事偵查員，接著報上地址：匹茲堡亞柏特大道。不，拜託不要。我問：「是哪位員警？」老闆說：「賈柯梅利。」

世界停止了。

賈柯梅利前往現場，一如計畫，要和調查員碰頭，不過在附近加油站先遇到了屋主老厄爾・福斯特（Earl Foster Sr.），屋主把鑰匙交給他。調查員遲到了，賈柯梅利等得不耐煩，打電話請求支援。調度員回覆：「在路上。」支援人員只差一個街區，但因另一通請求而轉頭。比起等待，賈柯梅利決定先隻身進去。在他的印象中，房子空無一人。屋內悄然無聲，他從客廳沿著走廊朝臥室前進。凶手就躲在臥室門後。賈柯梅利根本沒有機會逃跑，他遭人埋伏，正面中槍。賈柯梅利倒地，凶手跨站其上，繼續開槍，直到確認人已死透。埋伏，處決。他根本沒機會拔槍。

凶手是慣犯小厄爾・福斯特（Earl Foster Jr.），也就是屋主的兒子，正是上週在同一間房子內殺了艾瑞克・路易斯・霍夫曼的人。霍夫曼的妹妹是小福斯特的女友，為了掩飾男友罪行而撒了謊。人類總能織出糾纏不清的網。

康納特和家人正在花藝店為媽媽喪禮挑選花卉，卻接到夥伴殉職的消息。情緒崩潰的康納特在市區街道飆出時速一百哩，直抵亞柏特大道。但賈柯梅利的遺體不在那裡，先到場的員警已經將賈柯梅利運送至停屍間。

我比康納特早到，在屋內走了一圈，後面那間臥房血跡斑斑。賈柯梅利的牙齒被射出頭顱，散落在地上，混在彈殼之間。我派了經驗最老到的偵查員，確認他明白此案的重要性。我重新回到屋外，康納特正好抵達，他眼淚沒停過，整個人幾乎快崩塌，一遍又一遍問道：「發生了什麼事？」我們擁抱彼此。我知道賈柯梅利對他而言有多重要，因此無法想像他現在承受的痛楚。我好愛他們倆。

夜幕降臨，我必須離開了，另一起重大案件在等著我。我隔天一早得去停屍間處理蕾希・康納母子一案，但我人還在雲裡霧裡。

我完全不記得我那晚是怎麼開回家的。

全世界都在報導這則故事。代課老師蕾希健康貌美，懷孕八個月，於平安夜在莫德斯托（Modesto）自宅失蹤。她三十一歲的先生史考特是名肥料業務，告訴警方他最後一次見到妻子是在準備出門去柏克萊碼頭區釣魚前。不過，史考特有個祕密，那就是安柏・弗雷（Amber Frey），他在妻子失蹤前一個月才遇見的對象。史考特是頭號嫌犯。只是還有另一個盛行的理論，後來史考特的辯護律師也拿來使用：蕾希遛黃金獵犬時被綁架了，受人俘虜直到生下兒子（夫妻倆已命名為康納）。

賈柯梅利慘遭殺害前一天，四月十四日週一，蕾希腐爛的屍體被沖上東灣沿岸，她失蹤將滿四個月。八個月大的胎兒在一天前浮出海面，就在一哩遠的岩岸。初次解剖沒能解釋蕾希是怎麼死的，也不知道是何時死的。病理學家懷疑是勒斃或窒息，但屍體狀態太糟，根本無法確認，她的頸部以上消失，雙腿與兩隻前臂也不在了。

我建議請來鑑識人類學家艾莉森・蓋洛威（Alison Galloway）博士，我之前曾與她合作另一起艱難的凶殺案。或許蓋洛威博士能依據蕾希身上的海洋生物判斷死亡時間，假使能點出死亡時間，調查就能再推進一步。

四月十六日週三，我和蓋洛威博士在停屍間碰面，博士登記進入觀察室，驗屍官已經擺放好蕾希和康納，兩人一左一右放在解剖臺上。博士開始檢驗，我看到一列嚴肅哀戚的調查員魚貫走入相鄰的解剖室。*是賈柯梅利*，我心想。窗戶隔開兩室，窗簾大開，一覽無遺，賈柯梅利被推進來。參與陌生人解剖是一回事，但賈柯梅利是摯友，就是另一回事了。一週前，賈柯梅利和我才在停屍間處理案件，賈柯梅利要求病理學家和我發誓，絕對不會讓他被切開。

我站在那兒，回想那段對話，副檢察官鮑伯・霍爾（Bob Hole）朝我走來。霍爾和我們大家都合作密切。他說：「嘿，保羅。賈柯梅利身上有些東西怪怪的，你可以來一下嗎？」我走進去，看到賈柯梅利光著身子躺在驗屍臺上，接著我做了最擅長的事：劃分情緒，埋進腦袋深處，進入分析模式。檢驗賈柯梅利的傷時，全室一片死寂，匹茲堡警察局沒有人聊天，沒有黑色幽默。這實在太私人了，令人難以承受。我望進賈柯梅利的眼睛，同一雙眼眸昨天還熠熠生輝，現在沒有半點生氣。我還能聽見賈柯梅利的聲音：「博士，你要發誓絕對不會這樣對我。」我用盡氣力忍住不哭。

蕾希康納母子一案因蓋洛威博士的發現而有了進展。博士從蕾希身上找不到任何東西，但康納的身軀揭露了故事。胎兒並未在蕾希死前出生，博士說，事實上，胎兒受到子宮的保護，身軀狀態比起媽媽好太多了，可以從康納的腿骨推斷死亡日期。康納在十二月二十四日死亡，就在同一日，蕾希失蹤。

史考特殺害妻子，丟入舊金山灣。蕾希沉了四個月，腹中胎兒才與之分離，孤伶伶地被沖上岸。

17. 改變

二〇〇四年

羅麗和我已經分開六年。雪麗和我則是分分合合，分開的時候是因為雪麗決定和其他人約會，由於我極其猶豫不決，無法許下承諾，而這樣的時候有很多。

家庭破裂的罪惡感在這兩年有減輕一些。兩年前的某天，我去探望小孩，發現車道上停了一輛紅色貨卡。羅麗說：「這位是吉姆，教會的朋友。」我心生嫉妒，自己也很意外。難道是因為我感到受威脅，另一名男人會花時間與我的孩子相處，而我則退為背景？或只是單純自尊受創？羅麗最不能接受的就是我離開教會，現在她獲得一直想要的（而我永遠無法成為的）：一位同樣虔誠的伴侶。

隨著時間流逝，我離宗教這一概念卻越來越遠。我生長在嚴格的天主教家庭，雙親信仰堅定不移，我卻從未成為信徒。

從小到大，我每週日都要望彌撒，參加許多儀式，告解、教理問答、堅振聖事等，但我從未理解過宗教。我對教會的記憶都是和弟弟戴福打鬧取樂，爸爸伸手越過長木椅，比出「別鬧了！」的手勢。升上高中後，教會週六晚間也開始舉行彌撒，這是件好事，因為結束後我們全家會在外面吃晚餐，戴福和我可以選擇餐廳。心裡期待著美食，講道都變得好聽了。我一學會開車，爸媽便允許我自己去彌撒，我也老是故意錯開彌撒時間。爸媽看著虔誠的天主教兒子開出車道，卻不知道這個虔誠的兒子總是蹺掉彌撒，走到墓園亂逛，想著墓碑上的名字經歷了哪些遭遇。看到特別年輕的照片，還會為其早逝而哀傷。

我並非對天主的創造毫不驚嘆，只是不免會懷疑未經證明的事。對我而言，比起歷史紀錄，創世記讀起來更像科幻小說。中學時期，我沉迷於考古學，會在圖書館找考古探險書，讀考古學家企圖發掘挪亞方舟的故事。至今無人能發現方舟，我覺得太不合理了，大到足以容納上千隻動物的船，怎麼可能沒有留下任何痕跡呢？每當我用方舟故事為例，說明為何我還有疑惑，羅麗總是生氣道：「信仰就是你必須相信。」和我父母說的一樣，而我總是回道：「看到證據，我就會相信。」

這份工作加深了我對聖經的懷疑。二十多年來目睹之悲劇慘狀，令我對全知全能、仁慈的神越加不屑一顧。在解剖室裡，蕾希和康納並躺著，蕾希本來可以慶祝兒子的誕生；安提阿克小女孩的性命斷送在她們敬愛的爸爸手中；十一歲的辛西雅遭連環殺手強暴且勒斃，那傢伙根本就不該出獄。有時我開車離開痛苦難耐的現場，發現我會反問自己，我應該要相信的神怎麼會允許這種事發生？

對於宗教，我和雪麗有相同的看法。我不信教，她完全不覺得有問題。雪麗是科學家，相信的都是驗證過的事實和證據，家裡也沒有宗教信仰，不參與猶太教活動，也不在意獨立思考可能招來閒言閒語。宗教是激盪腦力的討論，人人都該參與。雪麗不會以特定的信仰看待人生，這為我開啟了新世界，得以放鬆。

我已經快要四十歲了，終於可以自由自在做自己。談論案件時不用擔心雪麗會厭煩，想要的話，吃晚餐還可以配酒。我們晚餐常在外頭吃，總是大聊特聊精子和血液，鄰桌會投以異樣的眼光，但談論精子、血液，就如同大家聊政治、談藝術。我懂為何我們倆在餐廳時旁人會豎起耳朵。有天晚上，我們在外吃飯，正討論一起凶殺，這案子與匹茲堡性工作者凶殺案有關。知名性工作者克莉絲汀．哈伯德（Christine Hubbard）頭部中兩槍，屍體被丟棄在匹茲堡某垃圾場的車道上，那區正是五年前我們發現其他性工作者的地方。屍體被發現前的四十五分鐘，還有人目擊克莉絲汀。雪麗受派採集克莉絲汀被性侵的證據，興奮地分享她的發現：「我有採到口腔精液，精蟲還有尾巴呢！」

我說：「所以，她可能替殺手口交，不然就是她幫恩客口交，隨後慘遭丟包、殺害。」

雪麗很挫敗，說道：「我採集的量還不夠做DNA分析。」

我回道：「你得回去停屍間，在她嘴巴多刷幾根拭子。」

我們怎麼能怪隔壁桌的情侶要求換位呢？

在雪麗身旁，我不再覺得自己是個騙子，心情輕鬆，懷有希望。羅麗和我二十五歲時，已經有兩個孩子了，生活充滿義務和責任。從在家和父母同住，到擁有自己的家庭，中間沒有時間真正認識自己。離婚之後，我發現自己需要時間獨處。如果我想騎登山車探索越野道路，我就會去做。如果我想開吉普車沿著皮斯摩海灘（Pismo Beach）兜風，我也能去做。雪麗鼓勵我享受獨處，她也十分享受獨處。我們雖然在一起，但彼此獨立，這感覺就對了。

從戀情一開始，我就覺得雪麗是夢寐以求的靈魂伴侶，但我不急著進入另一段婚姻。和羅麗離婚之後，有時候探訪小孩，我會想：這才是我該在的地方。我甚至沒有真的搞懂過，我是純粹因為孩子缺少父親陪伴而感到罪惡？還是一直刻意不讓雪麗靠得更近？離婚之後，我讓生活牽著鼻子走，坦白說，我對一切都很滿意。有好長一段時間，我就是沒辦法正式提出離婚。雪麗和我討論許多次，有次她問：「為什麼？」我結結巴巴說不出答案，她跟我說算了，當作她沒問。雪麗決定申請郡警局職缺，得在警校受訓六個月。我們分手，雪麗離去。我知道警校的狀態，畢竟我也待過。學生都擠在一起，常常安慰彼此。許多夜晚，在髒亂的套房裡，我躺在空氣床墊上，睜著雙眼，想著雪麗在做什麼、身旁有誰。那段時光難熬，但也是徵兆，我需要走出舒適圈。羅麗和我同意提交離婚申請書，很幸運地，雪麗沒有找到別的人，在警校結訓後又接受了我。

我公開和雪麗的關係，是時候讓孩子見見她了，這一步很重要。這場重要會面選在連鎖餐廳福德魯克斯漢堡（Fuddruckers），就在我核桃溪仁所路上的那家購物商場裡。當時蕊內九歲，奈森六歲，年紀都太小，無法評判或提出尖銳的問題，例如：「你們是什麼時候認識的？」或「你們在一起多久了？」那餐值得紀念，蕊內假裝自己是隻狗，狼吞虎嚥地吃光整盤薯條，像狗一樣。沒錯，這就是我的女兒。想到雪麗沒有孩子，她其實應對得很好。雪麗配合每次的行程更改、會面日期的變動，體諒我無法在重要的日子陪伴她，例如生日或假日。小孩是我的第一優先。雪麗明白我對蕊內和奈森付出的心力，我不能只是他們生命中的訪客，不能就這樣錯過他們。我覺得雪麗在那段時間裡十分包容，經歷好幾年的猶豫不決，我們終於一起規劃未來。

羅麗也開始為規劃新生活，她賣掉瓦卡維爾的房子，在城裡買下另一間房，離我父母家只有幾哩，準備和吉姆（那位開紅色貨卡的朋友）結婚。我對此毫不知情，還以為能繼續像在舊家一樣行動，隨時去她的新家，待在客廳和小孩玩好幾個小時，但蘿麗態度堅決。教會的人告訴她，我不該繼續侵入她的新生活，尤其是現在她要和新伴侶從頭開始。某天我走進她家，一屁股坐在沙發上，羅麗果斷說道：「你不能再來我家，不能再在我家玩。你為什麼不帶小孩去公園玩？去餐廳吃飯？你爸媽住得這麼近，不能去他們家嗎？」

我結結巴巴：「噢……呃……好。」這要求合情合理。是我太自私了，但我的內心還是受了傷，尤其是我忽然明白：「噢！我不能再做爸爸常做的事了。」從此我和小孩只在我老家碰面。偶爾我會帶他們到核桃溪的凌亂公寓套房，浴室發黴、家電故障，地毯上還有前房客貓咪的嘔吐痕跡。孩子們把空氣床墊當作彈跳床，跳出了一個洞，晚上我得先吹飽氣才能睡覺，如果半夜碰到地面醒來，還得再吹一次。

雪麗和我沒有同居，我有公寓套房，她則在馬丁尼茲買了房子，離工作地點不遠。除此之外，我們全心投入這場戀情。實驗室若有空檔，我們會坐在一起聊聊案件，或討論檢驗結果。我們一起開調查車到犯罪現場。如果能偷空，我們會去當地的登山步道走走，來趟拉斯維加斯小旅行，或者去海邊，只要能遠離工作都好。沒多久，同事開始竊竊私語。郡警局向來反對辦公室戀情，尤其反對監督職、管理職和下屬約會。在我們交往的四年中，我有三年是雪麗的上司。我們以為已經盡責保持工作專業，日常生活也很小心謹慎，但我們越親密，就越明白彼此分享的不只有實驗室。

所有對我們關係的猜測都在二〇〇四年某天傍晚獲得證實。那天我和小孩玩完，在返家路上突然決定去雪麗家，幾週前她才給了我鑰匙。屋內燈亮著，我覺得這代表我直接進去也沒關係，於是登上門廊，轉動鑰匙，開門進去。等聽到聲音時，我已經來不及偷偷溜走了。雪麗發現我走進客廳，喊了聲：「保羅！」所有人轉頭。幾名同事和太太正坐在一起閒聊。我漲紅了臉，結巴道：「噢。」各種理由閃過腦海：我只是下班路過、我們剛好被派去同一個現場。我覺得像頭困獸。雪麗請我坐下，大家又開始聊天，努力忽視房間裡的大象。雪麗依然鎮靜，但我絞著雙手，想盡辦法要擦掉上唇的汗而不引人注意。我沒有待太久，離開時試圖穩住腳步。自此之後，大家都知道了。隔天早上進辦公室，我感受到盯著我瞧的眼睛，雪麗則感受到冷漠。

這段戀情以非正式管道公諸於眾，有些同事開始憎恨我們，說我們打破規則，對其他人不公平。兩名刑事偵查員抱怨得特別厲害，說雪麗受到特別待遇。沒有人想與我為敵，雪麗因而成為箭靶，承受大家瞭然於心的臉色以及私下議論。有時雪麗會進來我的辦公室，關起門，因為看到有人滿臉不以為然或受到集體冷落而忍不住大哭。那段時光很難熬，雪麗感受尤深；而我就是做自己，依舊逃避衝突，只管埋頭工作。非禮勿聽，非禮勿視。這些衝突害我起了蕁麻疹。

就在那時節，二〇〇四年二月，我做好準備要向雪麗求婚。我們已經認真交往兩年，而且覺得時機正好。**我們不如趁機結婚吧**，我心想。我們早就規劃好優勝美地旅行，在出發前，我先去了一趟核桃溪住處附近的珠寶店。抵達優勝美地時，天空飄著雪。我把鑽戒放進口袋，接著和雪麗一起走鏡湖步道。我覺得已經走了好幾個小時，卻沒有看到完美的求婚地點。突然，我們走進一處林間空地，我終於決定求婚，轉向雪麗，將手伸進口袋，問道：「你願意嫁給我嗎？」從來沒有人認為我浪漫，當然我也做過送花、準備驚喜晚餐等老把戲，但不是那種會租飛機在天空中寫字的情聖。「愛」這個字總是令我不自在，每每難以啟齒，一旦說出口，不是展露太沉重的承諾（成為自己的枷鎖），就是招來椎心刺骨的拒絕。

在這輩子裡，我說出「我愛你」的次數屈指可數，我就是沒有自信把自己推上前線。雪麗也同樣保留，仔細挑選她想要的時刻，不過倒是堅持求婚必須像模像樣。我站在那裡，在我顫抖、伸出的手中，鑽戒閃閃發光。雪麗看著我，勾起微笑，問道：「你不覺得最好要跪下？」我在雪中單膝下跪，重新求婚。雪麗答應求婚，我們繼續走上步道（我多了一個濕濕的膝蓋）。

回到辦公室，我做的第一件事就是告訴老闆凱倫求婚一事。我覺得先講比較好，尤其是雪麗回到實驗室時左手多了枚鑽戒。訂婚消息宣布之後，工作氣氛也沒有多大改善。我先是對空氣中的緊繃視而不見，直到再也無法忍受。就在同一個月，我在回辦公室的路上經過會議室，看到下屬聚在裡面，除了雪麗之外，所有人都在，凱倫坐在上座，沒有人邀請我。這絕不是好事，我心想。

會議結束後，凱倫走進我的辦公室，在對面坐下。從她一臉痛苦的表情，我知道她很擔心接下來的對話。她說：「大家覺得你對雪麗有特別待遇。」凱倫曾因雪麗和我在實驗室後頭聊天斥責過我。這回情況嚴重多了。我解釋，就我自己的觀點，我不僅沒有偏愛雪麗，甚至還更加嚴厲，就是為了避免有人覺得偏袒。我會在大半夜派雪麗去現場，根本沒人要去的現場；我指派沒人要做的實驗任務給雪麗。凱倫毫不動搖，還是要有原則。她說道：「我們必須把你們兩個分開。」這是上級的指示。

雪麗聽了只是聳聳肩，說：「該怎麼辦就怎麼辦吧。」但我知道她受傷了，很不開心。雪麗繼續在實驗室工作，我還是會指派工作，但她現在必須向城鎮另一頭的實驗室組長回報。我憤恨難平。我和屬下的關係總是良好友善，現在他們越級上報，彷彿有人從我背後捅刀。對於諷刺的言論和白眼，我都視而不見，以為流言蜚語自會褪去，時間會解決所有問題。顯然並非如此，而我的未婚妻正在受苦。我覺得遭到背叛。我希望自己可以回應那些抱怨，但職位迫使我閉嘴，只能咬緊牙關，埋頭工作。

二〇〇四年五月，雪麗和我結婚了，婚禮不大，由雪麗雙親主持，場地就在他們家附近的鄉村俱樂部。雪麗和我原先打算私下結婚，不過她父母反對，這是雪麗第一次踏入婚姻，他們想要好好舉辦。婚禮的規模不大，只邀了三十位左右至親好友。奈森穿上整套西裝，蕊內平時全身散發男孩子氣，居然同意穿上小禮服。和雪麗在一起，我覺得找到了真正的伴侶。對於接下來一起度過的人生，我興奮不已。我們從蜜月回來後，雪麗便開始找新工作。我們都認為這樣最好，不想要工作時還得承受旁人不斷檢視的壓力，即使我們做對所有事，總是會有人抱怨——這是我晉升管理職最先學到的其中一件事。不到一年，雪麗就在私人公司的DNA實驗室工作，還懷上了我們的第一個寶寶。

18. 小小的勝利

忽然有一刻，我意識到自己的天賦，我可以準確指出是哪起案件。二〇〇五年十月十五日，我前往一個凶殺現場，位在拉法葉（Lafayette）仕紳化山丘區的特別地區，核桃溪和迪亞布洛山盡收眼底。就算按照拉法葉標準，漢薩克峽谷路（Hunsaker Canyon Road）上的這座義大利別墅依然極盡奢華繁複。律師、電視名嘴丹尼爾・霍洛維茲（Daniel Horowitz）和電影製作人太太帕梅拉・維塔萊（Pamela Vitale）正在蓋自己的夢想之家，美夢卻以帕美拉的凶殺作結。這起凶殺讓社區陷入驚嚇，壞事不該在拉法葉發生。帕梅拉死狀淒慘，殺害方式太過殘暴，攻擊幾近癲狂。凶手把帕梅拉一陣毒打，在她的背上刻下狀似哥德式的符號。霍洛維茲回家便發現妻子慘遭毒打的遺體，那整天他都待在律師事務所為凶殺審理準備。房子施工期間，這對夫妻暫時住在拖車上，帕梅拉的遺體就在拖車門內。帕梅拉使盡全力反抗，家具東倒西歪，她想擊退凶手，直到凶手好不容易占了上風。帕梅拉倒地，暈眩又無助，凶手趁機重擊多次，猶如喪心病狂般過度攻擊。

站在拖車內，我可以看見整段過程在眼前上演。

凶殺調查初期階段，工作項目數量過多，很容易感到吃不消。第一天偵查員得記錄現場，蒐集並保存證據，還得按照一定順序，才不會影響其他證據。有很多事得做，也有很多風險。偵查員必須頭腦冷靜，還得會多工處理，因為無時無刻不被拉往各個方向，很容易分心，錯失關鍵線索。我們其中一名經驗較多的偵查員抵達大型現場時，會立刻陷入驚慌，低聲暗叫：「噢，幹！噢，幹！」還沒開始就怯場了。我跟著緊張踱步的他，說道：「把事情拆解成一小件一小件。」試圖讓他冷靜下來。

在同樣高壓的環境下，我依然自在，也學會把工作拆解，變成合乎邏輯、可以處理的步驟。很幸運地，我能具備現場重建和傷口病理專業知識，對工作大有助益。多數調查員遵循標準程序，不會花時間查看究竟發生了什麼，就離開現場四處奔走，追查目擊者和線索，根本還沒開始分析事發經過和犯案動機。很多時候調查員跟尋警探的領導，完全不會質疑證據是否和警探的理論相符。我總會退一步，花時間問自己：「這次現場顯露了什麼？我能從現場蒐集到哪些受害者和凶手的少量資訊呢？」

對帕梅拉案件，我運用實物證據和血跡的知識，再建立與死者傷處的關聯。案發過程就如電影在我眼前展開。帕梅拉和凶手初打照面。帕梅拉穿著T恤、內衣，因此我覺得凶手走進拖車嚇了她一跳。證據顯示接下來事情發展極為迅速。從每間房都有血手印、血痕看來，帕梅拉在拖車上四處移動，強力抵抗攻擊。她跑到前門，門卻上鎖了，門內側沾滿血手印，她差一點就能脫逃。防禦傷口顯示帕梅拉成功抵擋十數次重擊，腿上、手上都是傷，但最終還是死在門內。帕梅拉已經倒地，頭部才遭受重擊。我心想，等等，這傢伙（如果是男的）著實掙扎了一番才控制住場面。

我已經開始勾勒凶手的犯罪心理剖繪。凶手是男的比較合理，女人鮮少藉重擊奪人性命，而且這位凶手個子很可能偏矮。比起混亂的現場所暗示的時間，任何人只要比帕梅拉高大，肯定能更快控制場面。我告訴主任警探：「凶手一定沒有很強壯，絕對不是高大健壯的男性。」這雖然是我的推測，但依據的是實際情況和經驗。警探聽了只是聳聳肩，好似他完全沒想過這個可能，但這就是我會留著供日後使用的線索。

我請偵查員採集帕梅拉的腳底檢體時，也得到類似的回應。我看到帕梅拉的襪子有裂縫，當然可能只是穿戴磨損，但在我腦內重建的犯罪畫面（即我認為的案發經過）裡，帕梅拉拳打腳踢，反擊凶手，也因此襪子破洞，露出肌膚。若真是如此，凶手的血液或唾沫很可能就藏在那裡。ＤＮＡ。

這些旁枝末節的觀察才是偶爾能提供邊緣卻重要、得以呈現大局的拼圖。在那個時間點，我已經獲得多次小小勝利（我的預測和行動破解了許多凶殺案），足以學會信任直覺。

每次勝利，自信就增長一點。雪麗和實驗室其他同事都稱此為「福爾摩斯神力」。我被問了好多次：「你是怎麼想到的？」

工作十五年，我接觸不同鑑識領域，看過最複雜離奇的現場。如有不懂，就去研究學習。我總是在看書，被害者學、殺人特徵，或任何與我感興趣的犯罪有關的知識。我把一切都塞入心中的圖書館，有新案件或重訪舊案時，隨時可以調閱。康納特總說我腦中有個檔案櫃，檔案夾按字母順序排列，想看就看，隨心所欲。

最終，我還是必須承認自己擁有查案天賦，我天生就能理解事發的基本過程，知道犯案凶手的類型。我培養這項能力，除了運用科學、藝術，還有贊成或反駁直覺的本能。這樣的破案方式不符通例，而且也不是每回都能展現神力，但經常可用於檢視自己的思考過程。

儘管從帕梅拉腳上找到凶手DNA的希望渺茫，我還是願意一試。多年來，我學到許多，其中之一是絕不跳過任何步驟，尤其是直覺認為得做的時候。即使看似不會得到重要結果，偵查員永遠都得為受害者周全思考。多數偵查員的心態都是：只要超出既定程序，就不值得嘗試，耗費時間精力罷了。他們通常會對自己說：「我必須待在這條道路上。」有時候這麼做沒錯，但也畫地自限。我老早就決定，所有道路都可通行。即使孤立無援，我也要去證實理論是否正確，就算最後證明是錯的，那麼至少可以排除該理論，繼續確認下一個理論。

帕梅拉一案極其關鍵，我從中明白自己的觀察和眾人不同。我心想，自己理解案子的方式獨樹一幟。大家的觀察都不如我全面徹底，也不願深入調查。我重複強調：「你永遠不會知道，除非開始用心看。」

帕梅拉遇害後四天，一名青少年鄰居遭逮捕，被控凶殺。史考特．戴萊斯基（Scott Dyleski）即將過十七歲生日，矮小瘦弱，一百六十五公分，五十公斤，指甲塗成黑色，自我認同為哥德愛好者。他房間裡裝飾的畫作充滿暴力和死亡：男人抓著一顆人頭，握著血跡斑斑的刀子；一張臉孔，嘴巴以數個X字縫起；一個人穿著長外套，帶著刀，衣服上寫著：「槍枝不會殺人。我才會殺人。」戴萊斯基和朋友的對話同樣黑暗。提起帕梅拉凶殺案時（拉法葉人人都在談論），戴萊斯基猜測凶手選中帕梅拉，正因為她先生是知名人士。戴萊斯基說，如果要殺人，槍擊是最慈悲的方式，如果想造成痛苦，就得重擊毆打。戴萊斯基還吟誦童謠：「麗茲．波登（Lizzie Borden）拿起斧頭，砍了媽媽四十刀。看到自己做了什麼，又砍了爸爸四十一刀。」

戴萊斯基從文靜的孩子成為問題青少年，簡直變了一個人，但也沒那麼會製造麻煩，至少沒人認為他會殺了帕梅拉。他的媽媽、爸爸和朋友不認為。一名友人卻告訴警方，他覺得戴萊斯基有去那輛拖車。他們倆決定種大麻，上網購買栽種設備，還用偷來的信用卡付款。戴萊斯基覺得包裹送錯地方了，被送到帕梅拉家，所以才想過去拿。

之後發生了什麼都是推測。他去的時候就想殺人了嗎？戴萊斯基戴了手套。他打算性侵帕梅拉？搶劫？帕梅拉奮力反擊，事態一發不可收拾，戴萊斯基無法掌控帕梅拉，於是轉而重擊？

二〇〇六年九月六日，戴萊斯基被判一級謀殺罪，終身監禁不得假釋。得知結果後，我坐在辦公室裡，定了定心。我與該案的關係在現場調查當日便結束了，雖然時間不長，但我確信價值非凡。

戴萊斯基始終否認涉入帕梅拉凶殺案。二〇一七年，戴萊斯基請求法官減刑，說道：「我沒有殺害帕梅拉．維塔萊。她的死與我無關。」

不過，DNA可不會說謊。戴萊斯基的DNA就在帕梅拉的腳底。

19. 霍爾斯颶風

二〇〇九年，鑑識科長開缺，此行政職須管理七十二位員工和一千兩百萬的預算。上級鼓勵我申請，不過我回道：「沒興趣。」上回升職，我就明白坐辦公室不容易，要不是有幸獲得凱倫許可，我也不能用獎勵金來處理EAR案。我以為拒絕上級邀約已經避開子彈，沒想到高層下達指令，警長本人想要我申請，這下尷尬了，大老闆要我升職，若膽敢忤逆，會不利職涯發展。頂頭上司知道我還是不願意，決定換個方式說服，他說：「哎喲，保羅，就接下吧！你還可以繼續處理懸案。」聽到這句話，我怎麼可能不接受呢？我每個月都要支援羅麗和孩子的生活，而雪麗辭了工作，待在家照顧兩個小孩，我必須補足那份收入，升職不僅能加薪，還提供一條賺更多錢的途徑。機會初現時，我擔心接下工作會被困住，因為我得成為家人的支柱。現在頂頭上司開恩，我能繼續處理懸案，於是我明知山有虎，依然答應了。我說：「OK，我會去申請。」

因此，我又再次擔任管理職，負責改變實驗室基礎，達成擴編增長的目標。我得重寫職務說明、獲得最新設施、擺脫迂腐程序。我們一邊擴編實驗室，一邊卯足全力取得國際標準化組織認證（International Organization for Standardization，ISO）。取得認證既耗費精力又沉悶無聊。除了該項首要工作事項，還得不斷分頭應付郡警局和鑑識實驗室認證監管機關，兩方都認定自己才是首要優先對象。我每天都在處理行政瑣事、聽下屬抱怨、與官僚文化打交道，我稱之為提不起勁的工作。休生養息好一陣子，焦慮又再次發作。我上健身房運動或去馬丁尼茲山坡慢跑，試圖藉此消除沮喪。生活已經很悲慘了，我還生自己的氣，當初為何不聽從內心的聲音，不要接下這份工作就好？能繼續處理懸案的承諾是我唯一的救贖。然而，常言道得好，承諾的價值取決於承諾者。沒幾個月，用這個誘餌吸引我的上司因傷決定提早退休。

生命的運行總是充滿神祕。我才剛開始質疑新工作，近代歷史上最惡名昭彰的綁架案卻找上門來。我彷彿重獲新生。

一九九一年六月十日，潔西・杜加十一歲大，住在南太浩湖市外的偏遠社區，在走到公車站牌的路上遭人綁架。接下來十八年，全世界都想知道那名失蹤的小女孩後來究竟怎麼樣了。這段時間以來，潔西一直在我們眼皮底下生活，就住在康郡安提阿克的核桃大道

（Walnut Avenue），離她的老家只有一百七十哩。她生活在一幢房子後院，環境隱蔽，只有一堆帳篷和棚子，屋主則是綁匪、性罪犯菲利普．加里多及其太太南西。如此令人毛骨悚然的案件結合了所有史蒂芬金小說的元素。囚禁期間，潔西生了兩名女兒（都是加里多的孩子），在後院臨時搭建的住所撫養他們。直到加里多帶著潔西的女兒（當時一位十一歲、一位十五歲）參訪加州大學柏克萊分校，詢問如何能在校園舉辦宗教活動，潔西的行蹤才曝光。二〇〇九年八月底警方才破獲本案，執法單位社群感到不可置信（和萬分難堪），居然沒有人注意到潔西就在我們的轄區。

加里多是名奇怪的男人，高高瘦瘦，藍色大眼，雙頰凹陷，就像老蛆[10]一樣。加里多說自己成立了教會，並且宣稱神親自賜予了他神力。兩名機警的校園保全因其詭異舉止、神力言論和政府陰謀論而提高警覺。保全還特別觀察兩名奇異的女孩，她們皮膚灰白、眼神呆滯。一名保全回想，最小的孩子有點嚇人，雙眼好似能看透人的靈魂。保全查了一下加里多的身家背景，發現他有犯罪紀錄，曾因強暴坐牢，是名假釋出獄的性侵犯。保全聯繫假釋官，假釋官回覆：「加里多沒有女兒。」加里多獲令，隔天一早要前往假釋室，全家都出席了會議，加里多、太太南西、一名年紀較輕的女子（他們叫她艾莉莎，Alissa），以

10《阿達一族》的管家。

及那兩名女孩。二十九歲的艾莉莎最終證實為潔西，十八年前在南太浩湖市被綁架的那名十一歲女孩。這段故事成了世界頭條。

加里多是危險萬分的性侵罪犯。我懷疑他可能是某些懸案的凶手，於是展開調查。加里多絕對符合性虐待跟蹤狂的描述，地緣剖繪正好落在該工業區中心，就是莉莎．諾瑞爾的屍體被發現的地方，也是匹茲堡性工作者屍體被發現的地點。加里多經營印刷公司，與不厚道的汽車回收廠老闆往來密切，那幾名性工作者就是被棄屍在那間回收廠。一九七二年，加里多下藥迷姦一名十四歲少女，那回強暴多次，卻逃過刑罰，因為少女拒絕出庭指證加里多。四年後，加里多綁架並強暴一名二十一歲的女子，被判有罪。審判期間，法院下令精神科醫生評估其精神狀況，診斷顯示加里多長期濫用藥物，且性行為偏離常軌。加里多被判五十年有期徒刑，但只坐了十一年牢，就被釋放，轉給家鄉的假釋官，正是我們康郡。三年後，加里多誘拐潔西。

我打給康納特，告訴他，我想我們應該搜加里多的家，或許能找到證據，證明他和匹茲堡案件有關。FBI一清場，我們就申請搜索令。潔西和女兒的生活環境觸目驚心。他們就睡在幾頂篷帳底下和彈跳床上，擠在兩英畝土地後，就在後院後方，被高籬笆和灌木叢遮擋。院子看起來像垃圾場，有廢棄的車子，還有荒廢已久的馬廄。居住區域塞滿垃圾，衣物晾在摺疊椅上，食物容器就擺在衣櫃上方。地上挖個洞就是廁所，房子拉出來的電線提供唯一基本電力。待在那裡，我更加明白為何這麼久都沒人發現潔西和她女兒。藏掖之地躲過眾人目光。我的小兒子班和小女兒茱麗葉都還在蹣跚學步，我根本無法想像他們在這樣骯髒失控的環境奔跑。我禁不住想，可憐的潔西是怎麼辦到在破爛不堪的野營地養育兩名寶寶？（孩子的父親還是綁架她、強暴她的人）她沒有任何管路系統可用，而且一開始，她自己其實還只是個孩子。

站在這一切之中，我望向康納特。我未曾看過他啞口無言，但現在他一句話都說不出口。初次歷經這麼長的靜默，我們一言不發地站著，不敢相信正親眼目睹的失竊童年大悲劇。康納特和我都有女兒，我知道他也深有同感，無助又憤怒。最終他開口：「幹，這太讓人難以置信了。」他臉上顯露的厭惡完全等同我內心情緒。我們都在工作中遇過奸邪凶惡，但是加里多的墮落超乎尋常。

當晚我徹夜清醒，想要趕走不請自來的畫面，例如我的孩子被精神病態擄走。夜晚一直是我的敵人，這時段裡能讓我分心的事物太少，恐懼趁機加速運作。成為疑心病父母是我工作的副作用，而我才剛見識到每位家長的噩夢場景。無可否認，我過度保護孩子，只要在家，肯定寸步不離守著他們。除非在我的視線範圍內，小孩不能在後院玩。冰淇淋車？想都別想。戀童性侵犯總是想方設法待在兒童出沒之處。

這次的跨單位小組接下來幾週繼續待在加里多住所，搜遍區域內每吋土地。加里多肯定加害過其他人，如果我們可以證明他是任一懸案的凶手，那再好不過。我們剷平後院，只剩矮岩壁，帶著警犬、用透地雷達尋找人體殘骸。我們翻過每吋土壤，小組成員進進出出。我回家只為了睡覺。一切看似無處可藏時，我打開金屬垃圾桶，發現一大堆ＶＨＳ錄影帶，都是違法性交的圖證，日後會大大影響加里多的審判。我們還錯失了什麼？我心想。

我每天都會去該現場，直到老闆介入。

他說：「保羅，這不是你的工作。你是鑑識科長，現在是管理職。」

不難發現狀況越來越不利，允許我一邊工作、一邊調查懸案的那份承諾已不復在。現在我是管理職了，老闆沒說錯，我承諾要達成目標，於是我回去處理行政瑣事，撰寫報告。最終，加里多家的搜查沒有找到任何有助調查匹茲堡凶殺懸案的證據。不過，我還是在工作之餘調查不同懸案，而且老闆在另一棟大樓辦公，所以我還算夠獨立，可以任意使用實驗室。

二〇〇一年一月，新選拔的警長上任。我的老闆高升，兩年內我換了三位上司。新老闆是前實驗室同事，行政才能優秀。他和我的部下談論工作條件哪些可行、哪些不可行。我追尋懸案的名聲在實驗室人人皆知，他當然也知道，多年來我一直派發舊證據的ＤＮＡ檢驗。那時我還不了解，不是每個人都像我一樣熱衷破解懸案，他的部下向他抱怨工作過量、壓力極大。他們平常就有案件要處理，我還時常步入實驗室，滔滔不絕地講某件懸案，打斷他們的工作流程。他們幫我取了綽號：霍爾斯颶風。

挾著部下的抱怨，新老闆召喚我開視訊會議。他說：「你不能用懸案占滿實驗室。」隨即下令實驗室全面禁止調查懸案。我不知道他深思熟慮多久才做了這個決定？難道他沒有想過DNA技術越進步，越可能解決舊凶殺案？他是否從公共安全角度思考過解決懸案一事？危險的罪犯逃過一劫，其中幾位肯定就在你我之間，如同定時炸彈，某天絕對會想辦法滿足殺欲。但對他而言，沒有妥協的餘地。他斷定霍爾斯已經越界，不能再插手。

新老闆把我拉回現實，又過了幾個月，某單位找上我尋求協助。發生了好幾起戀物竊盜，一名罪犯明知屋內有人，依然決定闖入，這種行為轉變日後極可能越演越烈。該單位要求我們趕做一份DNA分析，協助他們趁早逮捕罪犯，避免有人傷亡。過去的我會立刻分析，但現在的我如履薄冰。急件通常只接受凶殺和性侵案件，這回兩者都不是，至少目前還不是。我把這項請求傳給新老闆，說：「這攸關公共安全。」他拒絕請求，因為不符合單位指導方針。

我心想，**我的未來不在這裡，官僚文化令人窒息**。我覺得這是職涯的轉折點，敲響了一記警鐘。二十年來的各種破案經驗讓我在犯罪調查的世界獨自發展成特殊混合體，凶殺科學還是我面臨的挑戰，但我也同時具備調查能力，光坐在辦公桌只是浪費才能，我去外頭到現場協助破解凶殺案會帶來更多效益。

我坐回辦公椅上，目光移到角落的金屬檔案櫃，看到底層抽屜標著「EAR」。自從我把案件交給橘郡的賴瑞．普爾，已經過了八年。當初我信心滿滿，橘郡遲早會逮捕EAR，因此EAR早就深埋在潛意識之中，上面堆滿其他凶殺案件。現在我想著，等等，**這案子還是沒破**。

才受長官斥責就要重拾懸案，風險很高。我還有家人要考量，還要負擔財務。我阻止自己起身靠近抽屜，盯著電腦螢幕上的攝影機鏡頭（之前用來和老闆開視訊會議），心想，**他不會正在監視我吧？如果我行動，他會知道嗎？**檔案櫃就在角落誘惑著我。我的手指敲著光亮的人造櫻桃木桌，念頭來回搖擺。一九九四年，我第一次在那間犯罪圖書館發現EAR檔案，我的野心只是身為鑑識科學家能幫上什麼忙。現在，調查過複雜的阿勃納西案、匹茲堡案，還逮捕了小菲利普，具備這些辦案技術，我想著自己還能有什麼貢獻。**我該這麼做嗎？**我邊思索，邊看向檔案櫃、電腦螢幕和盤據上方的攝影機。我站起身，離開辦公桌，又再次坐下。**不了。好啦。不了。最糟的情況是什麼？被開除。但如果……？**

如果可以破案呢？

管他去死！我起身，經過辦公桌，走到金屬檔案櫃前，拉開最底層的抽屜。

20. 重新調查東區強暴魔

二〇〇九年夏

我蟄伏在辦公室好幾週，重新熟習EAR檔案。那時期，我的職涯與人生裡都有諸多責任。我打算只在空檔處理EAR，不影響家庭時間與實驗室文書報告工時。不過資料細節實在太驚險刺激，我立刻感到自己被吸回案件裡，忍不住一起攻擊接著一起看下去。EAR疑似犯下至少五十起案件，自一九七六年起，直到十年縱慾犯罪結束為止。十年來，EAR的聰明才智遠勝一流的調查員，但現在我胸有成竹，憑著破案技巧，肯定能揭開真相。我的職涯、實驗室工作、犯罪現場分析，甚至連行政事務，都是為了此刻而準備。再也沒有事情能阻止我追逐真相，即使失去工作也在所不惜。這代表我又偷偷開始處理懸案了。

細節藏在上千頁檔案資料中，我需要開始製作犯罪剖繪。幾乎可稱之為檢核表，有了檢核表就能逐漸縮小多年來的嫌犯名冊，只剩值得深入調查的人物。我在總表單一一鍵入每位調查過的人名，總計上百名，過程相當耗時。助理也替我遮掩，只要有人問辦公室門為何關著，她總說：「他在開會。」我沉浸在厚重的案件資料中，記起多年來沒想過的細節，學到八年前我把案子轉交給橘郡之前沒有機會了解的事。多數調查員都覺得單調乏味，不喜歡研讀大量鉅細靡遺的證人、相關人訪談，我讀來則是覺得驚險刺激。若要完成拼圖，一定要有全數拼片。EAR檔案的許多細節多年來遭切割、棄置，但我不相信之前的發現，需要親自從頭全面查證，得加倍努力才能得知是否結論一致。有人認為我這樣顯得自傲，令人生厭。對我而言，只是無法控制的回應機制，而那正是為何我工作如此得心應手的原因之一。我執行徹底的程度堪比強迫症，我們家人人都有強迫基因，媽媽罹患飲食失調，弟弟戴福則有強迫症。

我細查EAR檔案每頁資料，看到一張曝光不全的人物照片。魔鬼藏在細節裡。他的傷害次數多、範圍廣。一九七六年六月，EAR第一次現身沙加緬度作案，等到八次攻擊之後，執法單位才認出凶手是同一人。當初該區的連環殺手不只有EAR，還有早鳥強暴犯（The Early Bird Rapist，出沒於午夜至凌晨之間）、羊毛強暴犯（The Wooly Rapist，攻擊女性時都戴著羊毛手套）、吸血鬼殺手（The Vampire Killer，人如其名，無須多做解釋），EAR悄悄進入警方視野時，這三人都十分活躍。他們早已遭逮捕，獨缺EAR。這實非警方辦案不力。

EAR是複雜難纏的敵手，悄悄潛進熟睡的鄰里，頭戴面罩，裝備齊全，總是備有繩索和武器，偷偷闖入民宅，用刺眼的手電筒光束驚嚇睡眼惺忪的受害者。在我之前，早有數十名本事高明的調查員試圖追捕。我試著想像他究竟生得什麼模樣。受害者的描述千變萬化，高、一般高、魁梧、胖、普通體重、雙腿細瘦、大腿結實、金髮、棕髮。有人亂猜髮色，有人只看到手套和袖子間露出的肌膚。EAR在半夜發動攻擊，戴面罩，著寬鬆衣物。受害者都嚇壞了，在這種情況下試圖描述兇手十分不理想。我建立了一張試算表，記載所有特徵，基本上，就我們所知，EAR只是一名普通白人男性。線索寥寥無幾。

EAR善於融入四周。我常想，他可能就是隔壁鄰居，每週六在庭院除草。說不定他有妻小，但他們毫不知情？難道他凶神惡煞，如同小菲利普，惡魔在世，眸放精光，邪惡氣息環繞？他也可能是專業人士、商人或會計師，每天打領帶上班。又或者是建築工人，隨建案移動地點，獵殺各地獵物。他怎麼挑選受害者？多數攻擊看起來都經過縝密思考。除了幾次千鈞一髮，其逃跑路徑都無懈可擊。

EAR是心理虐待狂，似乎樂於炫耀控制權，綑綁受害者並蒙住雙眼，再命令他們滿足自己的性需求。EAR咬緊牙關講話，強行拉高音調，髒話連發，重複威脅性命。受害者遭綑綁，獨自在床上顫抖，EAR得空搜索屋內，翻遍衣櫃，洗劫鈔票、硬幣、珠寶和照片，或坐在廚房吃屋主的東西，喝屋主的啤酒。EAR放盤子在被害人背上，威脅如果聽到一點聲響，就會奪其性命。ＥＡＲ曾在犯某些案件時哭泣，有受害者認為其淚水發自內心。一次攻擊後，受害者聽到他嗚咽著找「媽咪」。對不起，媽咪。幫幫我，我不想要這麼做，媽咪。……我媽咪會嚇到的，如果見報的話。另一回性侵完，他蹲在角落，啜泣不已。這當然怪異，尤其來自一名道德淪喪之徒。我認為他的眼淚是為他自己而流。

我四處蒐集資訊，記錄行為特徵時，忽然明白，雖然他是禽獸，卻不符合精神病態的臨床定義。我認為他可能屬於社會病態，雖有良心，但所剩無幾。從幾起攻擊得知，他至少還能感到內疚。一般來說，受害者試圖用任何方式為自身附上個人色彩時，他會氣憤地命令他們：「閉嘴！」女人吐露懷有身孕，「閉嘴！閉嘴！」女人說自己是基督徒，原諒他即將犯下的錯，「閉嘴！閉嘴，不然我就殺了你！」他叫大家閉嘴，是因為一絲罪惡感浮現，干擾心中的惡意？剖繪的演進至關重要，可以縮減名單，調查其他嫌犯。

正如社會病態者和精神變態，ＥＡＲ毫無同理心，對兒童也冷酷無情。我最震驚的是，即便有小孩在場，他也看似毫不在意。如果挑選受害者時，他不知道屋內有兒童，即便後來知曉小孩在家，他依然照計畫攻擊，毫不遲疑。有一起案件，七歲女童半夜起床上廁所，半路碰到ＥＡＲ。他站在走道遙遠的另一端，在廚房門口，戴著頭套和羊毛連指手套，但下半身衣不蔽體，說道：「我在捉弄你爸媽，過來看我。」小女童轉身回房。另一起案件，ＥＡＲ綑綁十歲男孩，拿毯子蓋住後，便開始性侵男孩的媽媽，還恐嚇男孩：

「你每動一下，你媽媽的命就少一秒。」男孩好幾個小時一聲不吭。我不知道在那之後，男孩的人生是什麼模樣。我無法想像EAR倖存者能安然無恙。

EAR利用小孩來操縱父母，家長只能唯命是從。在某次攻擊，他威脅道：「如果你不配合，我會把他們的耳朵割下來，拿到你眼前。我會把他們剁成肉塊。」另一次，一名媽媽在床上懷抱三歲小男孩，EAR發動攻擊，搶走小孩，綁住小孩手腳，命令發狂的媽媽「讓他安靜」，隨即強暴她。如果她不服從，EAR說：「我會殺了你的孩子。」母子都是倖存者，人還活著，但心理創傷已經是末期。

閱讀這些檔案，我下了註記：「亟需自保。」EAR不想被抓到，竭盡所能保護身分。臉總是遮得嚴實，還會用手電筒閃瞎受害者。他威脅受害者，如果敢看他一眼，就會殺人。他還變聲改用尖銳氣音，戴手套避免留下任何指紋。他身手矯捷就像飛賊，靜悄悄走過各個房間。受害者都不知道EAR會在何時何處出擊，他想讓受害者猜不透，隨時緊張不安。我推論靜默只是為逃跑鋪路，靜默給他時間逃跑。受害者過於驚嚇，不敢輕舉妄動，害怕他其實還在。

有時候，他確實還在。

一九七七年二月七日，早上六點整，卡邁克爾區（Carmichael）的希斯克利夫路（Heathcliff Drive）方才轉醒。六二六九號是其中一棟最新落成的房子，兩年新屋，牧場風住宅，有斜屋頂和落地玻璃門，緊鄰公園。三十歲的屋主叫丈夫起床上班。先生在玻璃公司上班，習慣六點四十五分出門，通勤得花二十分鐘。先生梳洗換衣，太太做早餐，還準備午餐便當。六歲的女兒在走廊底的臥室裡睡得正甜。

夫妻在吃早餐時閒聊，然後太太送先生到正門口，給了先生一吻。帶上門時聽到先生喊她：「凱倫（Karen）！」附近停了一臺可疑的廂型車，喬治（George）說。兩人最近都緊張不安，因為一個月前房子遭竊。鎖好門窗，先生提醒道。

喬治開車離去，凱倫巡了一下屋內，鎖上所有的門。凱倫在廚房忙了十分鐘左右，覺得家中好像有人。喬治回來了，她心想，肯定是忘了什麼。她轉身，隔著中島餐桌，一名男子與她面對面，戴著滑雪頭套。她視線往下，就看到了槍管。

男人威嚇：「別亂叫，不然就開槍。我只要錢，不想傷害你。」

凱倫驚慌失措，不由自主全身顫抖。第一個念頭是男人會開槍射她，女兒就沒人保護了。該怎麼辦？凱倫心想。反抗？服從？

頭套男人領她進客廳，命令她坐在椅子上。男人說：「我要把你綁起來。照我說的做，不然就殺了你。」男人綁起她顫抖的手，打了結。凱倫覺得那像鞋帶。綁好手後，男人拿刀抵著凱倫的喉嚨。凱倫開口講話。
男人說：「閉嘴，不然就殺了你。」
凱倫答：「不要。」
男人回：「我有槍，照我說的做。我要把你綁到床上。」
凱倫聽話照做，男人領著她走過女兒房間，再到主臥。女兒的房門關著，一定是男人關的，凱倫心想。女兒一直都不關房門。一進主臥，男人叫凱倫臉朝下趴在床上，男人要綁住她的雙腳。
凱倫反抗，感受到心臟在喉頭狂跳，再次說道：「不要。」
男人強迫凱倫面朝床鋪，用鞋帶綁住她的雙腳，在她頭上放了一顆枕頭。凱倫無法呼吸，甩開枕頭，聽到男人在更衣室撕毛巾。凱倫試著和他說話，但是每次開口，男人就說：「閉嘴！閉嘴，不然就殺了你。」
男人回到房間說：「我要遮住你的臉。」
凱倫大喊：「不要！幹他媽的離開我家！」
凱倫是個鬥士。她的雙手還綁在背後，依然扭動身軀企圖下床，但男人動作太快。凱倫感到男人全身重量壓在背上，戴手套的手摀住她的嘴。凱倫呼喚她的狗，尖聲喊道：「咬他！咬他！」

男人說：「閉嘴！閉嘴！」

凱倫繼續尖叫。她是一名母親，保護孩子是天性，最重要的就是保護女兒，不計一切。凱倫悄悄把手挪到一側，摸到男人褲子前方右口袋裡的槍，持續尖叫分散男人注意力，悄悄拉出手槍。可惜來不及，太晚了。男人伸手拿槍，兩人搶了起來。凱倫摸索著扳機，沒能扣下，男人一把奪回槍，怒火中燒，重擊凱倫頭部好幾下。

「照我說的做！閉嘴，不然就殺了你女兒！」男人咬著牙關吐出字句。「不相信我？我會帶一塊她的肉來。我會去割下她的耳朵，帶來給你看。」

凱倫相信了。

男人用一條撕下的毛巾纏住她的雙眼。凱倫聽到他的腳步聲，聽到他撕爛更多毛巾。男人回到床邊，把毛巾塞進凱倫嘴裡，把刀插進凱倫身旁的床墊裡。凱倫確信男人打算刺她，但一切突然靜止，男人貌似早已離去。

幾分鐘過去。「聽得到嗎？」男人問。

她晃了晃頭，聽得到。

男人拿另一條毛巾包住她的頭，遮住耳朵，但凱倫還是能聽到臥室落地玻璃門開啟、關上。機會來了，凱倫沿著床滑動，只要能到女兒身邊，他們就能跑到鄰居家。她好不容易抵達床沿，卻感覺到刀刃貼在臉上，男人從齒縫擠出聲音：「要是敢再動一下，我就殺了你。亂動、亂說話，就切腳趾。動一下就切一根。」

男人把凱倫轉過身，拉開她的牛仔褲拉鍊，扯掉褲子。凱倫痛苦萬分地預想著，想必經過了十或十五分鐘。她可以聽到男人在床邊自慰，之後男人強暴了她。過程太快，凱倫記得他的陰莖很小。男人在她上面，上下移動。

男人驀地停下，房間非常、非常安靜。凱倫感覺到女兒在房內。

男人對著七歲的女孩說：「進去浴室，我要把你綁起來。」

女孩大哭：「不要不要不要！你會殺了我們！你會殺了我們！」

男人說：「我不會傷害你。」女孩繼續尖叫。

即便嘴巴被堵上，凱倫依然大喊：「離我女兒遠一點！」

EAR把女孩帶到床上，放在媽媽身邊。

EAR重綁媽媽的腳踝，走到房子另一頭，拔下牆上的電話線，再回來把女孩的雙手綁在背後，拿了條毯子蓋住媽媽和女孩。

他說：「我只需要把你們綁起來，拿完錢就離開。我保證，我保證。」

母女兩人聽到他離開房間，走過整間房子。他們認真聽著，直到一片安靜。神啊，求求祢。五分鐘過去，十分鐘過去，寂靜無聲。

「你還好嗎？」媽媽悄聲對女兒說。

「噓——媽媽。安靜。」女孩悄悄回答。

凱倫感覺到有人突然壓上床墊，唯一能聽到的是呼吸聲。EAR從頭到尾都在。

21. 他

二〇一一年至二〇一二年

結束七〇年代晚期東區強暴魔的活動尋蹤後，我開在十二號州道上，經過風力發電機，朝家的方向前進，新老闆正好打來。噢，死了。她說：「喂，保羅，副警長也在，我開擴音。你有空嗎？」噢，死了死了，被逮到了。不知為何，但他們知道我在執行不正當的EAR任務。「你好！」我用最愉悅的聲音，等待命運之鎚落下。副警長問：「實驗室搬家時，有計劃如何處理緊急鑑識案件嗎？」我鬆了好大一口氣。實驗室預計從艾斯科巴爾街搬到城中空間較大、重新整修的設施。我們收到通知，一旦開始搬家，就有好幾週不能鑑定證據，副警長打來就是為了討論此事。上級以為我在辦公室，我完全不想推翻這個假設，不能讓他們聽到車聲隆隆。我駛離州道，轉上付費道路。我停下車，背誦計畫。行政職位的美妙在於可以自由行動，遠離實驗室，越過整座城鎮，偷溜出去追查東區強暴魔，還可以拿出公差當藉口。我會定期離開辦公室，拜訪EAR驚擾過的人和地，那天也是如此。

我重訪EAR的攻擊地點，只因我渴望更認識他。我想看看他看到了什麼，為何選擇這位受害者、這個鄰里，想感受他半夜翻過籬笆、撬開門鎖、溜進房屋，驚嚇睡夢中的男男女女時，體內流竄的腎上腺素。我從他的角度看待事情，試著理解他選擇特定人物或地點時的思緒。那時，我覺得好像已經足夠瞭解他，可以在需要時進入他的腦袋。有時我擔心自己太容易感受想像中他規劃、執行邪惡計畫的感受。我變得善於進入連環殺手的內心，擅長到半夜睡不著覺。想著案件時，不禁懷疑自己是否跨越了某條界線。如果警察與罪犯只有一線之隔，我離畢生追尋的禽獸有多近呢？

即便是像我這般冷靜的人，有時候也會被自找的黑暗震懾。在理智離我遠去的時刻，我會盜汗、心跳加速、瀕臨恐慌發作，得透過正念找回自己，告訴自己我沒有犯下邪惡行為的衝動。一輩子和瘋狂打交道，心靈容易受到影響。

我習慣進入罪犯腦袋始於匹茲堡性工作者案件，那時調查的其中一起極為陰森可怕。瓦萊麗．舒爾茨（Valerie Schultz）先遭肢解才被殺害，遺體像垃圾一樣沿著工業區被丟棄，其他匹茲堡性工作者的屍體也掩埋在附近。血腥可怕的現場照片帶領我進入殺手的內心，我研究每張照片，透過他的角度看事情。我感受到他在舒爾茨上方，一手環住脖子，一手握住刀子，在臉上刻下深深的傷口，舒爾茨從頭到尾意識清醒。她疼痛難受，哀求饒恕。

他看著傷口噴血，心跳加速，呼吸急促。舒爾茨逐漸走向死亡，他使出最後一擊暴行，拿起刀子向上插入她的下巴，拔起，再深深刺入她的胃，像獵人剖開鹿腹。我感受到他獲得釋放，知道他達到目的。這不是憤怒行凶，而是實際出手執行幻想。他喜歡看受害者扭動尖叫，因別人的痛楚而興奮。我相信我很清楚知道他是什麼樣的人，但內心深處依然震驚，自己居然能待在他內心裡，哪怕只有一分鐘。進入殺手的內心扮演殺手，是調查過程中的危險舉動。我花費那麼多時間待在EAR腦中，一絲不安浮現：如果我卡在裡面怎麼辦？

到二〇一二年那天，我去了一趟中央谷地時，我已經祕密調查EAR快滿三年了。我不知道我究竟是怎麼辦到的。我想，是我在半大內完成一天份行政工作的能力救了我，這樣我下午就能繼續調查EAR。

起初我使用原專案小組檔案整理出六百頁總表單，調查過程逐漸變得艱難又龐大。我必須製作我認為重要到必須深入調查的名單：二十四名。前兩年我都在調查嫌犯，一一找出他們是誰、這三十年來在做什麼。一開始我先用資料庫搜尋名字，瞭解基本資訊，例如駕照號碼、地址紀錄，這些都能讓我挖得更深。若名字太常見，就需要更多時間。完成第一階段，就能進入第二階段調查工作：錯綜複雜的犯罪前科和DNA型別。正因如此，我好幾次聽到調查員抱怨案件的基礎準備很無聊，但我很喜歡按部就班完成準備工作。我用木工來比喻：一開始要用粗砂紙，接著是係數中等的砂紙，最後用細砂紙收工。對我而言，那就是出外調查：走訪EAR攻擊過的城鎮、鄰里、房舍；追查親朋好友；與資料記載的目擊證人談話；慰問受害者，不分男女，他們在事發數十年後依然精神受創。各家單位投資諸多人力試圖逮捕EAR，我認為極可能在某個時間點，執法單位曾聯絡上他。我排序出最後二十四名嫌犯，自有一套標準。其中一人嫌疑最大，姑且稱之為羅伯特·路易斯·波茲（Robert Lewis Potts）。

二〇一一年初，我開始深入調查波茲，立刻寫了份報告，讀起來就像東區強暴魔的簡介，異常相似。波茲在沙加緬度出生長大，大半輩子都在那裡生活，沙加緬度正是EAR的主場地。波茲是鐵道制軔員，隨車整日沿著相同路徑移動，同樣的地點，同樣的轄區，正好與EAR在每區攻擊的時間重疊。波茲的地緣剖繪與EAR的極度相似，地圖上縱橫交錯的黃色資料點，看起來就像襯著描圖紙繪出EAR的北加州作案軌跡。波茲怎麼可能不是EAR？我一邊想，一邊研讀十五頁時間表。

移動軌跡高度相似，千真萬確，此外還有一連串相關事件越加鞏固我的猜測，波茲就是我們要找的人。如同EAR，波茲對母親有特殊依戀。波茲有暴力前科，其中一次是家暴遭捕，毆打同居的妻子，符合罪犯剖繪專家萊斯利．丹布羅西亞（Leslie D' Ambrosia）早期的預測：EAR「可能有家暴前科，會攻擊或虐待伴侶」。此外還有個細節：EAR其中兩次攻擊的地點，就在波茲幾年前就讀的學校附近。

波茲不是第一次接受東區強暴魔案件詢問。一九七八年，EAR從沙加緬度移動八十哩，開始在東灣犯案，原康郡專案小組沒多久便盯上波茲。同年十二月，丹維爾（Danville）有一名三十二歲女子在睡夢中驚醒，蒙面男人跨坐其上，拿刀抵著她脖子。典型的EAR攻擊手法。男人綁住女子的手腕、腳踝，蒙住她的眼睛，威脅她若敢發出任何聲響就別想活命。男人問：「喜歡做愛嗎？」女子回：「不。」男人問：「喜歡讓屌硬起來嗎？」女子再次回：「不。」男人問：「那為什麼每次看到你，我都會硬起來？」隨即強暴女子兩次。兩個月後，波茲在同一區被逮捕。

一九七九年二月三日清晨，康郡副警長卡爾．法布里（Carl Fabbri）在丹維爾巡邏，看到一臺可疑車輛停在路邊，離自由街（Liberta Court）僅半哩。自由街就是EAR十二月犯案的地方。那臺一九六八年正紅色龐蒂克勒芒，在一小時前法布里路過時還沒停在那裡。選在這裡停車很奇怪，法布里心想。不太對勁。法布里此時已提高警覺。昨晚，他在這附近追一名蒙面男性，但男性跳過高籬，就跟丟了。法布里懷疑強暴犯重回現場。

法布里先用無線通報，再停到看似無人的車子旁，小心翼翼走到副駕門邊，用手電筒照亮車內，後座一名男子睡得正熟——就是波茲。法布里敲敲車窗，波茲嚇了一跳。法布里命令：「走出車外。」他認為男子符合大家描述的東區強暴魔，近一百八十公分，七十公斤，但駕照上的地址才真正引起他注意。男子住在卡邁克爾，EAR沙加緬度攻擊的中心點。你跑這麼遠到丹維爾來做什麼？法布里問道。波茲說他只是從佛利蒙（Fremont）鐵路機廠下班要回家，途中太累才下州際公路打盹，好繼續開一百哩回家。這套說詞，法布里不買單。公路遠在好幾哩之外，為什麼這男的要開這麼遠，明明在其他地方停車更近更方便？

對這位年輕制軔員而言，事情即將變得更糟。法布里叫波茲稍等，等他查一下前科紀錄。結果發現警方有波茲的拘票，不是什麼大案，只是犯了機動車輛罪，卻也足以讓法布里拘押他。法布里回到波茲車旁，說道：「你被逮捕了。」

支援小組伴著閃爍的巡邏燈和刺耳的警笛抵達，到目前為止，波茲的反應相對冷靜。雖然波茲哼哼唧唧、表情扭曲，但考量其身處險境，這舉止倒也正常。不尋常的是，波茲突然陷入驚慌，只因一名警官拿出相機要拍嫌犯入案照。波茲失控抓狂，不想要拍照。不要！他媽的不要拍我的臉！他揮舞四肢，喊叫著警方無緣無故該死的把他當屎一樣對待。他只是在回家路上睏了，停下來打盹而已。他只想回他媽的家！

警方必須壓制波茲才能上銬、押入警車後座。開往監獄的二十分鐘裡，波茲都在自言自語。「要是有人敢耍我，我就戳爆他的眼睛。我會咬下他的舌頭……如果我逃跑，你們會射我嗎？……沒有人抓到真正的罪犯，他們總是能逃過一劫。」法布里記錄下來，轉交給專案小組。

波茲被送到馬丁尼茲的舊監獄。早上七點，波茲要求監獄放行，允許他打電話給媽媽。媽媽來獄，波茲以一百一十五美金交保，同天下午一點四十五分獲釋。波茲重返生活常軌，上班工作，下班回家，在八〇號和六八〇號州際公路上來來回回，駛過戴維斯和聖荷西之間每一個EAR離開公路前往攻擊的出口。

波茲在丹維爾遇到警察後四個月，EAR在佛利蒙攻擊一對伴侶，在核桃溪攻擊兩名青少年，隨後重返丹維爾。六月，在六八〇州際公路旁的阿勒格尼街（Allegheny Drive），

EAR攻擊了一對伴侶。重返攻擊現場完全符合EAR的犯罪模式。

七月五日，又攻擊了一次，這回是一對夫妻，住在梧桐山街（Sycamore Hill Court），離波茲打盹遭捕之處僅半哩遠。凌晨四點，先生驚醒，他聽到窸窣聲響，張開眼睛，看到浴室鏡中映出一名男子在戴頭罩。先生坐起身，兩人四目相交。先生大喊：「操他媽的你誰啊？幹你在做什麼？」蒙面男子後退一步，好像嚇到了，先生大步逼進。相較之下，先生更為高大健壯，成功把男人逼到角落。這時太太醒了，衝出房間，奔下樓梯，奪門而出，尖叫求救。先生懷疑蒙面男子就是令人聞風喪膽的EAR。「如果你現在離開，沒問題，你可以離開。」先生對男子說道，希望能保住一條小命。先生轉身跑開，男子則退回黑暗之中。

簡直就是EAR呀，我心想。那時我正在比對EAR和波茲的犯案手法。波茲幾個月前來過在這裡，雖然被逮捕，但絲毫不害怕。現在安排了巡邏來追捕他，他也完全不放在眼裡，如同在沙加緬度的數次一樣。只是出人意料地，這是EAR最後一次在丹維爾攻擊。

自此東區強暴魔消聲匿跡。從七月到十月，居民人人屏息，冀望EAR永遠消失。就某方面而言，EAR確實消失了。EAR下回現身，遠在南方四百哩，而且打算大開殺戒。東區強暴魔即將成為暗夜尾行者。

哈爾・富蘭克林（Hal Franklin）調查員任職於康郡地方檢察官辦公室時，ＥＡＲ正活躍，富蘭克林寫了八頁摘要報告，向原ＥＡＲ專案小組組長說明丹維爾一案。報告附錄說明法布里為何遇到波茲，結論則說間接證據足以證明波茲為東區強暴魔。富蘭克林確信就是波茲。一九七九年八月八日，躲避警方數月之後，波茲終於同意檢測唾液。兩天後，警方根據檢測結果排除波茲的嫌疑。四個月後，暗夜尾行者開始殺人，橫行本州南方。我第一個念頭是：「噢天啊，他們就這樣放走ＥＡＲ？」波茲的唾液樣本被送到康郡郡警局刑事鑑識實驗室，檢測分泌狀態。分泌型的人會分泌血型抗原並排入體液之中，例如唾液或精液。非分泌型則不同，體液中僅含極微量或甚至沒有任何血型抗原。只有百分之十的人口是非分泌型。

波茲唾液類別為Ａ，屬於分泌型，代表波茲會分泌ＡＢＯ基質並排入唾液與其他體液中。波茲是分泌型，而ＥＡＲ是非分泌型，當初警方才把波茲從ＥＡＲ嫌疑名單上排除。我認為光憑分泌型檢測就排除波茲嫌疑，實在大錯特錯。多份研究顯示，許多個案的體液之間也會異常分泌ＡＢＨ基質，這代表檢測並不可靠。任何基於分泌型檢測而排除嫌疑的決定，我都無法信任。

我請教英國知名血清學家布萊恩・拉克索爾（Brian Wraxall），拉克索爾也是血清研究機構（Serological Research Institute，SERI）的實驗室主持人。拉克索爾發表多篇研究，探討舊有的血清方法，是該領域權威專家。拉克索爾檢視康郡實驗室採用吸收抑止法檢測嫌犯唾液樣本的程序，認為步驟不正確。回顧文獻，請教拉克索爾後，我認為依照康郡實驗室的分泌型檢測結果來排除嫌疑大有問題，重大嫌犯若因分泌型檢測而排除嫌疑，都應該重新考慮。這樣排除波茲嫌疑無法令人信服。

不過，我得找其他方法來證明波茲就是EAR。

22. 雲霄飛車

東區強暴魔的DNA型別登記在案已十年，至今未能破案。現在我只要拿到波茲的DNA，證明他就是EAR即可。只不過，波茲人間蒸發了。我能追到最近的行蹤是二〇〇四年，那年他服完家暴罪刑期，然後就從地圖上消失。接下來七年，波茲沒有申請信用卡，沒有換發駕照，也沒有更新郵件地址。他可能有工作，只是沒有一份工作我可以查到，他也沒有申請社會福利。不可思議的是，紀錄顯示波茲再也沒有接觸任何執法單位，這有點反常。我在筆記中寫到：「這一切可能都代表波茲不是死了，就是全力以赴逃亡。不管如何，他都是頭號嫌犯，因此想盡辦法拿到他的DNA樣本合情合理。」

我的直覺是，波茲早就躲起來了。他消失的那年，加州通過六十九號提案，徹底修改加州DNA系統，擴大可做基因檢測的犯罪類別。新法規定不論重罪犯或只是重罪嫌犯，警方都能檢測其DNA，並將結果上傳至加州DNA資料庫CODIS。波茲有家暴前科，新法律對他不利。難道藏匿行蹤是為了避免做DNA檢測，要不然早就能辨別出他是惡名昭彰的EAR？說來諷刺，法案之所以能通過，部分原因是由於一名EAR受害者的兄弟出資主辦活動。一九八〇年八月，基斯・哈林頓（Keith Harrington）和太太在橘郡家中遭重擊致死。哈林頓夫妻一案是暗夜尾行者在一九七九年至一九八六年間的六起攻擊之一，也是本案讓警方用DNA確認了EAR就是暗夜尾行者。

我調查波茲期間，雪麗正好決定要有更多個人時光，追求其他事物，而不只是當媽媽。我們的孩子一個六歲、一個七歲，越來越獨立。雪麗心靈手巧，喜歡縫紉。我幫忙改造多功能室，變成縫紉間，還買了一臺全新好用的縫紉機。隨著時光流逝，以前晚上小孩上床睡覺後，我們倆會一起縮在沙發看電視，現在她做她的縫紉活，我則埋首筆電追查下一個線索。

就在這樣深夜搜查的時刻，我發現了原專案小組報告的注腳，於是再仔細看了一遍。一九七九年，警方調查波茲期間，在波茲朋友家中蒐集了一頂波茲留下的滑雪頭套。等等！滑雪頭套？我心想。此時隔壁房間傳來縫紉機運轉的聲音。我可是頭一回聽說這件事。EAR每次攻擊都會戴滑雪頭套。報告註記，頭套上的頭髮都被一一取下，留存為證，以便未來比對頭髮之需，但至今沒人提出要求。沒有人碰過那頂頭套。頭套還在嗎？

我很好奇。我們一直握有波茲的DNA？那頂頭套或許能破解本案。如果頭套還在，生物跡證應該都還在。天啊，我想，東區強暴魔的身分，很可能一直都藏在那頂滑雪頭套上。

我實在太興奮了，好想告訴別人，但當時我提到本案，雪麗已經只是翻翻白眼。那晚我幾乎沒睡，盯著時鐘，直到正常的起床時間，就出門去實驗室。我驅車前往馬丁尼茲，一路上都在跟自己說：**我會破案。我會破案。我會破案。**

從辦公室走到扣押室，一路上我幾乎無法維持冷靜。我小心翼翼翻閱舊扣押卡，抽出三乘五吋的卡片，看著紙上的「滑雪頭套」四字，我覺得手中拿的是中獎彩券。扣押室新進管理人員里奇．瓦拉（Rich Wara）去拿取該證物盒。我明白頭套不見得還在，都過了三十年，很可能已經被銷毀了。

瓦拉取出盒子，放在櫃檯上。瓦拉不知道那一刻對我而言有多麼重要。我既緊張又興奮，感受到心臟在喉頭跳動。我拆開盒子，頭套就在裡面，包在塑膠袋中，用金屬束帶封著。**我抓到他了**，我心想。雖然不知道波茲人在哪，但我有他的DNA。

我把盒子帶回辦公室，仔細研究證物。盒子底部有一只小塑膠袋，裡面裝了摺起來的紙張，袋上標記「蒐集自鐵路用地」。我正在調查制軔員，因此特別留心。從線圈直線筆記本撕下來的三張紙摺在一起，放在袋中。證據紀錄檔顯示，蒐集那三張紙的人是本郡偵查員約翰．帕蒂，蒐證地點是EAR一九七九年的攻擊現場，受害者是一名三十二歲的丹維爾女子。我們碰過面，那時我才二十出頭，剛進實驗室工作，約翰是閱歷豐富的偵查員，探頭進實驗室自我介紹。之後我們就沒再見面。幾個月後，他死於癌症。倒也奇妙，我穿的工作連身服就是他的舊衣。我們的連結難道有特別意義？大家都知道帕蒂特立獨行，我們是同類。發現帕蒂也調查過這件案子，我覺得果然英雄所見略同。帕蒂跟著警犬追蹤ＥＡＲ的味道，一路從丹維爾女子的家，追到後院，再到更遠的鐵軌，他撿起鐵軌旁的這三張紙。我肯定他就像我一樣，認為這幾張紙很可能就是ＥＡＲ掉的，說不定是在逃跑時把頭套、武器塞進背包時，不小心掉出來的。

我拿出紙，把它們打開。第一張是高中歷史作業，題目是卡斯特將軍（George Custer）。除了拼字文法錯得驚人，通篇內容普普通通。第二張比較令人好奇，看起來是某人抱怨小學發生的事。開頭寫道：「就是狂怒這個詞。這個詞讓我想起六年級。我痛恨那一年。」接著繼續大肆抱怨老師，老師要他罰寫，懲罰他上課講話，寫道：「我老師要我罰寫的爛句子，我坐下來寫五十、一百、一百五十句，每天好幾個小時、好幾個小時，從早寫到晚……罰寫讓我覺得自己很丟臉，但這反而深深讓我明白……我那樣受苦，根本不公平。」

最後一張用鉛筆畫了一幅類似地圖的插圖，難以辨認是什麼，至少第一眼認不出來。我放到一邊，日後再查。

二〇一一年四月四日同一天，我把滑雪頭套送去實驗室做DNA檢驗，知道要等一陣子才會有結果。說來可笑，我雖然負責實驗室，但由於我強行指派懸案檢測，而老闆下令禁止一切懸案檢測，代表我提出的檢測都被排在最後。我不敢忤逆老闆，擅自把我的案件往前挪，實驗室已經排滿現有案件檢測了。我必須接受事實，乖乖等待，而且還有許多任務需要處理。

我從六年級的抱怨著手。波茲就讀的國小在西匹茲堡，也就是現在的貝普安特（Bay Point）。我成功說服學校給我波茲的紀錄時，真是鬆了一口氣。我查看六年級成績單上的老師姓名，他幾年前已經退休，但我查到他現在住在奧林達。我打給老師，碰碰運氣，說不定他看得出紙上的玄妙。

老師是位易怒的老先生。在我說明來意之後，老師問：「所以現在都怪我？因為我，所以我的其中一位學生變成連環殺手？」老師不記得波茲，但記得六年級學生的罰寫作業。他說，噢對了，之前曾接到一通奇怪的電話，應該是二〇〇一年，對方唱了一首歌，是老師以前處罰波茲那班時要學生唱的歌。對方開口唱：「**自由不是免費。自由不是免費。你要付出代價。你必須犧牲，才能換來自由。**」接著對方問：「記得嗎？」就掛掉電話了。老師很擔憂，換了電話號碼，取消電話簿登錄。就在二〇〇一年同時期，二十四年前遭EAR攻擊的沙加緬度女人也接到電話，對方問她：「記得我們一起玩的時候嗎？」

得分！我又可以在波茲檢核表上多勾記一格。

我繼續認真調查。新的犯罪檔案顯示波茲從嫌犯清單除名後幾年，依然與警方起衝突。波茲性格有其暴力的一面。某次聖荷西臨檢，警方搜身，從他的腰帶上找到兩把牛排刀，插在大力膠帶做的刀鞘內。警方知道EAR某幾次攻擊時使用牛排刀。波茲宣稱攜帶牛排刀是因為鄰居毀了他的生活，但鄰居是一位身障女士，毫無威脅性。

二〇〇二年，波茲因為毆打同居妻子被補，他還威脅要「把妻子剁成肉塊」。EAR的檔案也充斥著同樣的威脅：「我要把你剁碎。」……「安靜，不然就把你剁碎。」……「我會把你女兒的耳朵割下來，拿來給你。」……「如果聽到動靜，我就劃開她的喉嚨，割下耳朵，拿來給你。」

巧合？我可不這麼認為。

我相信波茲殺了人，但逃過一劫。

我那時萬分肯定，還把自己深信不疑的想法告訴安・瑪麗・舒伯特（Anne Marie Schubert），她是沙加緬度的助理地方檢察官，兩年前成立了懸案檢察小組。我早在十年前就與她通過電話，那時我用DNA證明了東區強暴魔就是暗夜尾行者。她跟我說她喜歡調查懸案，而且還有個人因素——她在沙加緬度長大的時候，EAR攻擊猖獗一時，癱瘓城市的恐懼，她至今記憶猶新。初次通話之後，舒伯特強力推銷她的點子，她想聚集有關單位，分享資訊，但是跨單位鬥爭成了阻礙，會議一直無法舉辦。

幾年後機會使然，我們再次相遇，參加聖塔巴巴拉的會議。會後續攤，我更加認識她，一段職場友誼就此萌生。我肯定她會想知道我從那時至今的EAR調查。

那年五月，我打給安．瑪麗，寒暄幾分鐘，切入重點。

我說：「我找到一位傢伙。」接著介紹波茲的背景。

她的回應令我大吃一驚，她說沙加緬度警探肯．克拉克調查本案時，也發現有趣的線索。克拉克一直都會與聖塔巴巴拉分享資訊。聖塔巴巴拉在二〇〇一年拒絕賴瑞．普爾和我的要求，那時我們試著串起聖塔巴巴拉的三起凶殺、橘郡的案件和EAR。什麼？**北加州還有其他人在調查這起案件？**這些時間以來，我都以為只有我在乎能否抓到這頭禽獸，沒想到其他人也在追查。各郡都投入資源，想解決本案，但大家都不知道其他人做了什麼。如果我沒打給安．瑪麗，可能就永遠不會知道其他人在做什麼，他們也不會知道我在康郡的作業。

好消息是，安．瑪麗同樣想找出東區強暴魔，和十年前一樣深感興趣。她說：「我想是時候把大家聚在一起了。」她說這回一定會做到。

我好期待有人作伴一同打拚。

新的東區強暴魔專案小組首次會議安排在二〇一一年六月。我必須應對得宜，老闆才會放行。我說我的資訊很有價值，肯定貢獻良多，畢竟都調查這麼久了，現在沙加緬度地方檢察官邀請我報告本郡的EAR案件。我說，其他所有郡的案子都有派人報告，我們郡也該派人，這場會太重要了。

我很期待能說明波茲為何是頭號嫌犯，決定回到調查的開頭。每日每夜，每個週末，我翻找揀選警方報告、專案小組會議紀錄，研讀我的試算表和犯罪地緣剖繪，開到波茲之前住過的地址，敲每扇門。我前往他最後居住的地址，在他哥哥的屋外跟監。

六月十四日，大家齊聚聖塔巴巴拉警察訓練中心會議室，總共有四郡代表出席。大家圍著長桌坐下，自我介紹。東區強暴魔和暗夜尾行者的調查員在那天頭一遭齊聚一堂，也是大家頭一次面對面。由沙加緬度警探克拉克開頭，概略介紹沙加緬度案件。文圖拉調查員格雷格・海耶斯（Greg Hayes）和年邁父親羅斯（Russ）一同前來。一九八〇年，羅斯調查萊曼・史密斯（Lyman Smith）、夏琳・史密斯（Charlene Smith）慘遭重擊致死的凶案。接著換賴瑞・普爾到臺前說明橘郡案件。我完全不知道當時把EAR檔案轉給普爾之後，普爾就調離刑事組去其他單位了。聖塔巴巴拉由警探蓋瑞・基茨曼（Gary Kitzmann）和傑夫・克拉帕基斯（Jeff Klapakis）代表，他們也是本次會議主持人。我很驚訝他們還是不相信他們的案子和EAR有關，包括一九七九年羅伯特・奧佛曼醫生及其女友黛博拉・曼寧醫生命案、一九八一年格雷格・桑切斯（Greg Sanchez）和謝莉・多明哥（Cheri Domingo）命案。他們依然認為這些案子都和當地販毒集團有關。

我報告完康郡的案子，順便提出對EAR身分的推論，說：「有這麼一個人，叫羅伯特・路易斯・波茲。」接著一一說明兩人的相似之處。我說：「實驗室打算從證物滑雪頭套取得他的DNA。」

說明的時候，我想我看到一兩位會意的眼神。幾乎每位專案小組成員都會在某個時刻覺得自己破案了，直到被該死的DNA檢測賞耳光。

會議有兩天，第一天晚上大家相聚喝酒。在吧臺邊，我坐在肯・克拉克和賴瑞・普爾之間，忽然記起早些年的趣事。那時我到聖胡安—卡皮斯特拉諾（San Juan Capistrano）參加執法課程，幾位同學下課後去酒吧，我旁邊坐了一位奧克蘭警察局刑事警察。我先點了一杯水果調酒，他說：「噢噢噢噢，不不不不。這樣不行啦！」語氣不只是一點鄙視。他幫我點了肯特一號髒馬丁尼。

我啜兩口就舌頭發麻。我覺得很丟臉，居然看起來像隻弱雞，因此之後會特別記得，與執法人員喝酒時，都要點有男子氣概的酒。

聖塔巴巴拉的酒保問：「要來點什麼？」

我說：「一杯波本。」

整晚，大家都在分享偵辦本案的失敗經驗，花費大把時間追查嫌犯，結果卻是一場空。很明顯，大家依然投注資源調查本案，有些甚至重啟調查。而我很肯定，我北加州的案件能提供證據指認EAR。

起初參加本次專案小組會議時，我毫不懷疑波茲就是凶手，但聽完每個人的理論與失誤後，我開始懷疑了。克拉克和普爾閱歷豐富，我相當敬重他們的知識和技能。會議過後，我的信心動搖，不確定至今為止的努力是否正確。還讓我想起之前和康納特與賈柯梅利的合作，他們的回饋總會讓我想要再檢視一次結論。

六小時的思考時間相當長，尤其是獨自開在一〇一號公路時，我想遍所有讓我推斷波茲就是東區強暴魔的細節。當我開到矽谷附近時，我向自己保證波茲就是凶手：「現在我需要堅守信念，加倍努力找到波茲，用DNA證明一切。」

等了好幾個月，實驗室都還沒有結果，我十分沮喪地發現，當時送出的檢測要求至今依然毫無動靜。到了八月，我受夠了，無法再等更久。我打給橘郡，請實驗室主持人幫忙。她說，寄過來吧！橘郡的案件也是堆積如山，但會盡快處理這一件。我寄出頭套，重返調查，每天都會更新一百五十七頁、單行間距、持續演變的波茲故事。接下來八個月，我每一天都有做註記。每通電話、每封電子郵件、每回與人相見、每趟公路之行、每件事都仰仗那頂頭套。

二〇一二年四月，橘郡實驗室來電。分析師說：「我們在滑雪頭套上採不到任何東西。」

我感到不舒服又想吐。現在只剩一條路。

我必須找到他。

法院發出通緝令——法院通令各執法單位緝拿在逃嫌犯。如果波茲或任何相關人士引起任一單位關注，就會被攔下盤查。

八月時，與克拉克共事的沙加緬度警探佩琦·尼蘭（Paige Kneeland）來電，告知新消息：「找到波茲的哥哥了。」他哥哥是遊民，在車上生活，通常停在安特洛普路七十六號加油站後方。這和我知道的不同，資料顯示哥哥繼承雙親房子，且父母已繳清房貸。最近我才開車經過那間房，還看到哥哥的車停在屋外。我問：「你確定那是他哥？」巡邏小隊被派至那間加油站，帶著移動式指紋識別裝置，開始掃描指紋時，他全招了。他就是羅伯特・路易斯・波茲。波茲當場被逮，因為警方收到家暴拘捕令。

每起複雜的調查都像一趟雲霄飛車，這趟又再次加速了。暈頭轉向之餘，卻也十分開心。

克拉克在沙加緬度總部等待，接著寄來波茲的嫌犯入案照。波茲看起來像野人，一頭凌亂棕髮及肩，鬍子又髒又灰。可那雙眼睛不平常，既銳利又瘋狂。克拉克告訴波茲，他被列為東區強暴魔案件的嫌犯。調查初期，波茲接受過太多次詢問，以為自己早就洗清嫌疑。

克拉克說：「我們需要DNA樣本。」

波茲說：「別鬧了。」

波茲的口腔拭子送到我們實驗室，交給我最信任的DNA分析師喬安娜・埃斯特拉達（Johanna Estrada）負責，比對波茲和EAR的DNA。埃斯特拉達需要一整天跑完許多步驟，才能從類似Q-tip棉棒的器材萃取DNA，分離DNA與細胞碎屑，再與不同成分混合倒入試管研判DNA型別。接著，埃斯特拉達製作電泳圖（顯示一系列彩色線條和尖峰），拿來和EAR的比較。快下班前，我前往查看，數據就在埃斯特拉達的電腦螢幕上。她研判螢幕上的圖譜，說道：「有結果了。」站在後方的我向前挪近。她指著螢幕說：「EAR在這裡有這些標記，波茲沒有，另外這邊也是。型別不相符，不是他。」

我感到喉嚨一緊，轉身走回辦公室，跌坐進辦公椅，無力再移動分毫。我盯著牆看了好幾分鐘，然後走出辦公室，開車回家。我沿著濱海維斯塔大道，經過殼牌煉油廠，胸口開始感到難受。我陷入混亂，腦袋狂轉，思考所有指向波茲的線索。怎麼可能不是他？他們給的樣本是對的嗎？當然，他們不會給錯。

我花了將近兩年的人生追查一位錯的人。兩年來，我凡事都以這件案子為優先。執念影響了生活，我把工作放到一邊，去追查線索，相信自己絕對沒錯。回到家時，我只是人在，情緒和心思都不在。回想每次雪麗想聊些什麼，話都還沒講完，我就藉故離開，只因我必須用電腦。我放棄了和雪莉的兩人親密時光。之前孩子睡著後，我們會窩在沙發上。現在，我樂見雪麗愛上縫紉，因為晚上我就能自由使用筆電。雪麗曾經對我的工作深感興趣，是最佳聽眾，最近則興趣全失，完全不想聽調查進度。現在雪麗只會翻翻白眼，以前兩人邊吃晚餐邊大聊案件時，她的雙眼可閃著興奮的光芒。這兩年破壞了家庭關係，也傷害了我自己。我酒喝得越來越多，想借酒舒緩沮喪；我不再運動健身，想用更多時間來處理本案；週末寶貴的家庭時間，我都拿來追查線索。為了什麼？只是一條錯誤的線索。

我意志消沉，當晚癱在沙發上，給自己倒了一杯波本，只想獲得麻木——如同初飲馬丁尼時舌頭的感受。

我不想再聽到「東區強暴魔」這五個字。

23. 蜜雪兒

我發現自己開始淡忘蜜雪兒．麥納瑪拉，我感到很哀傷。將近四年裡，蜜雪兒不僅是我的朋友、專業的知己，還是調查好夥伴。蜜雪兒填補了我心中巨大的空洞，那時我害怕自己再也感受不到任何事，只剩下空虛。

大概在二〇一二年末（波茲線索斷了兩個月後），我離開實驗室時，蜜雪兒來電。螢幕顯示未知號碼，我決定讓來電進入語音信箱。今天已經夠糟糕了。我得通知一名指紋鑑定師她的聘用被終止，因為她經常在工作崗位上睡著。這位鑑定師有七名孩子，我不願開除她。我討厭做這種事。我前一晚沒睡好，每次隔天要和員工談話，我都睡不好，高度焦慮。我當初進入這行根本不是為了做這些。當時我在路邊停車聽語音留言，心中想著這些念頭。「嗨，我是蜜雪兒．麥納瑪拉。我想賴瑞．普爾說過我會打來……」蜜雪兒的聲音聽起來專業又悅耳。我知道會接到這通電話。在某次專案小組會議上，普爾說過他和一位女士談話，她為《洛杉磯雜誌》撰文，要報導我們的案件，她請普爾幫忙告訴其他小組成員有這號人物。看來她是真的記者。我們願意和她聊嗎？我們都同意，再次喚起大眾對本案的關心倒也無傷大雅。

歷經波茲挫敗，我才剛度過重度憂鬱。我所有的熱情都消退了，就連對東區強暴魔也是，我掙扎著想爬出深淵。專案小組的工作造成我和老闆之間的齟齬，他特地讓我知道他反對我去專案小組。某天，我為了降低衝擊，特地在談話尾聲才提及：「噢對了，還有另一場會議。我會再申請出差。」老闆癟著嘴，用手梳過頭髮，說道：「我覺得現在可能不適合。」他問，這還有意義嗎？即使能破案，也都是性侵害案件，還過了追訴期。我說謊：「都已經準備好報告了，我被排在議程上。」他說好吧，下不為例。

那是段黑暗時期，我任何事都提不起興趣。不管是在工作中或家庭裡，我都感到孤單。我覺得沒有人可以聊聊。雪麗早就沒在聽了，波茲一事之後，她更是受夠了，不想聽任何關於EAR的分享。雪麗還拉開了與我的距離。我們之間不再親密，著實令我心煩，但我也沒多說什麼。我心煩意亂時常變得安靜無語，雪麗也是同類，我們兩人都很迂迴，尤其是面對個人情緒時，總是保持沉默。誰知道她在想什麼？她又怎麼可能知道我在想什麼？我鼓勵雪麗投入縫紉，我告訴自己，因為那是她想做的事。雪麗開始這個興趣或許是因為我先抽身退出我們的生活。或許我其實鬆了一口氣，因為比起坐在沙發上一起看《黑道家族》（The Sopranos），調查EAR案件讓我獲得的更多，這也成了我晚上使用筆電的藉口。現在，雪麗縫紉時，我會喝著波本，盯著電視，根本不知道螢幕在播什麼。我質疑自己的職涯、能力和婚姻，質疑我的整段人生。蜜雪兒第一次來電時，遇見的就是這樣的保羅．霍爾斯。

我聽取留言，把銀色福特金牛貂停在馬丁尼茲中心停車場，準備回電。我幾次和記者打交道的感覺幾乎都像單行道。你可以為我做什麼？你還可以為我做什麼？你最近為我做了什麼嗎？我不太確定是否還有精力參與如此耗費心神的互動。蜜雪兒說：「謝謝你回電。」接著迅速說明為何她深入報導EAR案件。她說她在二〇一〇年第一次聽聞東區強暴魔的名號，買了一本前調查員賴瑞．克朗普頓自費出版的書。出於興趣，她找到一個偵探同好會的線上留言板，大家都沉迷於EAR案件。沒多久，她也著迷了。她在自己的「真實犯罪日記（True Crime Diary）」部落格分享東區強暴魔的相關消息報導。現在她要為《洛杉磯雜誌》寫一則報導，因此一一聯絡所有關鍵人物。她希望我同意更進一步討論。

我立刻進入「媒體交談」模式。只提供基本事實，沒有更多。蜜雪兒看來確實對我的調查感興趣。我很會看人，而且她聲音很真摯。但我還不認識她，不會放下戒心。我簡短敘述了一下我的調查。我總是擔心說了不該說的話而影響調查，而且一點也不想趁機利用自願參與的調查，畢竟我在局裡的處境早已岌岌可危。我們聊了幾分鐘，客氣有禮地結束。蜜雪兒說她一定會再和我聯絡，我感謝她對本案如此感興趣。

可能是因為那通電話，也可能是距離波茲挫敗已經夠久，不論原因為何，幾週沒碰EAR後，我決定再次評估哪裡做錯了。接下來幾天，我都在思索做過的決定。我偶然讀到一篇執法期刊的論文，作者是金・羅斯莫（Kim Rossmo）博士。在執法界，羅斯莫博士備受崇敬。我讀過他的地緣剖繪著作，調查時也經常運用。那篇論文探討刑事調查錯誤，明明在讀論文，卻像在看自己調查波茲。我理解到我調查的方式與態度出了大紕漏。羅斯莫談論，即便是最佳調查員也會落入陷阱，使用歸納推理，而不用演繹推理。集中火力專攻一位嫌犯，努力讓所有事符合線索，卻不讓調查領路，挖掘真相。這就是業餘偵探做的事。業餘偵探提出幾項假設，只看支持他們推論結果的事物——經常都是普通到沒有意義的細節。我也跌落同樣的陷阱。我是如此深信波茲就是凶手，不允許自己看警示燈，不想知道可能走錯路了。我反而拾起案件資料中能自圓其說的細節，再為矛盾的地方編理由。我大膽建立連結，記得在某個週末，我在岳父岳母家後院請教一位退休的鐵路員工。他說一九七〇年代衰退期間，鐵路員工前往南加州才有工作機會。在此之前，我無法說明波茲可能南下，因此我說：「就是這樣！」沒有任何文件紀錄，只憑退休員工講述的鐵路歷史，我便擅自認為波茲與某幾起攻擊有關。我也會找藉口忽略某些事——和我掌握到的強力連結比較起來站不住腳的事。我告訴自己，或許有人寫錯日期了，又或許目擊者描述錯誤。如果要重訪案件，我需要注意不再無中生出連結。我必須重新關注證據，讓證據說話，帶我走上調查本該有的方向，而不是揀選細節，調動方向，變成我想要的結果。我早該知道。我本來就知道，只是我放任狹隘視野阻礙好的調查方法。

承認自己犯了業餘錯誤雖然痛苦，但我決心從錯誤中學習，成為更好的調查員。

蜜雪兒和我持續聯絡，接下來幾個月裡時不時通信和電話。通常都是她問問題，或確認雜誌故事是否與事實相符。我們的對話內容幾乎都是EAR案件，兩人都不愛閒聊或刺探隱私。她提過她嫁給一位喜劇演員，育有一女。她的先生是派頓．歐斯瓦（Patton Oswalt）。靜默出賣了我，我不知道他是誰。她說：「他幫《料理鼠王》的那隻小米配音。」一部關於老鼠想要成為主廚的動畫片。我說，啊，好像有聽過。

〈追隨凶手的腳步〉（In the Footsteps of a Killer）刊登在《洛杉磯雜誌》二〇一三年三月號。我一直很擔心文章刊登。真的刊出後，我完全不想讀，害怕蜜雪兒背叛我的信任，使用不該公開的資訊，害我失業或毀了我和其他專案小組成員的關係。不光如此，我自認很會看人。如果她其實不是我想的那樣真性情，我會懷疑自己的判斷，而我才剛剛開始重拾調查員的自信。但好奇心戰勝一切，最終我鼓起勇氣讀她的報導。

> 我說：「我想我找到他了！」因為睡太少，語氣有點高昂。我的喜劇演員先生不必問「他」是誰……白天，我是一名四十二歲的家庭主婦，髮型俐落簡潔，錢包內襯是小金魚香脆餅。但是一到晚上，我成了自助偵探，深入調查懸案，在網路上查找執法單位忽略的數位麵包屑，再和八千名左右定期來訪部落格的懸疑同好分享我的理論。當家人入睡，我開始點擊連結，爬梳數位黃頁電話簿、畢業紀念冊、Google地球犯罪現場街景。對虛擬世界的筆電偵探而言，網路就是潛在線索的無底洞。

讀完七千五百字，我不再懷疑蜜雪兒的動機，也不再懷疑她全心想見警方破案。她做足調查，將故事講得引人入勝，並且沒有背叛我的信任。還幫這頭禽獸取了更好記的代號，EARONS（東區強暴魔加暗夜尾行者）即日起變成「金州殺手」。

雜誌出刊後，蜜雪兒的音訊沉寂了一陣子。下回聽到她的聲音，是我突然接到來電時，這很不尋常。她說：「保羅，我想問個問題。我很重視你的看法。」出版社邀約她寫書，題目就是金州殺手。她問：「你覺得可以嗎？專案小組會介意嗎？」市面已經有兩本金州殺手的書，但不是出於職業作家之手，文句不太好讀。蜜雪兒打算撰寫犯罪細節，描述辛勤辦案的頑強調查員，穿插她自己追查金州殺手的歷程。我看過蜜雪兒之前的作品，相信她的書會大放異彩。我說：「我覺得很棒。金州殺手一案可以試試看這種曝光手法。」

幾週後，蜜雪兒再次來電，說想聽現場調查人員的看法。她不想只蹲踞在洛杉磯的家中，而不實際察訪那些筆下的地方。我說我願意帶她走一圈康郡，看不同的攻擊地點。她說：「太好了！」

那年七月的某個早晨，我到蜜雪兒在康科德下榻的飯店接她。那時我們通信將滿一年，但這還是頭一回碰面。我們花了一整天，開車前往各個犯罪現場。我們幾乎沒有閒聊，有太多案件細節可以反覆思考討論。她問我為何我認為ＥＡＲ從沙加緬度移到東灣大開殺戒。我認為ＥＡＲ的生活出現改變：「說不定他還住在沙加緬度，只是在這裡找到工作。利用通勤時來回六八〇州際公路的機會，從東灣的出口匝道進入康郡。多數案件都離公路不遠，你等下看就知道了。」丹維爾就是完美範例。我問：「想看嗎？」她答道：「當然！」

我曾告訴蜜雪兒關於「回家作業」證據的事，就是一九七九年，在丹維爾案件之後，約翰・帕蒂在鐵軌旁找到的作業。蜜雪兒在雜誌報導中也提過，她想親眼看看作業掉落的地方。我們停在鐵馬區域步道附近。這裡以前是南太平洋鐵路的通行道，現在是鋪設完善的步道。我指著步道說：「作業就是在那裡找到的。」並問：「想去嗎？」她說：「想！」她的熱情感染力十足。我也迫不及待分享已經來訪無數次的地點，想透過嶄新、急切的雙眼重新觀察。我看著她的厚底涼鞋，問道：「你的鞋子怎麼辦？」她聳聳肩答：「怎麼了嗎？」我們跋涉近四百公尺，抵達一處毫不特別的地方，那裡就是四十年前作業掉落的地點。

一起開車八小時，友誼可能因此培養或決裂。那天鞏固了我們的友誼。我們從丹維爾出發，一路前往康科德、聖拉蒙（San Ramon）、核桃溪、戴維斯等案發地點，範圍涵蓋康郡一百三十哩。我們的對話輕鬆自在，停頓也很舒適。我向來自豪於自己識人的能力，而我認為蜜雪兒不僅為人真摯，調查金州殺手一案的立意也良善。我不覺得蜜雪兒為人投機取巧，不過我之前遇到的記者都是如此。她雖然嫁給好萊塢明星，但毫不妄自尊大。她坦承自己並不享受名流生活，雖然對先生及其成就引以為榮，但待在先生的圈子裡總是感到焦慮不安。蜜雪兒在樸實無華的中西部長大，盛裝打扮參加電影首映會不是她定義的美好時光。她說，和犯罪調查員共處，才能保持頭腦清醒。

我猜蜜雪兒的靈魂和我有許多相似之處。我欣賞她對受害者的同理心——受害者原本都只是普通人，過著自己的生活，直到蒙面禽獸闖入家門，奪走他們平凡的日子。經歷攻擊之後，大家的日子都不再如常。年輕女子不敢再踏進家門；伴侶身心受創，最終走上分手一途；丈夫過了四十年還在努力重拾男子氣概，全因當初太太在隔壁房間遭受性侵脅迫，他卻手腳被綁，無能為力；幾名受害者會定期在半夜打給我，醉醺醺地說害怕凶手還在監視她，即便已經過了四十載；當然還有只因瘋子一時興起，便在最駭人聽聞的情境下痛失摯愛的人。

那天最後，我們去了馬丁尼茲的實驗室。蜜雪兒想要看我工作的地方。我們面對面坐下，我看出來她即將成為一位強勢的談判專家。不可能只憑魅力就瞬間制伏老練的刑事調查員。她說：「我還是要問，因為我有身為記者的一面。我需要內部資訊，你握有內部資訊，而我有你沒有的資訊。」我願意交換特定資訊嗎？她有其他轄區的解剖報告和現場照片，都是我拿不到的資訊。這有助於我的金州殺手案件調查。我稍微後退，遠離辦公桌，看著她。她對上我的目光。

「好。」我說道。

那次之後，蜜雪兒和我經常通話，我再次感到朝氣蓬勃。我們分享資訊和想法，雖然我依舊有所保留，但漸漸放開心胸。我傾訴夜晚總是難熬，我的腦內資料庫一直吐出代辦事項，無法停止。就算真的睡了也時常驚醒，噩夢太過真實。蜜雪兒透露她習慣在先生和女兒睡了之後，熬夜整晚使用筆電。我注意到她的電子郵件時間戳記都是大家酣然入睡的時刻。某次她在凌晨三點十九分寄信給我，她在網上找到一張老舊的高中照片，上面有我追查的某名嫌犯，看起來十分神似警方繪製的某張東區強暴魔畫像。她寫道：「我知道現在幾乎任何人都可以長得像凶手畫像，但我還是覺得這張相似度驚人。這就是我失眠時做的事，沉迷反覆確認偏誤……」

等我再多認識她一點，我最驚艷的是她消化資訊的方式。她從未任職於執法單位，從未接受調查員訓練，也從未像警方一樣那麼深入調查案件，然而她調查的方式就像專業老手。蜜雪兒見解深刻，還能吸收並處理巨量資訊，同時保持開放心胸，一有新資訊，便立即重新評估，改變思考方向。豐富的知識和對本案的奉獻為她贏得除了我之外，其他許多專案小組成員和調查員的青睞。這也顯示她具備一定程度的調查手腕。警方不信任記者是第二天性，但我知道憑藉著資訊蒐集的廣度，蜜雪兒成功打入各級警方。比起某些調查員，她知道得更多。我知道光是透露「單純事實」，撐不了多久。某天她問了棘手難題，而我迴避答覆，她說：「噢拜託，我知道你知道的不只這些。」

我原本堅持至少要保留最敏感的機密資訊，但二〇一四年夏日某晚，我決定不再堅持，那時我和蜜雪兒已經合作近一年。我們相互敬重，聆聽彼此的意見，同時接受意見有時不同。每次交談都振奮人心，都不涉及自我，單純是兩個人齊心協力做對的事。最近我開始調查新方向，還沒向任何人透露。那是炎熱的八月某晚，我在露臺踱步，思考是否該告訴她。我該告訴她嗎？……不。……但我相信她。……她是記者。……我需要告訴別人……為什麼是她？……她在乎。沒錯，我要告訴她。就在睡前，我打開筆電寫信，謹慎選擇用字。

我寫道：「好的，我現在要來孤注一擲。如果被爆出我先告訴你調查資訊，而非我的調查同事，會損及我的專業形象。你顯然特別聰明，而且值得信賴。我不想被認為只是在開玩笑，或害你浪費時間思考暗示，猜測我正在做什麼。附檔是我最近在做的調查，內容散亂不齊。這還只是故事板，有很多細節都還沒記錄，通常我都會用文字描述，或者口頭補充。投影片雜亂無章，尚未完成，還需要增添更多資訊。不過，我想你會明白。請務必保密……我想你會理解為何這名嫌犯需要被謹慎處理。他同樣頻繁地出入康郡，可以突然離開，必要的話還能在深夜溜進黑暗中消失。」

我附加了檔案，按下傳送鍵。

蜜雪兒在凌晨一點二十七分回覆：「天哪，太有意思了。很感謝你願意分享，我保證絕不外洩。」

波茲挫敗之後，我改變ＥＡＲ的調查方向。我開始集中注意力在帕蒂在鐵軌旁撿到的那張作業地圖上。有天我待在辦公室研究那張作業，可惜完全無法理解。我的第一個想法是，這是ＥＡＲ攻擊目標的計畫地圖，不過立刻打消這個念頭。我問自己：「為什麼要在商業大樓屋頂畫出空調設備？為什麼要畫樹木和灌木叢？」背面有幾行隨筆，中間的字體偏大、筆跡越加潦草。我請實驗室辦事員洛莉幫忙，洛莉伶牙俐齒，聰明伶俐。她出現在門口，手撐在臀部上。我指著圖問：「這在寫什麼？」她湊近看，理所當然地說道：「寫著『懲罰』。」文字少了幾筆，但顯然她的解讀無誤。我說：「懲罰。你說得沒錯！」洛麗得意一笑，離開辦公室，我的雙頰泛紅。細看此字，發現鉛筆隨著每一筆加重力道，寫字的人越寫越生氣，完全符合ＥＡＲ的心理。

地圖成了我的調查重點。我認為地圖太過獨特，足以用來判定金州殺手的職業。我詢問多名專家，加州大學戴維斯分校的景觀設計名譽教授、科森尼斯河學院（Cosumnes River College）建築教授，以及工地和開發地的工作人員，包括土木工程師、測量員、重機械操作員。大家一致認為這張草圖由開發商所畫，可能正在繪製社區藍圖。

畫這張圖的人不只技巧高超，還頭腦聰明。我的目標不再是橋下的瘋子。

我蒐集了房地產開發商名單，粗略搜尋後，排除了大多數人，只剩一位看似有望。那就是我分享給蜜雪兒的名字。羅傑・莫瑞（Roger Murray，假名）是位功成名就的開發商。一九七八年三月十八日，EAR在史塔克頓（Stockton）攻擊了一對夫妻，我發現太太和莫瑞在同一領域工作，因此經常聯絡莫瑞。莫瑞曾幾度與警方激烈衝突，警方懷疑他可能參與暴力犯罪，雖然沒有定罪。地緣剖繪顯示莫瑞的活動範圍也在EAR北加州的攻擊範圍內。不過我把他列為頭號嫌犯的原因並非上述各項，而是他的陰莖。莫瑞前妻在離婚期間僱用一名私家偵探，並告訴偵探莫瑞的那話兒小到不行，起初她還以為「那是先天缺陷」。許多受害者提到EAR的陰莖很小，多到這一細節足以引起我的注意。我和那位私家偵探會面，並把會談摘要寄給蜜雪兒：「前妻告訴偵探，莫瑞威脅她，如果她敢洩露他的陰莖大小，就要殺了她。莫瑞對此很敏感。偵探說莫瑞是那種被人用槍指著頭，眼睛也不會眨一下的人。莫瑞不在意社會常規，恣意妄為。偵探記得，在一九八〇年代初期，進行離婚訴訟時，他在莫瑞的垃圾中找到綑綁系列色情片，發現莫瑞喜歡和不同女友玩『SM和綑綁性愛』。」

我繼續鑽研莫瑞，一有新發現就寄給蜜雪兒。她也參與研究，提供相關房地產資料、Facebook人脈、歸檔舊新聞。

十月十四日，蜜雪兒在郵件中寫道：「哇！這傢伙越挖越有趣……我很好奇……哪些事情讓你懷疑他是嫌犯？你覺得哪些事情不合推論？」

我回了一份清單。莫瑞名利雙收，我們從沒想過ＥＡＲ也可能是成功人士。莫瑞的年齡比我們對ＥＡＲ估計的還大。有些攻擊地點，我根本無法證明莫瑞曾經去過。

蜜雪兒回覆：「嗯哼，合理。看來沒人能完美串起本案所有的矛盾。」

我說：「洗耳恭聽。」

我調查發現，莫瑞離婚後，與一位年齡較小、魅力十足的女性交往，後來分手。我查到那位女性的下落，她同意和我碰面。我們約在當地一家餐廳，互動良好、氣氛佳，聊了好一陣子，我終於提起詭異的陰莖話題。

我問：「嗯……據說東區強暴魔那邊很小。你的前任呢？」

她直直盯著前方，皺起額頭，好像在腦中繪出圖樣。

她終於說道：「不，他算正常大小。」

蜜雪兒等不及要聽結果，會面結束後，我就傳訊息給她：「所以太太說小，女友說正常。奇怪了。說不定前妻放消息是為了報復。」

為了解釋大小差異之說，我著手調查ＥＡＲ的陰莖尺寸。翻遍案件資料，挑出受害者用來描述的字詞，剪下並貼上所有形容，寄給蜜雪兒。範圍眾說紛紜，從勃起長度五公分、很細，到十三公分都有，而平均描述長度落在這中間。事情當然沒這麼簡單，有些受害者用「小」來描述ＥＡＲ沒有完全勃起，有些用「小」來表示ＥＡＲ勃起時那話兒很小。我問蜜雪兒：「那麼如果可以回顧這些形容，你能猜測大概有多大嗎？」

她回覆：「可以，我認為一定小於平均值，長度大概九、十公分，直徑可能零點六公分。發生性侵的時候，我想人們通常會誤以為比實際上大，畢竟這既暴力又嚇人，因此那麼多人特地說他的很小，我覺得特別重要。」

沒錯，特別重要。但我不想再犯一次波茲錯誤，光靠陰莖尺寸論斷嫌犯。我說：「根據多次個人經驗，就算直覺認為這絕對不只是巧合，很多時候就真的只是巧合。」

她回覆：「我還是覺得他很小。」

到了那時，我已經視蜜雪兒為非正式警探夥伴。雖然我們沒有一起外出辦案，但一直保持聯絡。她想獲取資訊，也可以給予品質相當的資訊。我們傾聽彼此的理論與直覺，如果認為對方開始緣木求魚，也會告訴對方各自的擔憂疑慮。我說：「我已經查過他了。沒戲。」她說：「我不太確定你接下來的方向。」如果一人認為找到真凶，我們會分享興奮之情；如果嫌犯被排除嫌疑，則分享失落低潮。我們相互支持，蜜雪兒在此層面取代了雪麗在我生命中的位置。

我告訴蜜雪兒敏感資訊——警方已安排好行動，要查抄莫瑞的垃圾，尋找可能的DNA證據。

二〇一四年九月三十日，我寄信給她：「很可能明天會拿到莫瑞的垃圾。」

她問：「一兩天就會知道結果？」

我回答：「要看有什麼垃圾。如果有好的DNA來源，幾天內就有結果。垃圾不是大好就是大壞。有可能一次拿到許多人的DNA，也可能什麼都沒有。」

嫌犯和金州殺手的相似之處甚多，多到需要取得DNA，才可能排除嫌疑。臥底小組被派至附近鄰里，接到指示要祕密取得樣本。然而，在百萬豪宅區，緝毒員警開著破車十分突兀，可他們還是做了。一位居民走出她的BMW，盯著其中一片貼著隔熱膜的車窗往裡瞧，車內警察還得亮出警徽才能打發她。任務失敗。

我改走B計畫，尋求莫瑞居住地警局局長的協助。局長以前和我一同參加警校訓練。我打給她，說我懷疑莫瑞可能是東區強暴魔，她聽聞那起臥底行動失敗，願意盡力幫忙。幾天後，她傳訊息來：「嘿，保羅。我剛遇到你的嫌犯。」我立刻回覆：「什麼意思？」杳無消息。我在座椅上焦躁不安，三十分鐘過去，手機響起了。局長說：「碰面完全是巧合。」她沒穿制服，去都市計劃部處理例行公事，認出櫃檯旁站的是莫瑞，他面前擺著藍圖。她待了幾分鐘，想知道莫瑞為何在這裡，而莫瑞認出她，說道：「你是局長。」她點點頭，問道：「我認識你嗎？」莫瑞自我介紹，兩人閒聊了一會兒，她走回車上傳訊息給我。傳訊息時，聽到有人敲車窗。莫瑞風趣迷人，能說善道，他說：「嘿，我們約個午餐，聊聊我可以怎麼協助你們局。」局長很機警，立刻把握機會。

他們選好日子和餐廳。餐廳就在海灣邊，能俯瞰舊金山市景。局長提早抵達，按照計畫挑了餐廳前方靠人行道的座位。臥底行動於焉展開，一名調查員負責收桌子，數名警探便衣打扮，拿著相機在人行道上假扮遊客。一臺臥底車停在對街，離我的車僅幾呎。我看著莫瑞抵達，和局長打招呼，兩人入座。一分鐘後，另一名男子朝我的車走來，打扮得像間諜電影的角色，戴著墨鏡、棒球帽、穿扣領襯衫，完美扮相。他要是看到我就糟了，我搖起車窗，車內很悶熱，我還穿著西裝。我不想讓他知道車裡有人，沒開引擎，就不能開空調。我坐在副駕那一側，他走到離我只有十呎。我快要活活熱死了，我脫掉外套，只剩T恤，汗水濕透褲子。我覺得自己快要當場死亡。他移動到對街，朝餐廳前進。虛驚一場。

一個小時後，我看到局長起身，午餐結束了。莫瑞和局長握手，邁步離去。負責收桌子的探員拿了莫瑞用過的湯匙、玻璃水杯和吸管。我接手保管，向局長道謝，帶著證物離開。我打開廣播，情緒高昂。**我抓到他了。**

兩天後，實驗室回傳結果，寫道：和EAR的DNA「不一致」。

我把這則新消息寄給蜜雪兒。

她回覆：「靠。」

二〇一六年三月初，蜜雪兒和我在拉斯維加斯再度碰面。那是場執法單位會議，她說服先生派頓當表演嘉賓，我出席則純粹只是想和蜜雪兒碰面。我們坐在他們的飯店套房，分享資訊和案件理論。蜜雪兒告訴我她正在追一條線索，看來有望：史塔克頓太平洋大學前橄欖球員當初被排除嫌疑，只因執法單位登門拜訪時看到他的腿受傷。EAR習慣翻越籬笆，因此警方懷疑：「他腿受傷要怎麼翻？」

蜜雪兒問：「你覺得這是出於善意判斷才排除的嗎？他們怎麼知道他真的無法攻擊？」好問題。我說：「你說得沒錯，還不能排除他的嫌疑。」我不認為他的嫌疑很大，但我答應會聯繫FBI，要求探員拜訪他，取得DNA。

蜜雪兒偷偷拿到幾份南加州凶殺的檔案，還買到幾張現場照片，在桌上一字攤開。多年來，我一直想拿到這些照片，總是四處碰壁。她答應回到家就寄給我。

這是我最後一次見到她。

下個月，二〇一六年四月二十一日，蜜雪兒在自宅於睡夢中過世。官方判定死因為服用致命的混合藥物過量意外致死，包含阿德拉、贊安諾和吩坦尼。沒有人知道蜜雪兒自行用藥。我聽人說她吃藥是為了幫助睡眠，提升寫作專注力。我知道蜜雪兒精疲力盡，擔心無法準時交稿，但我相信事情遠比這還複雜。

沒多少人知道悲慘凶殺世界帶來的壓力，這是個糟糕可怕的地方，沒有人能輕率踏進這個世界。每個離開的人都傷痕累累，就連強硬的專業人員也無一倖免。蜜雪兒白天是妻子和母親，晚上則與精神變態及其受害者共同生活。作家肩負使命，逮捕連環殺手，這聽來浪漫，但這條道路通往著魔境界，且一路上危機四伏。我敬佩蜜雪兒敏銳的心思及其揭開連環殺手真面目的決心，但四年來都活在這種環境裡不免造成損傷。每分每秒，創傷都在累積。她或許察覺身心煎熬，於是自行用藥壓制症狀。我懂那種感覺。她的混合藥物就像我的波本，只是更致命。

我發現自己希望她從未開始寫那本書，我希望她與我分享她的掙扎，或許沒有人能比我更懂。要是我知道，就會告訴她要避開哪些陷阱。我知道這很諷刺，一開始蜜雪兒吸引我之處就在於她對本案的執著，這也認證了我的沉迷。

二〇一六年四月二十日星期三，她寄給我最後一封電子郵件，就在過世前幾小時。得知她過世的消息後，我開啟郵件。她在郵件結尾寫道：「下次再聊！蜜雪兒上」附檔是她在拉斯維加斯答應要給我的資料。到這時候，她都還在幫我。

在《洛杉磯雜誌》二〇一三年的報導裡，蜜雪兒寫道：「過去，大家問我是否擔心凶手還逍遙法外，我總是揮揮手不當一回事，指出凶手現在老了許多——可能已經六十二歲了吧。我答覆：『他沒辦法傷害我。』當時我還未明白，當我在每個無眠的夜晚裡，每分鐘都在追查他，而沒有抱抱我的女兒時，他其實早就在傷害我了。」

就某種層面而言，她是金州殺手的最後一位受害者。

現在，追捕他的理由更充分了。

24. 凶殺

第三次凶殺嘗試是精心傑作。一切都照他的計畫進行。一九七九年十月，他在戈利塔初次嘗試，出師不利——他為了做好心理準備，來回踱步反覆喊叫：「殺了他們！」那對夫妻便趁機逃跑。他記取教訓，改善做法，在兩個月後再次嘗試，就此展開東區強暴魔典型的攻擊模式。同年十二月三十日，他闖入骨科醫師羅伯特．奧佛曼的高級住宅大樓，奧佛曼醫師和伴侶臨床心理師黛博拉．曼寧酣然熟睡。兩人被綁在床上，但奧佛曼一番掙扎，繩子鬆脫，他向前衝出去。剛起步的連環殺手現在準備好了，他帶著一把槍。奧佛曼的胸口中了一槍，曼寧的後腦勺中槍，她趴在床上，腹部朝下。可是這次攻擊沒有帶來滿足。太乾淨了。第三次嘗試就不一樣了。他不會任由第三次變糟。他的怒氣需要釋放。

多虧蜜雪兒提供的凶殺資料，我終於能夠評估這幾次凶殺。即便專案小組成立，南加州分隊依然死守關鍵資訊，不願共享。我不怪他們，每個人都想成為破解金州殺手一案的人，但並非所有人都像他們一心只想守住資訊，寧願毀了集體努力。橘郡的一位情報來源終於讓步，答應蜜雪兒的「互謀其利」協商。對我而言，終於讀到犯罪現場調查官報告和病理學家發現，以及看到現場照和解剖照，都像找到失落的拼圖。讀了這些資料，我才認識了金州殺手。文件資料有上千頁，跟著他的演變，從我熟悉的強暴犯變成冷血殺手，殺人衝動之於他，就像海洛因之於毒蟲，容易上癮。

距上次凶殺，三個月匆匆流逝。最後一次嘗試時，據說他哭了。東區強暴魔還沒移往南方時，會在性侵後哭泣。我認為，他流淚的原因是發現目前的狀況無法再滿足他了。我想像他性侵之後依然不滿足，看到受害者的眼神透露恐懼，哀求他停止。光是這樣已經不能滿足他，他說不定已經和殺人慾望搏鬥好一陣才移往南方，改變目標。在戈利塔的第一次嘗試，要不是他失控，那對夫妻早就死了。我開始欣賞他精巧複雜的安排。基於北加州的多次經驗，EAR學到諸多教訓。他努力精進，加強身手，並且開發新技巧。在南加州，他示範了如果A計畫不成功，也能轉而採行B計畫。我閱讀這些案件，發現顯然他比之前攻擊時更加用心思考。針對每次攻擊，他都會事先計劃、監看、發展相應策略。如果攻擊沒有按照計畫展開，他會重新評估，直到第三次嘗試才終於成功，從欲求的壓力之中獲得解放。至少維持了一會兒。

萊曼和夏琳・史密斯（Lyman and Charlene Smith）夫妻則毫無機會。

一九八〇年三月某個大半夜，金州殺手溜進文圖拉高點（High Point）的高級住宅區，很可能直接叫醒了他們。史密斯夫妻不是一般人，往來的是菁英份子，交遊的是知名民主黨圈子。萊曼四十三歲，是前文圖拉郡副檢察官，已經準備好接受加州州長傑瑞・布朗（Jerry Brown）任命他為法官。夏琳比丈夫年輕了十歲，以前是先生律師事務所的祕書，後來成為第二任妻子。夏琳美豔動人，大家一聽到她的名字，最先提到的就是花容月貌。有些人猜測夏琳的美貌引狼入室。金州殺手可能在海灘或路上看到夏琳，然後尾隨到家？又或者他和萊曼發生衝突，畢竟萊曼工作時比較強勢？我們都知道EAR很會記恨。**我會要你好看**。

沒人知道那晚殺手怎麼進屋，沒有闖入的痕跡，沒有破碎的玻璃，沒有撬開的門。不用說，他們肯定沒有邀他作客。依照我的分析，經過頭幾次失敗，他開始信心不足，因此第三回一定要成功，才能重新感到自己握有權力，掌控一切。萊曼和夏琳的手腕、腳踝被綁，但這回殺手防堵一切風險，修改犯案手法，確保成功。他用一張毯子緊緊裹住萊曼，從胸前繞過手臂再到背後，就像臨時拘束衣。他可不能像上回一樣慘敗，那次奧佛曼醫師當場逃跑。他學到教訓了。

殺手按照計畫執行，萊曼和夏琳面朝下趴在床上。萊曼裸體，夏琳只穿著T恤。殺手從屋外的木柴堆拿了根木頭，就是個巨型武器。不知道在性侵夏琳後的哪個時間點，他掄起那根木頭，重擊這對夫妻。犯罪現場照顯示，床邊地板上的一件褲子上散落著幾片樹皮。如果毆打時木頭完好無缺，樹皮會掉在床上。只不過，木片掉在床邊褲子上，證明史密斯夫妻躺在床上，無助又驚恐的時候，他站在一旁，俯身其上，從謀殺武器上剝下樹皮。

我從殺手的角度思考，應該是人生遭遇導致他發瘋。失業嗎？正在辦離婚？和太太吵架？發洩對媽媽的恨意？受害者只是替身。連環殺手羅傑・奇伯（Roger Kibbe）的太太碎嘴嘮叨愛抱怨，每次她逮到機會對羅傑碎念，他都會保持沉默，走出家門，整晚找尋受害者。不論金州殺手為何生氣，怒意節節上升，簡單粗暴的射殺都不足以滿足他了。但用那根木頭痛擊史密斯夫妻，感受手下顱骨碎裂或許可行？那正是他怒意消退的時刻。

相較之下，暗夜尾行者的攻擊間隔較長，東區強暴魔則可以在一週內攻擊四五次。ONS因完美的史密斯攻擊獲得高潮，接著又過了五、六個月，一九八〇年八月十九日，在達納波因特（Dana Point），他強暴了派翠絲・哈靈頓（Patrice Harrington），隨後殺了她和她先生。一九八一年二月五日，在曼妮拉・維特恩（Manuela Witthuhn）位於爾灣的家中，他趁她先生在醫院時，對她先姦後殺。一九八一年七月二十七日，他殺了謝莉・多明哥和格雷格・桑切斯。地點是多明哥代為看家的房子，而桑切斯只是剛好去戈利塔拜訪她。所有人都遭受重擊致死。

我重建了犯罪現場，顯示桑切斯奮力反擊。桑切斯臉部中槍，依然全力反抗。血痕透露激烈、持久的搏鬥，桑切斯浴血奮戰，後腦勺承受了二十四次重擊才身亡。血濺四方，殺手逃跑前還翻找衣櫃，換上一條屋主的乾淨褲子才回家。我想桑切斯嚇到了他，桑切斯的反抗可能因此拯救了幾條性命，

殺手隨後沉寂了五年。一九八六年五月四日或五日夜晚，他重返爾灣先姦後殺珍妮爾・克魯茲（Janelle Cruz），珍妮爾那時才十八歲。

再之後，他就消失無蹤了。

25. 喬瑟夫・詹姆斯・迪安傑羅

到二〇一七年初，我已經查完手上所有金州殺手的線索。專案小組也已乾涸殆盡，每位看似有戲的嫌犯都排除了嫌疑。蜜雪兒過世後的十個月裡，我還多調查了兩位。我不停揮棒，想轟出全壘打，但每每落空。沒多久我就要退休了，即將離開執法單位和熟悉的生活。我正盯著職涯終點，開始思考，我追捕金州殺手二十三年，最終可能和之前所有調查員一樣，到頭來死路一條。我還有一年可以努力改變結局，可是能做的不多了。

二月時，我接到好友羅克姍來電。羅克姍警探經驗豐富，任職於郡警局，多年來和我密切合作。她說：「我需要你來一趟。」我開過市區前往羅克姍的辦公室。我進入辦公室時聽到電話開著擴音，另一頭是聖伯納迪諾郡警局警探彼得・黑德利（Peter Headley）。黑德利上氣不接下氣，告訴我們：「我們知道麗莎・詹森（Lisa Jensen）的身分了。」什麼？黑德利找到一名五歲女童的身分了，她在一九九六年夏天遭人遺棄在露營車營地，一名過客宣稱自己是父親。女童的真實身分成謎，多年來都是許多調查員的難題。自稱女童父親的賴瑞・范納（Larry Vanner）被警方尋獲，服刑不滿兩年。麗莎是養女，但只有模糊不清的記憶能說明她的出生背景。范納出獄後就消失了，在二〇〇二年重新出現在我們郡。同時間，他的女友全允順（Eunsoon Jun）的屍體經人發現，就埋在他們家地板下方的通風空間裡，在一堆貓砂下。范納被控凶殺。DNA證明他不是麗莎的父親。二〇一〇年，范納在獄中過世，一併把麗莎身分之謎帶進墳墓。現在黑德利居然找到女童姓名：棠・博登（Dawn Beaudin）。

我問黑德利：「怎麼辦到的？」

黑德利說他使用某個被收養人專屬網站，他們可以透過該網站搜尋親生父母。系譜學家芭芭拉・蕾・凡特（Barbara Rae Venter）一直從旁協助黑德利，之前凡特也協助被收養人尋根。黑德利無法說明運作過程，但丟出一個詞彙「厘摩」。厘摩是單位，用來測量基因連鎖。我好一陣子沒聽到這個詞了。這完全不同於我用來搜尋金州殺手系譜的染色體成分，我也好奇是什麼方法最終找到了棠・博登的身分。

開回辦公室的路上，我激動不已，全身因期待高漲而刺麻。我等不及打給凡特，詢問她用來找到棠身分的技術是否可能用來識別無名凶手。

我一坐下就撥電話，告訴凡特我目前手上有大案子，想瞭解她用來識別棠・博登身分的技術。我問：「如果只有DNA樣本，這樣可以找出凶手身分嗎？」她答：「我想不到沒辦法做的理由。把你手上的資料寄給我。」我說我會寄凶手的DNA「快照」[11]，樣本來自精液證據，據聞是金州殺手最後一次攻擊（一九八六年，他在爾灣殺害十八歲的珍妮爾．克魯茲）的精液。帕拉邦（Parabon）DNA科技公司為橘郡製作該快照，目的是重新繪製金州殺手的畫像。凡特說：「太可惜了，你沒有SNP型別。」我知道SNP（單核苷酸多型性，發音為snip）已用於辨別致病基因。這幾年我參加鑑識會議，也看到研究者報告他們還在嘗試，思考要如何使用SNP來識別身分。但此刻，鑑識科學圈的標準作法是STR。我不知道系譜學家已經使用SNP技術來尋祖。對我而言，這些都是全新的消息。

我寄出帕拉邦分析的型別，等待凡特答覆足否能幫忙。幾週後，我寄了封電子郵件詢問後續。她沒有回覆。我猜她改變心意了，畢竟系譜學家經常因為隱私問題躊躇不決，不確定是否要和執法單位合作。同時我也寄出自己分析的Y染色體型別，我拿了康郡某件老舊性侵案證據採集包的證物，使用標準Y—STR鑑定技術，結果與Ysearch.org免費網站上某位人士的基因型部分相符。命中之後，我拿到聯邦大陪審團的傳票，獲得FBI鼎力協助，取得該名人士的DNA採樣（男性，七十四歲，住在奧勒岡養老院），無奈只獲得

11 DNA snapshot，由美國的帕拉邦（Parabon）DNA科技公司研發的技術，能夠利用DNA樣本預測臉部特徵。

令人沮喪的詳細資訊：該名男士和金州殺手九百年來都沒有共同祖先。那時我明白了Y—STR技術無法破解金州殺手一案。我回到原點，再次歸零。

我已經無路可走，凡特又無消無息，所以我開始研究SNP和系譜學的連結，想明白究竟是如何運作。我讀遍所有能找到的資料，花無數個小時看YouTube相關影片。人體基因體散布在二十三對染色體，其中二十二對是所謂一般染色體，也就是體染色體，最後一對是性染色體，能區分男女性別。Y染色體由父親傳給兒子，代代相傳，幾無改變。多年來我都使用自己製作的金州殺手DNA型別，沒想到現在私人系譜網站不支援Y—STR技術。然而，SNP型別則是從體染色體萃取，超出傳統男性基因群，也因此涵蓋較大範圍的人口。系譜學公司使用顧客提供的DNA樣本製作SNP型別，可利用總體人體基因體的SNP高達上萬個。這些公司掌握驚人權力，而我則是初聞這些技術。執法單位對系譜學的認識還很初淺，我準備好要跳入更深的池子探索了。

二〇一七年春天，我接到史提夫．克瑞莫的來電。史提夫是FBI洛杉磯外勤辦公室分局顧問。我從未見過他，但我們在FBI有共同友人。史提夫聽說我還在持續調查金州殺手一案，說道：「保羅，我相信DNA，而且DNA一定會幫你破案。我能幫上什麼忙？」我很高興能借助FBI之力。

我們之後每天通話。史提夫學得很快，聰明絕頂，處理本案還有項優勢，那就是他在一九九〇年代中期師事伍迪．克拉克（Woody Clarke），克拉克檢察官之前負責辛普森一案的DNA證據。史提夫外向活潑，屬A型人格，就像鬥牛犬，只要咬住目標，絕不鬆口。他絕對是我要牢牢綁住救生繩的人，我心想。

由於有些過程還是得繼續執行，我拿起寄給凡特的帕拉邦快照報告，閱讀製作DNA快照的過程說明。有時候我相信命運。在高來高去的技術術語之間，埋了一個註記說明他們使用醫療DNA晶片，可以查看成千上萬筆SNP（採自橘郡克魯茲凶殺一案提交的DNA樣本）。當時凡特聽到我說沒有SNP型別似乎很失望，但根據這份報告，帕拉邦必須先用該筆橘郡精液證據製作完整的SNP型別，才能製作快照。我驚呼：「天哪，哇靠！」

執法單位多年來一直企圖使用系譜學來破案，但都沒辦法製作可以用在系譜網站的DNA類型。Ancestry.com和23andMe等地方的實驗室不會處理逐漸劣化的精液證據，他們處理的都是試管中的唾液。最大的障礙一直都是「如何製作相容的型別？」在我看來，帕拉邦已經解決這個問題。

我打給克瑞莫，告知這項新發現，說道：「這就是Ancestry和23andMe幫顧客尋找親戚的方式！帕拉邦有八十五萬筆SNP型別，正是我們需要的。」我必須取得他們所有分析，才能重新製作金州殺手的DNA型別，之後才能使用在私人系譜網站。

接下來幾週，我們反覆討論現有執法方式和SNP技術究竟哪個比較好，最終都同意SNP技術是未來趨勢，雖然現在還未用於刑事調查，但之後必定會遇到許多阻礙。

我們才剛起步，立刻遇到第一個阻礙。帕拉邦宣稱報告是「專利」，不能外洩。我說：「狗屁！」該份報告由橘郡委派，DNA樣本也是橘郡提供，因此該份DNA型別歸橘郡所有。我與創辦人夫妻輪番討論，帕拉邦終於同意提供我那份DNA型別，前提是我得向他們之前合作的橘郡助理警長取得口頭許可。我答：「沒問題。」

接著我打給警探艾瑞卡・赫奇克拉夫特（Erika Hutchcraft）。艾瑞卡任職於橘郡地方檢察官辦公室，之前也在專案小組。當初就是由艾瑞卡僱用帕拉邦，希望參考該份快照，繪製新的金州殺手畫像。我說：「我需要你的許可。」她向上匯報，橘郡警佐來電，說道：「等我回報一下老闆。」克瑞莫針對執法單位調查刑事案件時使用私人系譜公司資料是否違法展開審查。我信心十足，我們絕對能拿到金州殺手的SNP型別，但之後還得依法搜尋這些私人資料庫。

一經克瑞莫確認全面合法，我們就開始尋找系譜合作商。從最大間的著手：Ancestry.com。該公司隱私官說：「你們的樣本和我們的技術不相容。」我好奇他們對不知情的調查員說了多少次一樣的話，調查員就這樣接受了這種答覆。我可是做足準備，回覆道：「我們可以提供相容的型別，可以用來比對搜尋你們的專利SNP型別。」隱私官答應：「我會再和你聯絡。」又過了幾週，Ancestry家譜公司請律師出席，參加隱私官與我的電話會議。克瑞莫是名檢察官，他和家譜公司的律師辯論我們要做的事是否合法。一張聯邦大陪審團的傳票就能駁回一切隱私問題，克瑞莫說。光是那樣還不夠，對方律師說，或許還需要交由法院判決。克瑞莫回：「我同意。」

我們其實不需要請法院裁示，因為我發現另一家GEDmatch網站，任何人都能上傳型別，獲得搜尋結果。這家網站屬於公眾領域。最棒的是，私人網站通常也會把個人型別上傳至GEDmatch，代表我們也能搜尋每個專利資料庫的每個人。GEDmatch是系譜DNA的巴別塔。

七月三十日，我寫信告訴克瑞莫這則消息：「我有一個Gmail人頭帳號，已經用來註冊GEDmatch帳號。GEDmatch是公眾領域的DNA配對網站。附檔是螢幕截圖，圖示說明GEDmatch如何從不同系譜公司取得原始DNA資料檔案，上傳資料開放搜尋。」

最終，我們得償所願。我們還是沒有得到橘郡的回音，克瑞莫安排了一場電話會議，告知爾灣警察局我們的計畫，並請求協助。警長和警探聽到計畫都很興奮，答應要合作調查。

調查不是時刻有進展，中間總有長時間停滯，這回也不例外。我們直到十月才終於收到橘郡的回音，前地方檢察官寄來郵件，他最近才重新被召回職場，負責處理金州殺手一案。

橘郡地方檢察官辦公室比較晚才加入金州殺手搜查。等到二〇一六年秋天一場會議過後，地方檢察官東尼・拉考卡斯（Tony Rackauckas）因為沙加緬度地方檢察官安・瑪麗・舒伯特力勸，同意撥出資源共同努力解決金州一案，指派的人正是警探艾瑞卡・赫奇克拉夫特。

我答應在十一月一日和拉考卡斯會面。那天，我開了八小時前往聖安納，準備好報告資料，等不及分享我們至今的進展。拉考卡斯剛好和我同時進電梯，我們相互寒暄問候。我跟著他要進會議室時，裡面兩位助理地方檢察官卻把我擋在門外。兩位檢察官和拉考卡斯進行密室會談，我則和警探赫奇克拉夫特在門外等待。四十分鐘後，終於請我加入。我坐在會議桌旁，正面對著地方檢察官。桌子正中央有臺電話，拉考卡斯請兩位專家透過電話與會。我心想，好喔，要是能先知會一聲就太好了，但是……我根本還沒進入正題，只提了帕拉邦，其中一名專家的大嗓門就穿透喇叭打斷我。他咆哮道帕拉邦違反道德，盡全力阻止我繼續報告。我瞄了一眼拉考卡斯，他看起來在竊笑。都是設計好的，我心想。這就是為什麼我被邀來這裡。他們想要詆毀我，想要屏棄我和我的調查。我對那位專家說：「先生，請聽我說完。我沒有說要使用帕拉邦來做任何事。我是說帕拉邦已經製作出我需要的東西，而我的請求只是想要拿到我需要的而已。」我還想繼續說，專家說：「欸，我不太贊同。」他舉了近期一個法國案例，強調最好還是走STR這條路。金州殺手的某個STR標記特別稀有，把加州資料庫所有該標記名單的人一一交互參照，就能縮小可能範圍，他說這才是對的方法。我說：「這想法很有意思，只是之前我計算了一下，依照加州現有DNA資料庫的大小，估計大概兩萬四千人有同樣的標記。」我更加確信系譜才是該走的路。

會議結束得還算融洽。拉考卡斯匆忙離開，其中一位檢察官要我留下。我以為她有其他問題，但她的態度立刻從嚴肅轉為暴怒，雙手因憤怒而顫抖，氣道：「你背著我們暗中來！直接跑去爾灣。」什麼？我背地裡偷來？她指的是克瑞莫之前安排的會議，我透過電話參加。我說：「等等，我可沒有背著任何人偷來。橘郡沒有回覆我們提出的要求，克瑞莫和我才做了任何優秀調查員都會做的事，也就是讓調查繼續。我們去爾灣，直接找資料源頭，請他們加入調查。」我工作這麼多年，地方檢察官辦公室從來不會介入說情，遑論干涉我們怎麼做。實在太荒謬了。檢察官不會管調查方式，只會阻礙調查。她根本不想聽我說話，還變得越加咄咄逼人。「跑一趟奧勒岡養老院、拿到那位老男人的DNA根本是浪費時間和資源。」她說到全身顫抖。我說：「說實在的，我們需要做更多。」

我離開那棟大樓，只覺得自己上鉤了，落入政治風暴，再中了埋伏。克瑞莫早先安排的爾灣會議竟然讓拉考卡斯如此激動難平，決定在這場會議動用影響力。拉考卡斯根本不想讓來自康郡的鑑識調查員和自大的FBI傢伙出手解決他的案件。

離開檢察官辦公室的災難現場，我直接前往飯店酒吧。隔天早晨，我依原訂計畫再次報告，這回觀眾是FBI、爾灣警察局、橘郡郡警局。午餐時，我旁邊坐了爾灣警探約翰・桑德斯（John Sanders），他不太滿意拉考卡斯小組的作為，認為爾灣有權自行轉交任何我們需要的東西，他說：「而且我們一定會給你。」

幾天後，克瑞莫從車上打來，怒氣沖沖道：「簡直不可理喻！拉考卡斯叫爾灣警長不要給我們樣本。」

我愣了一下，試圖理解克瑞莫所說的話。

我說：「他沒有權力阻止另一個單位調查自己的案件。」

「爾灣有其他選擇嗎？地方檢察官掌控所有要追查的案件。」

我說：「特別調查小組的合作精神就到此為止了。」

拉考卡斯突然出手干涉，殺得我措手不及。實驗室從珍妮爾・克魯茲衣服上取得的DNA已足夠，這是我們能取得最好的證據。這傢伙本該代表真相與正義，現在竟然拒我們於千里之外。我相信拉考卡斯認為他的證據是我們的唯一選項，而我也害怕真是如此。

克瑞莫和我得匆匆尋找新的DNA來源，但真的有其他來源擁有同樣的高品質嗎？評估完所有案件，我們決定史密斯夫妻可能會是最佳替代來源，也就是文圖拉凶殺案的受害者，或許能取得充足的DNA來製作可用的型別。我們和文圖拉郡的調查員史蒂文．羅德斯（Steve Rhods）及該郡刑事鑑識實驗室主管沙寧．巴利歐斯（Shanin Barrios）約好會面。我大致說明目前進度，兩人聽完覺得不可思議。羅德斯問：「為什麼我們不這麼做呢？」我回：「重點是你們有的量充足嗎？還有，夠純嗎？」巴利歐斯說：「讓我看看。」

手腳要快。我擔心拉考卡斯一發現就會出手阻止。現在分秒必爭，我們不耐煩地等待文圖拉刑事鑑識實驗室萃取DNA。克瑞莫向我保證，只要由FBI取得DNA，拉考卡斯就束手無策。我說：「我開始感激FBI強大的權力了。」

克瑞莫提醒他在文圖拉FBI分局的熟人隨時準備好立刻帶走文圖拉實驗室萃取的DNA。我幻想電話鈴響，探員丟出繩索，從直升機下攀，抓住DNA試管，再被拉回機上，瀟灑飛離現場。實際上當然沒有這麼戲劇化。十一月中，我收到通知，文圖拉刑事鑑識實驗室成功從史密斯證物中萃取出大量DNA。來源樣本狀態良好，在一九八〇年凶殺案後就冰在冷凍庫保存。多虧文圖拉郡當時的法醫克勞斯．史畢斯（Claus Speth）獨樹一格的習慣，他總是為強暴案製作兩份檢體，一份用於調查，一份僅供不時之需，以防萬一。

FBI探員從文圖拉實驗室拿到樣本，幾天內我們便和基因檢測公司FamilyTreeDNA合作，使用夏琳．史密斯的性侵拭子製作新的SNP型別。促成這次合作的是克瑞莫和FamilyTreeDNA創辦人班奈特．葛林斯潘（Bennett Greenspan）。葛林斯潘還力排眾議，允許用電腦比對我們的新型別和他公司兩百萬名顧客的型別。克瑞莫登記了一個 FamilyTreeDNA 帳號，用的是假身分，我們得以登入查看清單排名，看看該公司資料庫中和我們的凶手共享 DNA 的人，以及共享的程度。接著我使用 FBI 提供的帳號密碼登入 GEDmatch 的人頭帳號，上傳各個型別，搜尋範圍可以拓展至兩百五十萬份型別。

我到沙加緬度地方檢察官辦公室向安・瑪麗・舒伯特及其員工做簡報，說明克瑞莫和我目前在做什麼。舒伯特同意讓警督科克・坎貝爾（Kirk Campbell）和助理調查員莫妮卡・柴考夫斯基（Monica Czajkowski）協助系譜搜尋工作。克瑞莫邀請同辦公室的分析師梅麗莎・帕里索（Melissa Parisot）一同參加。

就在同一個月（二〇一七年十一月），凡特寄了電子郵件給我，距我們上回通話已隔了九個月。凡特說她很抱歉沒有回覆，這幾個月她的健康亮紅燈，接著問道：「你的案件還需要協助嗎？」我回覆：「當然！」

凡特從旁指導，我們得以展開大工程，試圖使用系譜找到金州殺手。距離退休的日子只剩短短四個月而已。雪麗和我規劃新的開始，瓦卡維爾的家已經進入房市，我們會帶著十二歲和十歲的孩子去科羅拉多州居住。難道我必須在我們快要破案的關頭離開？一股急迫感促使我加倍努力，白天我在辦公室忙著處理本案，晚上回家等所有人都入睡，我會繼續調查。積習難改。

拿到用夏琳證據製作的SNP型別後，我們六人小組花了數百個小時，為每一個可能的配對建立系譜。凡特教我們系譜學家多年來幫被收養人尋找親生家庭時所使用的技巧：三角檢測技巧，利用遠親和三角檢測，回推一名共同祖先。這項技巧從未用來偵查凶殺案。評估系譜可以縮小範圍。我們填滿系譜樹上的所有分枝，用的是傳統系譜搜尋工具。我們查遍所有出生紀錄、剪報、Facebook和其他社群媒體，系譜樹越長越大。我們一度搜尋六十位可能的遠親，系譜樹一路追溯至一七〇〇年代，最接近的是三代以內旁系血親，多達十二名，範圍還不夠小，無法輕易展開搜查。大家都深感挫敗。二〇一八年二月，凡特寄信給克瑞莫和我：「我們可能要走運了。」她用自己的帳戶登入MyHeritage.com，找到金州殺手的兩代內血親。我們又更靠近一代，調查又邁進了一大步。

現在有了兩代內血親的姓名，我們又再填滿分枝。幾經刪減，我們縮小嫌犯名單，只剩一小群年齡大致正確，而且在攻擊期間都住在加州的男人。以此為基準，我們再次縮小範圍，這回標準是受害者描述的外貌。嫌犯大約六十到七十五歲，白人男性，中等身高，中等體型，淡藍色眼睛，鞋碼九號（參考現場留下的鞋印）。最有望的線索是名來自科羅拉多州的男子。我們找到他姐妹提供DNA樣本，她不是金州殺手的手足。科羅拉多男子從名單中剔除。

下一位最接近的男子名叫喬瑟夫．詹姆斯．迪安傑羅（Joseph James DeAngelo）。這名字從來沒有出現在本案的嫌犯名單中。三月十五日，我開始調查迪安傑羅，發現他曾任職於執法單位。二、三十歲的時候，迪安傑羅分別在埃克塞特（Exeter）、羅斯維爾（Roseville）和奧本警局各待了一陣子。我心想，如果凶手是警察，那可有趣了。迪安傑羅在目標年齡內，住在沙加緬度柑橘高地，妻子是一位離婚律師，但兩人分居超過十年，育有三女。柴考夫斯基找到一九七〇年的剪報，宣布迪安傑羅和一位名叫邦妮的女性訂婚，但沒有找到他們結婚的紀錄。

EAR在某次性侵後，崩潰大哭，喊道：「我恨你，邦妮。我恨你，邦妮。」

隨著我越挖越深，迪安傑羅越來越有意思。他歷年的居住地址完全符合東區強暴魔一九七〇年代的移動軌跡。在購入柑橘高地的房子之前，迪安傑羅住在蘭喬柯瓦多市（Rancho Cordova）。一九七〇年代早期，人稱維沙利亞強盜的罪犯闖入聖華金谷（San Joaquin Valley）住宅洗劫一空時，迪安傑羅也住在那區。長久以來大家總認為，說不定東區強暴魔的犯罪開端，就是惡名昭彰的維沙利亞強盜。

我的最後一天工作日是三月二十八日，只剩不到兩週。必須開始聯絡人了，我心想。

首先，向奧本警察局詢問人事紀錄。我聯絡上前局長尼克・威利克（Nick Willick），一九七九年，威利克開除迪安傑羅，同年稍早七月時，迪安傑羅在沙加緬度某間藥局被抓到偷竊驅狗劑和榔頭。他被開除後的兩個月，金州殺手南下戈利塔，展開殺人階段。我告訴威利克，我在調查的案子可能牽涉到之前在他局裡任職的員警喬瑟夫・迪安傑羅。威利克說：「他是老鼠屎。」他那時體格如何？我問。威利克答：「將近一百八十公分，金髮，健壯。」就像ＥＡＲ。威利克想起一件怪事，說：「我去過他家一次，生活區域安排得很奇怪。他有自己的房間，太太也有自己的房間，如果想要在一起，還有另外一間專用的房間。」他為什麼會被開除？我問道。威利克說明：「他偷東西被捕。我們搜了他家，贓物多到你根本無法想像。」開除迪安傑羅之後，威利克收到迪安傑羅的奪命威脅。就和金州殺手一樣愛記仇，我心想。接著最詭異的事情發生了，威利克說：「我女兒有天晚上跟我說：『爸爸，我房間窗外有個男人，手裡拿著手電筒。』」威利克衝出屋外，發現房子四周剛被踩了一圈鞋印。威利克說：「我知道那個男的就是迪安傑羅。」我的雙臂起了雞皮疙瘩。下手的肯定是ＥＡＲ，我心想。

我打給克瑞莫，簡單說明了一下。我們都同意必須拿到迪安傑羅的ＤＮＡ。

只差一天，我就要退休了。

我開離馬丁尼茲，朝柑橘高地前進。和雪麗一起去科羅拉多州買房前，我至少得看一眼迪安傑羅住的地方。

26. 專案代號：金州殺手行動

二〇一八年四月，我們開始監視喬瑟夫・迪安傑羅。FBI勤務臥底小隊和沙加緬度郡警局，二十四小時盯梢迪安傑羅位在肯揚奧克路的住家。所有人員都開著借來的舊車，才不至於太突兀，蹲點都在不顯眼的戰略位置，環繞著柑橘高地鄰近地區，還有一架FBI飛機定期飛過上方。迪安傑羅和大女兒以及十幾歲的孫女同住。每雙眼睛都盯著他的一舉一動，每天例行庭院修剪和保養愛車VOLVO。本次監視行動由沙加緬度地方檢察官辦公室的肯・克拉克負責。三月底我正式退休，因此於兩地來回奔波。前往科羅拉多州看房子時，克拉克打來說蒐集迪安傑羅DNA的祕密行動已經展開。四月十八日星期三，調查小組跟蹤嫌犯進城，到知名工藝品商店好必來（Hobby Lobby），趁嫌犯採購時，調查員用拭子刷遍汽車方向盤。

等待實驗室產生結果的兩天，我的手機不停震動，克拉克、克瑞莫、科克・坎貝爾輪番打來，回報計劃最新進度（坎貝爾就是沙加緬度地方檢察官辦公室的主任調查員）。四月二十日星期五，雪麗和我向賣家出價，那幢房子有一間設備齊全的縫紉室。我們到華館

（PF Chang's，知名美式中餐廳）吃晚餐，用餐時，我看到手機顯示坎貝爾來電，便走出餐廳接電話。我們沒有寒暄，只聽到他有點喘，說道：「絕對不能跟任何人講！我不太確定這是什麼意思，但實驗室看來非常興奮。」他唸DNA報告給我聽。就是他，我說。

噢天啊，就是他！

我們手上的基因地圖直接指向這位七十二歲前員警的家門口。邪惡總算有了名字。凶殘惡毒的連續強暴犯和殺手，是位父親，也是位祖父，他的庭院車道上有一艘小漁船，車庫停了一輛VOLVO，這名「一般男性」閒暇時自行組裝模型飛機，也很愛護自己的家，總是把草坪理得漂亮平整。每次用除草機除完草，他都會跪在庭院中四散的裝飾岩石旁，仔細修剪岩石周圍的草。處理本案以來的二十四年間，我經過這區無數次。在我一直忙著找他的這段時間，其實他就在眼前。

科羅拉多州現在是黃昏，天空開始飄起雪。我抬頭看星星，深吸一口氣，感受此時此刻。一路走來，二十四年。二十四年，我走過最高的山峰、最低的峽谷。第一段婚姻時，我追查東區強暴魔；第二段婚姻時，我追捕金州殺手。沒有任何事比本案還重要。我才退休沒幾週，便開始體認到本案造成的傷害。雪麗和我之前有好幾個月都在做婚姻諮商，但現在雪麗拒絕繼續諮商，除非我先自行尋求協助。我還是繼續喝波本，時常過量，本來寄望退休和搬家能帶來心靈平靜。不過，沒有任何一刻比得上此時此刻的感受。我站在星空下，遠望山脈，深知金州殺手的報應近了。那些人生被毀的受害者，或許終於能獲得一絲安慰。

我走回餐廳，雪麗興奮地唸出幸運餅乾紙條：「你會找到夢想家園。」她說：「快開你的！」我盯著她，不說一句話。幾秒過去了。她問：「坎貝爾要做什麼？……DNA結果回來了？」我繼續盯著她。她說：「不會吧！」我點了一下頭。她問：「是他？」我再點一次頭，知道如果現在開口，我們倆肯定無法保持冷靜。我們結完帳，雪麗推著我出餐廳，邊說：「快說，快說，快說。」在開回飯店的路上，雪麗表達這一切終於結束令她鬆了多大一口氣，她之前總是擔心某天金州殺手會找上門，處理掉多年來鍥而不捨追逐他的人。那晚，我們倆都沒睡好。星期六，賣家接受出價，我們簽完所有文件後飛回加州。我被告知要在星期一向沙加緬度郡警局報到。

出於謹慎，沙加緬度助理檢察官舒伯特要求採集第二次樣本。偵查小隊持續監視，等待機會執行指令。星期一傍晚，迪安傑羅把垃圾拿出屋子，隔天有垃圾清運。天黑之後，探員從垃圾桶拿走幾袋垃圾，翻出所有可能存留DNA的物品——胡椒博士（Dr Pepper）空罐、礦泉水瓶、任何可能吃過喝過的東西。總共收了十一樣物品，最後一刻還拿了第十二樣——想想還是決定拿走的一張衛生紙。實驗室收到急件指令。等待結果時，克拉克和我撰寫了四十四頁逮捕令，要提交法官簽發，勤務小隊也同時規劃下一次襲擊。這次是超級機密行動，只有文圖拉收到通知，因為他們之前提供證據，讓我們找到迪安傑羅。

四月二十四日星期二，第二份DNA結果出爐，那張衛生紙上的DNA百分百相符。黑袋行動[12]正式展開。計劃是等迪安傑羅離開房子，尾隨其後，直到公共空間，探員再一舉蜂擁而上，拖進無標示廂型車。迪安傑羅習慣在傍晚整理房子，而且那個星期三他沒有出家門。小隊成員都同意再拖一天會太危險。太陽開始西下之時，迪安傑羅終於走到側邊庭院，那裡沒有大門、沒有圍欄、沒有門可以逃回屋內。在沙加緬度，我們一群人開啟防竊聽警用無線電，聽取新行動的開展。指揮官說：「綠燈，前進！」小隊蜂擁而上。我們緊張萬分，迪安傑羅是危險的連環殺手，多年來蒐集整庫房的槍枝。他可能開槍射殺警察，狹持自己家人當人質，或者自殺。一切寂靜無聲。幾分鐘過去了。一滴汗水滑下我的背。

指揮官終於說道：「嫌犯已被扣押。」

沙加緬度凶殺組歡聲雷動，大家互相擊掌。

迪安傑羅身穿黑色短褲、白色T恤，雙手被銬在背後，被帶上警用廂型車。只聽他尖聲說道：「烤箱裡還在烤東西，我才煮到一半。」

---

12 Black Bag Operation，一般指政府機構或情報機構祕密潛入目標家中或辦公室，搜查、監控，取得情報。

當天晚上，所有相關探員都收到通知，殺手已經遭拘押。迪安傑羅被帶到沙加緬度郡警局凶殺組，我們一群人看著三名武裝警察押著他進偵訊室，還有人拍照。這禽獸毀了那麼多人，現在又老又胖，除了那張邪惡陰沉的臉，看起來就是個普通人。我一直認為他就是個普通人。他被銬在偵訊室桌前，空間狹小，有灰色牆壁和一片雙面鏡，我的目光離不開他。接下來一個小時裡，迪安傑羅一動也不動。就連抽動一下都沒有。我告訴克瑞莫：「這就是他攻擊時會做的事。」我想到所有受害者回想東區強暴魔時，都提到他會靜靜站在床邊，靜到沒有人知道他就在身邊。

接下來數小時，大家輪番詢問。他一言不發，就只是盯著牆。唯一一次轉動身體，是一名女性警探進來詢問是否要喝東西時，礦泉水？胡椒博士？我隔著玻璃看著他的反應，背脊一陣發涼。迪安傑羅轉向她，一臉邪惡陰沉，緩緩由上而下打量她，再轉身面對牆壁。

歷經數小時嘗試，迪安傑羅很明顯沒有打算開口，他被獨自留在偵訊室。我還是戴著耳機，看著他開始自言自語。聽不太清楚大部分的話，但有聽到的倒是很清晰，他說：「我應該要更堅強。」他用如同多名受害者描述的粗啞聲音低語：「是他逼我的。」

27. 是他嗎？

二〇一八年四月二十六日

睡了三小時後，我重回沙加緬度，出席舒伯特主辦的記者會。不過在那之前，我們之中有幾位受邀，可以走一回迪安傑羅的家。他的家實在平凡無奇：三間臥房、客廳有電視、廚房流理臺堆滿垃圾食物，開箱的巧克力、脆餅、洋芋片、罐裝汽水。我好奇他從犯罪現場帶走的小物都藏在哪裡。我想像七〇年代的他半夜丟下妻女，外出狩獵，他的太太和女兒作何感想？他又跟她們說了什麼？迪安傑羅的房間是最後一站。我的腳才剛踏入房內，眼睛就直盯著電腦螢幕瞧。螢幕放在房門後的桌上，旁邊有一罐開了蓋的花生醬，一旁有一支湯匙。我走上前，螢幕用一條毛巾遮著。我心想，噢天啊，這就是ＥＡＲ時期會做的事。性侵之前，他會拿毛巾遮蓋電視螢幕或檯燈，讓光線變得柔和。我的耳畔響起受害者的聲音：**他蒙住我的雙眼，拿毛巾遮住燈，才強暴我……他扯開我的上衣蓋住檯燈，問我那晚是否已經做愛了……他把我轉身臉朝下，綁住我的手腳，然後他去浴室拿了一條毛巾**

遮住燈。我轉向身旁的克瑞莫，說：「他在重溫過往的攻擊。」

沙加緬度地方檢察官辦公室擠滿了媒體，來自全美各地和海外各國。各轄區都派代表出席，我停好車時大家都正好抵達。橘郡代表包括地方檢察官東尼・拉考卡斯，以及對我惡言相向的那位檢察官。拉考卡斯走過我身邊，連聲招呼都沒打。我試圖打招呼，但那名檢察官渾身僵硬。我看著他們爭先發言，四十多年悲劇的重大結局很明顯即將淪為政治舞臺秀。

一如往常，拉考卡斯走上講臺，一臉理所當然。我看著他，想像著他硬挺白襯衫上的鈕扣在他炫耀橘郡讚嘆橘郡時，隨著鼓脹的胸口起伏拉扯。相機快門不斷，攝影機持續運轉，他說：「這麼多年以後，關於這些可怕罪刑的凶手是誰，這塊大石終於可以落地了。」而且和你一點關係都沒有，我心想。

我轉向克瑞莫，他看著我，一臉瞭然。我受夠政治的自大傲慢，說道：「我要走了，還得打給受害者。」克瑞莫點點頭。

就這麼剛好，我的手機響了，螢幕顯示的名字，我已經好多年沒見到了。我之前把手機號碼給了她，就如同我把號碼給其他受害人。我坐進車子後座，接起電話。

「瑪莉？」

瑪莉是迪安傑羅強暴的最後幾位受害者之一，也是其中最年輕的。

一九七九年夏天，瑪莉即將升上八年級，迪安傑羅在凌晨四點闖入她的家中強暴她，就在牆上漆了獨角獸的漂亮粉紅色房間裡。瑪莉相信三年後她爸爸因無法承受心碎而過世，爸爸對於沒辦法保護她而自責。

現在她打來，急切地想知道電視上播的是事實。

我問：「瑪莉，是你嗎？」

她聲音顫抖：「真的是他嗎？」

我說：「瑪莉，百分之百就是他，而且他永遠不會再見到外面的陽光。」

瑪莉將近四十年份的心痛和恐懼一瀉而出，腦海湧現所有回憶。雖然她還在哭泣，但她終於說道：「對不起，對不起！對不起！對不起！我不是不高興，我只是太開心了。」

28. 意義

直到五月底，我才獨自坐下好好思考金州殺手一案。記者會之後，好幾週的時間裡都塞滿媒體的採訪請求和經紀公司、電視臺製作人的來電，詢問我是否願意聊聊該案。我們每天都接到上百通來自世界各地記者的來電。在那個春天午後，我在經過兩週之後，終於回到科羅拉多州的新家。雪麗和孩子出門去了，家裡很安靜，我倒了一杯波本，點開迪安傑羅的照片。逮捕那晚我拍了一張，他坐在偵訊室裡，一個人弓著背，看起來垂頭喪氣。我大聲說：「抓到你了！」

這樁案子帶來些許名氣。逮捕後兩年，除了少數幾天例外，我都在路上協助全國執法單位調查懸案。雪麗被迫一人扛起在新環境安頓家人的責任，我則在外為了電視的犯罪節目追查案件。因為電視節目，我才有機會認識德州沃思堡的卡菈．沃克（Carla Walker）命案。二〇一九年十二月，我和卡菈的弟弟吉姆會面，沒有預料自己的情緒會大受衝擊。我聽著吉姆講述當他還是男孩的時候是怎麼一次又一次重返那個偏僻的涵洞（發現卡菈屍體的地方），我內心的某塊破碎了。

卡菈慘遭殺害時，吉姆才七年級，滿臉雀斑，有著亂蓬蓬的草莓香檳金色頭髮。卡菈三天未回家，郡警局警員來訪告知卡菈遺體被尋獲，當時在門口的不只有她的爸爸媽媽，還有吉姆。他和爸媽一起到醫院停屍間指認卡菈的遺體，站在一旁看著爸媽絕望崩潰，卻無能為力。四十多年後，媽媽的尖叫聲還在他耳邊迴響。

他忍著淚，哽咽地說：「就是那……哀悽的尖叫。」

我緊咬牙關，試圖保持冷靜，說道：「必須在那樣的情況下指認摯愛，真的很不容易。」我思索著該用哪個詞彙，好像真有詞彙適合那一刻。

吉姆說：「我當年才十二歲，那是讓我最氣的。我看到家人和社區受到的創傷。恐懼持續擴大，殺手就在我們之中。」

我問：「你有看過她被發現的地方嗎？」

吉姆說等他年紀夠大，可以開車，他就會開到那個涵洞。他欲言又止道：「我想親眼看看。我想知道……如果姊姊是活著進去那個……地方……她看見了什麼，聞到了什麼，感受到了什麼。某天晚上，我一坐就是六小時，很冷。我只是想體驗。」他說那只是第一晚，後來他待過好幾晚，邊等邊期待凶手會重返現場，因為殺手常常這麼做。

我的話語哽在喉嚨。眼前的男人飽受折磨，當他和我最小的兒子同歲數時，就被判了終身監禁，地點就是那個涵洞。要怎麼找回正義？我怎能不盡力幫忙平撫他焦慮的心，不帶給他只有正義能給予的平靜？如果有機會能幫忙減輕他的傷痛，我怎能不把卡菈排成生活第一順位，延後其他事呢？

重新評估懸案的時候，受害者最親近的人都會接受調查，這代表和受害者的親朋好友碰面。經過這麼多年，總是會有人過世，例如卡菈的父母；不過，她的手足還活著，弟弟吉姆、姊姊欣蒂（Cindy），綁架那時交往的男友羅德尼（Rodney）也還活著，但他四十五年來一直活在嫌疑雲霧之中。事發當時，羅德尼告訴警方，畢業舞會結束後，他和卡菈停在當地一家保齡球館，一名男子持槍，打開副駕車門，用槍托敲擊羅德尼的頭，把卡菈拖出車外。最後他只聽到卡菈說：「去找我爸！」等到意識恢復，卡菈已經不在了。

我在沃思堡時，拜訪了還住在那裡的羅德尼。他現在六十出頭，已離婚。我們碰面時，他剛和長期交往的女友分手，正在經歷傷痛階段，我可以感受到隱隱的哀傷。除此之外，人生似乎十分善待羅德尼。他擁有成功的白領職涯，臉龐依舊帥氣，身材維持良好。他告訴我，他每天都會做一百下伏地挺身。羅德尼看來真誠可親。而我突然現身，不只重新翻出他人生最糟的一晚，還要詢問尖銳的問題。即便如此，他還是親切熱忱。沒多久我就發現，提到一九七四年時，他的眼眶泛淚，差點落下臉頰。

他說：「她被偷走了。」他熱情的微笑突然顫抖起來。他咬住嘴唇，看向遠方，試圖平靜下來。他說：「我也是事件的一部分。」字句充滿懊悔。看著他努力控制情緒，我心想，如果他和卡菈的凶殺毫無關係，成年之後卻一直活在嫌疑之中，這是多麼不公平啊。我相信失去卡菈之後的哀傷和愧疚，以及失去卡菈的方式，數十年來肯定毀了許多時刻。

我說：「你是受害者。」我先假定他說的是實話。

他說：「我們大家都是受害者。好多人深受其害。」他看向一邊，力求鎮靜。

這趟旅程太哀痛了。卡菈凶殺案的附帶損害範圍廣大，時間長遠。從父母、手足、男友，乃至於整個沃思堡社區，有太多人受苦，太多人困在往日的哀傷之中。儘管如此，奪走性命和歡樂的人，在犯案後便立刻轉身離去。

離開沃思堡時，我的情緒滿溢。我為痛失一位青少女的性命而感到哀傷，為她生命最後幾分鐘的經歷感到驚懼。我拚了命想破案，才不會讓她家人失望。我坐在駕駛座哭泣。在每個案件結束後，我總是能夠藏起情緒。要是情緒真的脫逃，通常都會令我在半夜恐慌發作。上一次發作太過嚴重，我昏倒在臥房地板上。現在情緒滿溢四散，我把臉埋進手裡，懷疑自己會一直哭到永遠，我感到害怕又困惑。

結束沃思堡的旅途，我回加州拍攝電視節目，隨後在巨人小丑屋酒吧喝到爛醉，接著回到科羅拉多州的家，和雪麗、小孩一起過節。晚上，雪麗忙著縫紉，我繼續處理卡菈凶案。節目拍攝時，鑑識檢驗也同時進行。我建議沃思堡調查員把卡菈的衣物送到實驗室檢驗。DNA分析師告訴我們好消息，她從卡菈內衣肩帶上取得精液樣本，完全適合萃取DNA，我們相信很快就會找到相符型別，可以交互參照系譜資料。不過壞消息隨之而來，系譜學實驗室倉促地寄了一封電子郵件，說明他們用了所有樣本，卻無法取得結果。大家都被徹底擊垮了。我又回到了起點。DNA分析師找到第二個DNA來源，量可不比第一次多，還有點裂解，希望看來渺茫。二〇二〇年五月，我徵詢好友大衛・密妥曼（David Mittelman）的意見。二〇一八年，密妥曼創立一家科技公司「奧斯蘭姆」（Othram），擁有最先進的DNA定序鑑識實驗室。我向他解釋第一家實驗室發生了什麼事，他說：「他們用錯科技了。我們用的是基因體定序。」我們那不太完美的樣本也可能轉成相容的型別，用來搜尋專利系譜資料庫嗎？我問道。我還說：「我們必須試一試。」他也同意我們必須試試看。至少還有希望。只是我在這條路上已經跌過無數次了。現在，我能做的就只是在場邊等待，看沃思堡調查員和奧斯蘭姆合作進行後續幾步。

我從加州回來後沒多久，某天晚上雪麗和我在廚房裡，她在廚房水槽邊，轉身看我，淚眼汪汪，說：「你需要尋求協助。」那晚我才知道，雪麗認為我就算離開她和孩子，也可以獨自和案件快樂生活。她以為金州殺手案件是終點，但現在我沉迷於破解德州案件。

現在我一開口就是德州案件，滿腦子都是德州案件，

她問：「你還在乎我們嗎？」要是可以，我真希望能表達自己有多麼渴望重新與雪麗和孩子建立連結，但我就是說不出口。我希望婚姻幸福美滿，我愛雪麗，我愛我的孩子。我哭泣道：「我明白你為什麼這麼認為，但我知道自己的感受，我會努力變更好。」

雪麗找了一位諮商師，專門治療創傷後壓力症候群（PTSD），我預約諮商。諮商師聽我介紹自己的職涯、談幾個辦過的案子。她解釋：「每次只要面對同樣的事，你就會受傷、出血，那是道永不癒合的傷口。你從來沒有正視過它，現在你快要失血過多了。」這些年來，案件帶來的情緒創傷越積越多，而我總是把情緒一一鎖進腦中個別的盒子裡。現在，盒子都滿到滲出悲傷。波本只是OK繃。如果不處理這些傷痛，最終OK繃也會脫落。

我離開諮商師辦公室，決心面對情緒。我真的會努力成為更好的先生和爸爸。只是我不太確定自己是否會有夠好的一天，不論是對雪麗而言，還是其他任何人。我忍不住會苦惱地想，我給予愛的方式無法滿足多數人的需求，說不定代表我其實必須獨自生活。我感受到所有我認為該感受到的情緒，深深感受到這些情緒，但如果這不足夠，又有什麼用呢？我唯一確信的是我可以破解其他人破不了的案，我對受害者的承諾出自真心誠意。我的工作不光是我做的事情而已，還是使命。我相信這也是我存在的理由。我生命的意義

源自我對案件的投入。幫助他人時，我感到自己有價值。世上有那麼多吉姆——那些人心地良善，生活卻慘遭暫停，因為他們找不到答案。那些答案會協助他們結束悲傷，往前邁進。我願意協助他們找到答案，這樣足夠嗎？我不知道。

二〇二〇年夏天，卡菈・沃克案件的遺傳系譜學程序開始。第二樣本好好發揮作用，製造了可用型別。調查員經不起任何外洩，因此小組比對GEDmatch和專利網站的進度報告是最高機密。八月時，在金州殺手被判終身監禁的那週，沃克小組調查員傑夫・班奈特（Jeff Bennett）打來，他說：「保羅，我好想告訴你現況，但我就是不能說。」他也不需要說，因為當他解釋來電理由時，我就知道了。班奈特需要專家意見，說明偷偷取得DNA樣本的合法性，就像我們之前對迪安傑羅的車還有垃圾做的一樣。我知道，透過系譜學，他們已經縮小到需要檢測某個人的程度了。

二〇二〇年九月二十二日，凌晨五點五十四分，一封簡訊傳到我的手機：「早安，保羅。我是住在德州沃思堡的吉姆．沃克。如果你有空，能否回電？我想向你分享振奮人心的好消息，我的朋友。願上帝保佑你，保羅。期待盡快與你說話！」距離我被邀請參與卡菈一案，已經過了九個月。時隔四十五年，現在懸案終於偵破了。

殺害卡菈的凶手是位七十七歲的老男人，名叫格倫．麥柯利（Glen McCurley），一直住在沃思堡。小組找到他的遠親，使用公共紀錄建立系譜樹，再縮小搜尋範圍，只剩可調查的線索。案發當時，麥柯利也是其中一名嫌犯，但就是沒有證據。審判開始沒多久，他就被判綁架、強暴、凶殺有罪，隨後會被判終身監禁。

我一收到簡訊，就立刻打給吉姆。

吉姆是虔誠的信徒，他說：「願主保佑你，保羅。這案件沒有你就永遠破解不了。我打從心底深深感謝你。」

吉姆過了四十五年無從知曉真相的日子，終於盼到答案了。雖然卡菈不會復活，但這能為弟弟帶來一絲尋求已久的正義，他從十二歲坐在那個涵洞時便一直尋找的正義。我幫助一位好人尋得平靜，我也盡力協助辨識凶手，守住對卡菈的承諾。

我掛上電話，坐回家中工作室的椅子，思考著要怎麼安排未來。有好多家庭和執法單位尋求我的協助，我已經無法一一回覆了。但我們在家裡仍在掙扎，我下定決心要享受生活，投注更多時間給家人。我的小孩即將進入青春期，雪麗決定重返職場，在當地一間警方刑事鑑識實驗室兼職當血清學家。當初我們因為都喜歡科學和凶殺案才發展出關係，現在雪麗下班回家會討論她的案件，就像以前剛開始的日子，我們花很多時間討論工作，連結又重新建立了。我們討論各自的案件，之前我們因為這樣的對話得以度過各種難關。但如同雪麗所說，生活還是比工作重要，而我依然需要多花心思在家庭生活上。我保證我會努力改進，開始練吉他、學木工、帶兒子去山上騎登山車。在家的時候，我努力體驗單純「存在」。或許我可以學著玩雪麗和孩子都愛的桌遊。

我起身要去告訴雪麗我和吉姆的對話時，剛好瞄到桌子旁書架上的黑色活頁夾，之前我把它放在辦公室目光可及之處，退休時我便把它帶回家。這是柯瑟特．艾里森懸案的資料。一九七〇年三月三日，在莫拉加，柯瑟特在放學回家的路上遭人綁架並殺害。當年柯瑟特才十五歲，小小的嘴巴笑起來歪歪的。幾個月後，就在幾哩外的小溪，找到了她全身是傷的遺體。強暴她又奪走她生命的禽獸十分可能還逍遙法外，而現在手上的線索只有一張嫌犯畫像：男人戴著帽子，臉上是一抹輕鬆的微笑。這案件一直縈繞心頭。

我抽出活頁夾，打開來研究。

致謝

首先最重要的是，謝謝太太雪麗願意忍受我以前該在的時候不在。如同任何癮頭，職涯消耗了我，經常損及我們的家庭。致四位寶貝孩子，我的人生因為你們而歡樂無限，儘管我知道由於身體上和心理上的距離，你們很難將我視為「老爸」。

謝謝父母無條件支持我。我對朋友約翰．康納特的專業欽佩無比，唯一能相比的是我對雙方友誼的感激。許多專業人士都在我的職涯路上推了我一把。我要特別獻上大大的感謝，致東區強暴魔專案小組夥伴：安．瑪麗．舒伯特，你的友誼、遠見和堅定的支持，我永遠銘記在心；肯．克拉克和賴瑞．普爾，我多麼享受和這兩位好兄弟聊工作，敬佩他們為本案調查所做的貢獻；科克．坎貝爾、莫妮卡．柴考夫斯基、梅麗莎．帕里索，謝謝你們勤奮謹慎、注意細節，相信系譜工具會是我們成功的關鍵。我還要特別向好友史提夫．克瑞莫道謝，要是沒有和你一起合作，我不會寫這本書，喬瑟夫．迪安傑羅也不會落網。感謝芭芭拉．蕾．凡特，你是關鍵要角，多虧有你提供經驗並從旁指導，系譜小組才能識別金州殺手就是迪安傑羅。

謝謝你，蜜雪兒．麥納瑪拉，我們的相處時光雖短，我卻深受啟發。真希望能有更多時間與你共處。

蘿賓．蓋比．費雪，我們繼續維持夥伴關係吧！你把我的思緒轉變成如此流暢的散文，簡直技壓群雄，毫無疑問。

我的 UTA 經紀人梅雷迪思．米勒（Meredith Miller），感謝你全力支持我的故事。謝謝你幫故事找到對的家。青瓷圖書（Celadon Books）的瑞安．多爾蒂（Ryan Doherty）和西西莉．凡．布倫弗里德曼（Cecily van Buren-Freedman），謝謝你們對我的故事感到津津有味，給予指導幫助故事進入新的層次。謝謝你們相信這個計畫，謝謝你們盡心盡力做到最好。

最後，致無數受害者，無數的痛楚——如果我的綿薄之力為你帶來了正義，一切都值得了。

附錄

二〇〇七年五月十八號，警局搜查結束，我身穿A級制服與小兒子班一同步離現場。這張照片擺在我的辦公桌上多年，直到我退休。（照片來源：雪麗．霍爾斯）

一九九六年左右，辦公室為我們辦了新生兒派對，我抱著大女兒蕊內，羅麗（最左側）正在餵奈森喝奶。這時我們的婚姻相當不順，因為我每週都被呼叫數次，離家去處理殺人案、涉及警方的槍擊、製毒現場。這張照片拍攝後不久，我們倆的婚姻就要走到盡頭了。（照片來源：保羅．霍爾斯）

一九九一年初，我在卡斯楚街實驗室分析毒品。我才剛到職，欣喜若狂，畢竟我大學讀得一塌糊塗。雖然沒過多久分析毒品就變得無聊，但在拍照此刻，我終於展開法醫毒物學的職涯，沒什麼比這更開心的了。（照片來源：保羅．霍爾斯）

一九九四年六月左右，郡警局靶場，休息時間，我和幾名警校同學。如果不在警校受訓，我整日都在擦亮鞋子、拋光裝備、熨燙制服、準備接連不斷的考試。但此時也很艱難，因為時常不在家，我是名缺席的先生和父親。（照片來源：保羅．霍爾斯）

夥伴和我剛挖出戴爾的第一位受害者，遺體淺淺埋在加州埃爾索布蘭特的某座山丘邊。六個月前，受害者慘遭殺害、掩埋棄屍。（照片來源：案發現場照片）

我從舊扣押室拿出灰燼，正在過篩，希望挑出戴爾兩位受害者的衣服碎片（戴爾在自己的壁爐焚燒這些衣服）。後方車輛正是兩名受害女性慘遭殺害的地點。雖然看不出來，但我的毒橡木感染症狀正嚴重。（照片來源：案發現場照片）

二〇〇五年四月，我和長女蕊內合影於她的科展作品前：「犯罪現場、DNA、不同組織」。（照片來源：雪麗．霍爾斯）

一九九九年左右，雪麗協助製毒工廠現場調查。我會拍下這張照片，是因為當時拜倒在她的石榴裙下。羅麗和我那時已分居，但我遲遲無法決定婚姻去留。雪麗已經往前走了。（照片來源：保羅．霍爾斯）

戀愛初期，下班後我會和雪麗一起參加實驗室小聚。（照片來源：保羅　霍爾斯）

一九九八年左右，匹茲堡警察局凶殺組警司約翰・康納特（左）與長年搭擋瑞伊・賈柯梅利。兩位不只變成我的老師，我們還成了好朋友。就我所知，這是唯一一張兩人合影，拍攝時間正好就在我們初次相遇那時，在莉莎・諾瑞爾案件的調查現場。康納特總是穿著全套昂貴西裝，之後向我吐露這習慣很快就把他推向濟貧院，因為調查時西裝和鞋子磨損得快，所以必須常常買新的。（照片來源：保羅・霍爾斯）

二〇一九年四月十七日，我在康郡地方檢察官辦公室做金州殺手簡報，結束後與康納特合影。（照片來源：保羅．霍爾斯）

二〇〇四年二月十四日，優勝美地半穹丘下方鏡湖旁，與雪麗合影，她剛剛答應了我的求婚。（照片來源：保羅．霍爾斯）

二〇〇七年十一月四日，我的瓦卡維爾住家後院，家族合影，女兒茱麗葉剛誕生，右側是我父母。（照片來源：保羅．霍爾斯）

二〇一〇年三月，我和四位孩子在瓦卡維爾山丘健行。之前我帶蕊內和奈森來走過，那次遇到了牛屍骸骨，這回我花了點時間指出還能辨認的部位。班和茱麗葉看到了遺骸，但並不完整，四散各處。對小孩而言，這是很好的生命課程。（照片來源：雪麗．霍爾斯）

二〇〇一年三月二十六日，加州匹茲堡犯罪現場照，顯示瑞吉娜．史坦普（Regina Stamp）屍體約略所在地。左下角最右側的賈柯梅利正在和匹茲堡警方說話，警方指的方向是發現受害者的位置。（照片來源：案發現場照片）

一九七一年，里姆谷保齡球館外，連環殺手小菲利普剛打完球，頭戴那頂帽子，由友人吉兒．沃伊特利（Jill Voeghtly）所拍攝。吉兒記得當時小菲利普送了她一條項鍊。小菲利普幫忙戴上項鍊時，雙手在顫抖，吉兒那時以為是因為緊張，但後來想想應該是在克制勒殺的衝動。吉兒與我碰面之後，寄了一封信來，還附上全家福照，寫道她感激自己還活著，能享受幸福美滿的家庭和生活，尤其在知道自己很有可能淪為小菲利普的受害者之後。（照片來源：吉兒．沃伊特利／小菲利普審查記錄）

十一歲的辛西雅的學生照，一九七八年四月二十二日慘遭連環殺手查爾斯・傑克森殺害，遇害地點在莫拉加坎普林多高中附近。

潔西・杜加被菲利普・加里多性侵之後，關在這間小屋多年，這是從正門看進去的光景。我在現場調查時拍下這張照片，那天是二〇〇九年八月三十一日，潔西獲救五天後。（照片來源：保羅・霍爾斯）

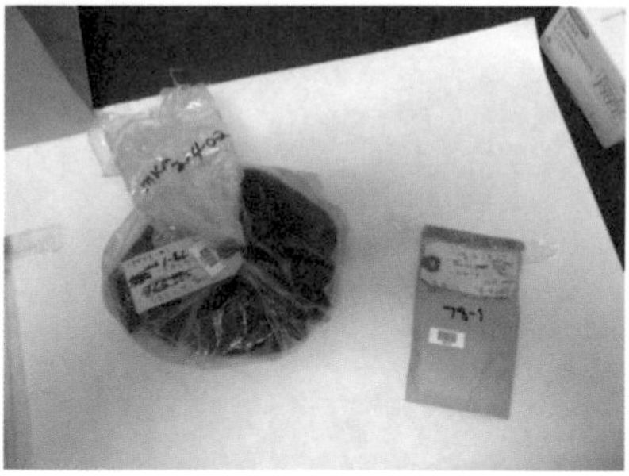

我深信可以破解東區強暴魔案件的那頂滑雪頭套（裝在塑膠袋內）。我稱為鐵路嫌犯的羅伯特・路易斯・波茲留下了頭套，一九七九年由原班調查員蒐集作證。（照片來源：保羅・霍爾斯）

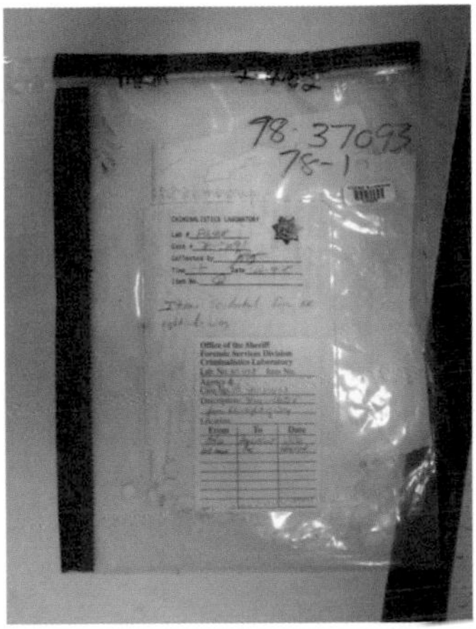

我在財物扣押室翻到三張從筆記本撕下的紙：兩篇小短文和一張手繪地圖。一九七八年加州丹維爾攻擊事件後，沿著東區強暴魔逃亡路線發現的證據，又稱「家庭作業證據」。（照片來源：保羅 · 霍爾斯）

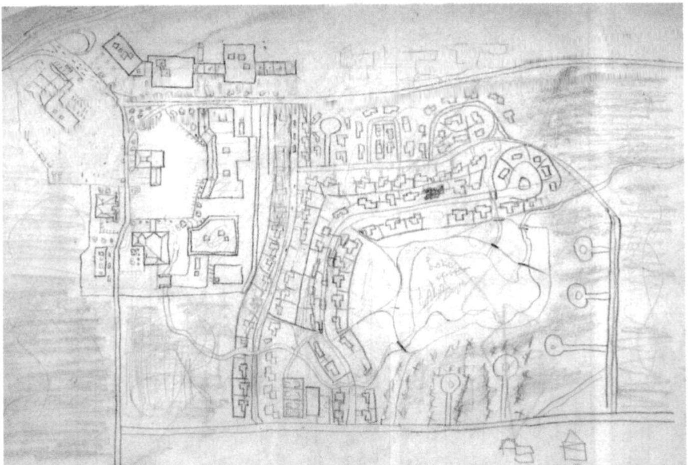

家庭作業證據之手繪地圖。我認為這張地圖相當不尋常，定能幫忙辨識金州殺手，於是花了多年追這條線索。雖然蜜雪兒和我一直爭論這張地圖是否真的有關，但也贊同如果真的有關，地圖會是破案關鍵。（照片來源：保羅 · 霍爾斯）

一九七四年左右，時任埃克塞特警察局警察的喬瑟夫．迪安傑羅。照片拍攝時期，迪安傑羅正是維沙利亞強盜，犯下數起戀物竊盜案，最終在試圖綁架貝絲．斯奈林（Beth Snelling）時殺害了貝絲父親克勞德．斯奈林（Claude Snelling）。迪安傑羅那時即將升為警佐，領導該區反竊盜專案小組，但本人卻犯下同樣的罪行。（照片來源：埃克塞特警察局）

二〇一八年四月二十三日，喬瑟夫．迪安傑羅遭逮，立刻送到偵訊室。迪安傑羅靜靜坐著，整整一小時，動也不動。（照片來源：保羅．霍爾斯）

系譜小組執法單位成員，與芭芭拉．蕾．凡特攜手，一起辨識出金州殺手的身分：喬瑟夫．迪安傑羅。拍攝時間是記者會之後，當天我們告知全世界迪安傑羅被逮。左起：科克．坎貝爾、我、史提夫．克瑞莫、梅麗莎．帕里索、莫妮卡．柴考夫斯基。（照片來源：傑．柴考夫斯基 Jay Czajkowski）

涵洞北入口，十七歲的卡菈．沃克陳屍之處，她在一九七四年二月二十號被人發現，那時距她從男友車上被人綁架已經過了好幾天，當初車子停在德州沃思堡一間保齡球館的停車場。（照片來源：沃思堡警察局）

依目擊證人描述所繪，一九七〇年三月三日，柯瑟特下了校車之後聊了幾句話的戴帽子男性。現在我桌上的懸案活頁夾，翻開第一頁就是這張圖。（照片來源：一九七〇年案件資料）

坎普林多高中一九七〇年畢業紀念冊，十五歲的柯瑟特．艾里森大頭照。

高寶書版集團
gobooks.com.tw

BK 069
追緝極惡殺人魔：
數百起凶殺案的美國懸案調查員，三十年緝兇實錄，追捕金州殺手等惡名昭彰的謀殺懸案真凶
Unmasked: My Life Solving America's Cold Cases

作　　者　保羅・霍爾斯（Paul Holes）、蘿賓・蓋比・費雪（Robin Gaby Fisher）
譯　　者　傅文心
責任編輯　陳柔含
封面設計　林政嘉
內頁排版　賴姵均
企　　劃　鍾惠鈞

發 行 人　朱凱蕾
出　　版　英屬維京群島商高寶國際有限公司台灣分公司
　　　　　Global Group Holdings, Ltd.
地　　址　台北市內湖區洲子街 88 號 3 樓
網　　址　gobooks.com.tw
電　　話　（02）27992788
電　　郵　readers@gobooks.com.tw（讀者服務部）
傳　　真　出版部（02）27990909　行銷部（02）27993088
郵政劃撥　19394552
戶　　名　英屬維京群島商高寶國際有限公司台灣分公司
發　　行　英屬維京群島商高寶國際有限公司台灣分公司
初版日期　2024 年 3 月

國家圖書館出版品預行編目（CIP）資料

追緝極惡殺人魔：數百起凶殺案的美國懸案調查員，三十年緝兇實錄，追捕金州殺手等惡名昭彰的謀殺懸案真凶 / 保羅．霍爾斯 (Paul Holes), 蘿賓．蓋比．費雪 (Robin Gaby Fisher) 著；傅文心譯．-- 初版．-- 臺北市：英屬維京群島商高寶國際有限公司臺灣分公司，2024.03
　面；　公分．--

譯自：Unmasked : my life solving America's cold cases

ISBN 978-986-506-919-3（平裝）

1.CST: 霍爾斯 (Holes, Paul)　2.CST: 殺人罪　3.CST: 刑事案件
4.CST: 美國

585.8　　113001627